RESEARCH ON THE IMPACT OF
DIGITALIZATION IN
MANUFACTURING ON
THE GLOBAL VALUE CHAIN DIVISION STATUS

制造业数字化对 全球价值链分工地位的 影响研究

徐　铮◎著

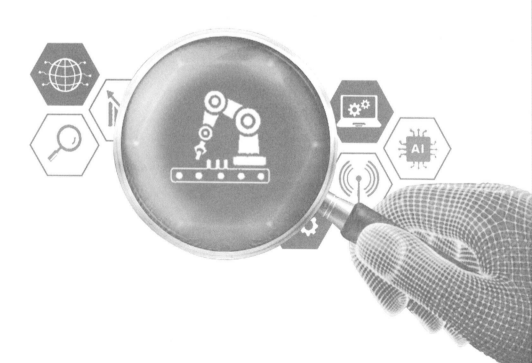

经济管理出版社
ECONOMY & MANAGEMENT PUBLISHING HOUSE

图书在版编目（CIP）数据

制造业数字化对全球价值链分工地位的影响研究 ／
徐铮著. -- 北京：经济管理出版社，2025. 5. -- ISBN
978-7-5243-0303-9

Ⅰ. F426. 4

中国国家版本馆 CIP 数据核字第 2025KW9449 号

组稿编辑：郭　飞
责任编辑：郭　飞
责任印制：许　艳
责任校对：陈　颖

出版发行：经济管理出版社
　　　　　（北京市海淀区北蜂窝 8 号中雅大厦 A 座 11 层　100038）
网　　址：www. E-mp. com. cn
电　　话：(010) 51915602
印　　刷：北京晨旭印刷厂
经　　销：新华书店
开　　本：720mm×1000mm/16
印　　张：17. 5
字　　数：269 千字
版　　次：2025 年 7 月第 1 版　　2025 年 7 月第 1 次印刷
书　　号：ISBN 978-7-5243-0303-9
定　　价：88. 00 元

前　言

经过 40 多年的改革开放，中国经济取得了举世瞩目的成就。中国已经成为世界第一制造大国，但是制造业在全球价值链分工中的地位不高，制造业"大而不强"的问题依然存在。中国经济已经由高速发展阶段进入高质量发展阶段。当前，中国不仅面临劳动力成本上升及其他制约因素不断增加的问题，还面临一系列复杂国际经济形势的挑战。制造业是强国之基，如何塑造我国在新的制造业上的竞争优势、破除在全球价值链中的低端锁定成为了当前面临的挑战。在新技术革命快速蔓延与中国在全球价值链分工体系中逐步突破低端锁定的双重背景下，把握数字经济时代突破全球价值链低端锁定的机遇，对建设现代化产业体系、推动经济高质量发展、实现制造强国的目标具有重要的现实意义。

尽管已有很多文献对全球价值链分工地位的影响因素进行了分析，也有部分文献对数字经济与全球价值链分工地位提升之间的关系进行研究，但少有文献细分数字化投入来源和类型，并对产业内和产业间效应全面进行分析。数字技术能够为经济发展提供新的价值创造源泉，并扩大增长空间。那么，在产业数字化过程中，源自国内、国外投入的数字化，对数字硬件制造业、数字软件服务业的投入，在影响全球价值链分工地位提升上是否存在差异？数字化对全球价值链分工地位提升的影响机制是什么？是否存在约束条件？是否存在产业关联溢出效应？对于此类问题，鲜有文献进行系统论述。

基于此，本书区分数字化投入来源（源自国内、国外的数字化投入）和投入类型（对数字软件服务业、数字硬件制造业的投入），并考虑产业关联溢出效应，探讨数字化影响全球价值链分工地位的"黑箱"。本书在对国内外相关文献进行总结的基础上，对制造业数字化和全球价值链分工地位指标分别进行了测算，然后系统阐述了产业数字化影响全球价值链分工地位的机理，并利用全球 2000~2019 年 42 个经济体 17 个制造业的面板数据，构建计量模型对提出的假设进行实证检验，研究结论如下：

第一，现状分析表明：①制造业平均数字化水平较高的国家以发达国家居多。从制造业技术类别来看，低技术和中低技术制造业的数字化水平普遍低于中高技术制造业数字化水平。②美国、日本、澳大利亚和挪威四个发达国家以及中国、印度尼西亚、巴西、俄罗斯、印度和土耳其六个新兴经济体的制造业平均出口国内附加值率均处于较高水平。③发达国家和发展中国家在上游度指数上的分工格局十分明显，发达国家大部分处在全球价值链分工中的上游。印度尼西亚、韩国、墨西哥和中国均有明显的上升趋势。④瑞典、德国、美国和俄罗斯的制造业全球价值链（Global Value Chain，GVC）分工地位综合指数整体处于领先水平。2000~2019 年除小部分国家有下降趋势外，大部分国家都表现出了上升态势。

第二，理论和实证分析表明：①整体来看，制造业数字化有利于促进全球价值链分工地位提升。基于数字化投入来源的研究显示，源自国内的数字化水平提高可以显著促进全球价值链分工地位提升，而源自国外的数字化水平提高会显著抑制全球价值链分工地位提升。基于数字产业类型的研究显示，数字软件投入与数字硬件投入对全球价值链分工地位提升的影响也是不同的，数字软件投入的影响更大。另外，国内数字化投入对全球价值链分工地位显著的促进作用也主要体现在数字软件投入方面。②异质性分析表明，制造业数字化在低技术制造业上表现出更大的边际效用；2008 年后，数字化对全球价值链分工地位的影响逐步显现，国内数字软件投入的影响效应更加明显；高等收入国家制造业数字化对全球价值链分工地位提升的作用要大于中等收入国家；发展中国家的行业越是接近技术前沿越能发挥国内数字软件投入的正向影响，与技术前沿距离越远越容易受到国外数字化投入的负向影响。③国内数字化可以通过生产效率提升效应和产业服务化水平提升效应来间接促进全球价值链分工地位提升。国内数字化在促进全球价值链分工地位提升上受到创新水平、产业服务化水平以及贸易开放度的约束。在约束变量跨越一定的门槛值并在合理的区间内时，国内数字化能够更好地发挥对全球价值链分工地位提升的促进作用。④上下游产业数字化对本产业全球价值链分工地位提升存在产业关联溢出效应，且前向关联溢出效应较后向关联溢出效应明显。中高技术制造业全球价值链分工地位受到的产业关联溢出效应影响较多，低技术制造业受到的影响较少。2008年之后，前向产业关联溢出效应的正向影响作用有所减弱。机制分析表明，前向产业关联溢出效应的正向影响作用有一部分是通过促进本产业国内数字化水平、产业服务化水平以及生产效率提升来间接实现的。另外，产业关联溢出效应的发挥与产业之间的数字化水平是否相近紧密相关。与上下游产业的数字化水平越相近，越有利于产业关联溢出效应的发挥。

与已有文献相比，本书的贡献在于：第一，将制造业数字化和全球价值链分工地位放入统一的分析框架中，系统地分析了制造业数字化对全球价值链分工地位的影响、异质性、传导机制以及产业关联溢出效应。第二，本书基于不同投入来源和不同数字产业类型的维度进行分析，丰富了既往研究，不仅克服了以往研究只看"数字化"提升的整体结果而忽视数字化输入源的影响偏差，也克服了忽视数字产业的性质，直接分析整体而不区分硬件和软件的偏误。第三，本书在产业内效应的基础上还实证检验了产业间的产业关联溢出效应、传导机制及制约因素，使产业数字化与全球价值链分工地位之间的影响研究更加立体。

目　录

第一章　绪论

第一节　研究背景与研究意义

一、研究背景

改革开放以来，中国经济取得了举世瞩目的成就。2001 年加入世界贸易组织后，对外贸易进入了新阶段。中国积极推动对外开放，2009 年超越德国成为世界货物贸易第一大出口国，2013 年货物贸易突破 4 万亿美元，超越美国成为全球货物贸易第一大国①。与此同时，中国制造业的规模也在不断壮大。根据世界银行的数据，中国制造业增加值于 2010 年首次超越美国成为世界第一制造大国，并连续多年稳居世界第一。如图 1-1 所示，中国制造业增加值占世界比重快速增长，近几年基本保持在 30% 左右，已成为具有全球影响力的制造业大国。

制造业是强国之基，中国的制造业规模虽然位居世界第一，但是，制造业"大而不强"的问题依然突出。中国在推动制造业高质量发展的过

---

① 资料来源：中华人民共和国中央人民政府网。

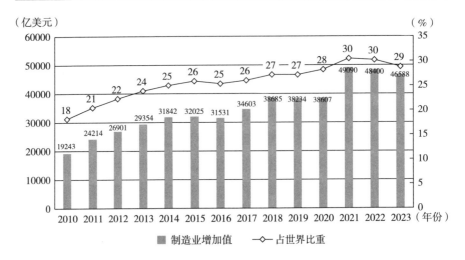

图 1-1 中国制造业增加值及占世界比重

资料来源：根据世界银行的世界发展指标数据整理。

程中面临着一系列问题和挑战。首先，中国虽然在过去几十年实现了贸易量的快速扩大，但在国际分工中主要集中于低技术含量的制造和组装环节，拥有自主品牌较少，研发和营销等环节比较落后。长期固化锁定在全球价值链（Global Value Chain，GVC）的中低端环节会逐渐削弱国家的竞争优势，导致本国的产业结构转型升级陷入"停滞"状态，且形成对国外市场的依附，不利于走出"中等收入陷阱"。其次，在传统生产方式中，中国一直以土地、劳动等低廉的要素禀赋参与全球价值链，并凭借着低要素成本优势快速融入全球价值链。随着中国劳动力成本逐渐上升和资源、环境等约束的增加，制造业的传统比较优势逐渐减弱，亟须塑造新的比较优势。同时，新一轮工业革命的推进也使得生产过程中使用的劳动力等要素大幅减少，技术、人力资本等要素的比较优势逐渐强化，这种国际分工格局的重塑将对中国制造业在全球价值链中的升级构成巨大挑战（苏杭等，2017）。再次，中国还面临逆全球化、西方国家技术封锁与管制以及新兴经济体制造业崛起等一系列复杂国际经济形势的挑战。在面临一系列问题和挑战的情况下，中国制造业如何塑造新的竞争优势、破除在全球价值链中的低端锁定成为了亟待解决的问题。

　　数字技术所推动的"技术—经济"变革为人类社会提供了新的增长源泉和空间。全球价值链的崛起与 ICT 革命同时发生（Gopalan 等，2022），世界经济呈现科技革命竞争日益加剧和全球价值链分工日益加深的趋势（程大中，2022）。信息和通信技术改变了全球价值链的价值获取，大数据、物联网和人工智能等数字技术的兴起为全球价值链提供了重要的增长机会（Loonam 和 O'Regan，2022）。近年来，数字经济快速发展，已成为各国国际竞争的重点领域。中国信息通信研究院发布的《全球数字经济白皮书（2023 年）》测算数据显示，2022 年全球 51 个主要经济体的数字经济规模为 41.4 万亿美元，其中数字产业化规模为 6.1 万亿美元，产业数字化规模为 35.3 万亿美元（见图 1-2）。数字经济占 GDP 比重为46.1%，数字产业化和产业数字化占 GDP 比重分别为 6.8% 和 39.3%。2022 年，美国的数字经济规模位居世界第一（17.2 万亿美元），中国位居第二（7.5 万亿美元），德国位居第三（2.9 万亿美元）。在占 GDP 比重方面，英国、德国和美国的数字经济占比均超过了 65%。在增速方面，沙特阿拉伯、挪威、俄罗斯的数字经济增长速度均在 20% 以上。现阶段，全球产业数字化转型不仅进入了规模化扩张阶段，而且进入了深度应用阶

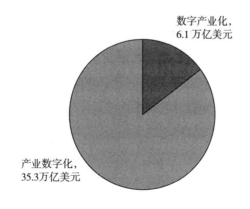

图 1-2　2022 年全球数字经济规模

资料来源：根据中国信通院《全球数字经济白皮书（2023 年）》数据整理。

段，数字产业化与产业数字化进程不断加快。数字化转型应用领域也正在由生产研发逐步向智能化、绿色低碳、产业链供应链协同等方向延伸，助力提升产业链供应链的韧性和安全水平。

中国正处于产业转型升级的关键时期，在此背景下，政府也在出台一系列战略规划和政策措施来抓住数字经济时代机遇推动经济高质量发展。《中华人民共和国国民经济和社会发展第十四个五年规划和 2035 年远景目标纲要》中指出，要"推进产业数字化转型""提升产业链供应链现代化水平"。习近平总书记在党的二十大报告中指出，要"坚持把发展经济的着力点放在实体经济上""推进新型工业化""加快发展数字经济，促进数字经济和实体经济深度融合"，加快建设"制造强国""质量强国""数字中国"。可见，产业数字化作为驱动经济发展的新引擎、新动能（祝合良和王春娟，2021），不仅是深化供给侧改革的重要阵地和抓手，还是制造业高质量发展的重要途径（吕铁，2019）。2021 年 12 月 12 日国务院印发了《"十四五"数字经济发展规划》（国发〔2021〕29 号）①，该文件是数字经济领域的国家级全面发展规划，指出：发展数字经济是把握新一轮科技革命和产业变革新机遇的战略选择，数字经济是构建现代化经济体系的重要引擎，数据要素是数字经济深化发展的核心引擎，到2035 年产业数字化转型要迈上新台阶、数字产业化水平要显著提升。2021 年 12 月 28 日，工业和信息化部等八部门联合印发了《"十四五"智能制造发展规划》，促进推动制造业实现数字化转型、网络化协同、智能化变革。2022 年 6 月 23 日，国务院发布了《国务院关于加强数字政府建设的指导意见》，指出加强数字政府建设是引领驱动数字经济发展和数字社会建设、营造良好数字生态、加快数字化发展的必然要求，是创新政府治理理念和方式、形成数字治理新格局、推进国家治理体系和治理能力现代化的重要举措。2022 年 12 月 2 日，中共中央、国务院颁布了《关于构

---

① 国务院关于印发"十四五"数字经济发展规划的通知［EB/OL］. http：//www.gov.cn/zhengce/zhengceku/2022-01/12/content_5667817. htm.

建数据基础制度更好发挥数据要素作用的意见》，提出构建数据产权、流通交易、收益分配和治理等制度，有助于激活数据要素潜能，增强经济发展新动能，推进数字中国建设。

社会已经进入了无处不在的数字化时代（Yoo 等，2010）。数字技术改变着国家的比较优势和竞争优势（何文彬，2020），能够促进全球价值链分工的不断延展和细化（吕越等，2015），日益成为重塑一国竞争力的关键驱动力量（吴伟华，2019）。新科技革命下，中国应持续推进数字技术与实体经济融合，在全球产业链数字化转型中塑造新的竞争优势（杨丹辉，2022）。产业链的核心竞争优势表现为对关键环节和链条的自主可控能力（张其仔，2022），在高质量发展阶段，自主可控就要更多关注在全球价值链中的地位和影响力（程俊杰和闫东升，2021）。中国应发挥并跑、领跑优势（张其仔，2021），更多地依赖新兴技术来推动形成新的价值创造系统，更加适应中国新发展阶段的要求、国际环境不稳定性不确定性增加和新一轮技术变革的要求（张其仔，2022）。

众多研究已表明，数字化对技术创新、社会发展、生产效率提升等方面均发挥了有效的促进作用。数字经济在各行业的渗透成为了驱动全球价值链分工地位提升的重要因素（齐俊妍和任奕达，2021）。那么，源自国内、国外投入的数字化对全球价值链分工地位提升的影响是否相同？面对普遍存在的"重硬件轻软件"问题，制造业对数字硬件制造业和对数字软件服务业的投入在影响全球价值链分工地位提升上是否存在差异？鲜有文献在全球层面上细分数字化投入来源和投入类型，并基于产业内效应和产业关联溢出效应全面探讨制造业数字化影响全球价值链分工地位的"黑箱"。因此，本书试图区分数字化投入来源和类型，并从产业内效应和产业关联溢出效应两个视角全方位阐释数字化对全球价值链分工地位的影响机理并进行实证检验，希望为中国把握数字经济时代机遇，突破全球价值链低端锁定，实现经济高质量发展和制造强国目标提供决策依据。

二、研究意义

一国的产业竞争力取决于其在全球价值链分工中的地位（李超和张诚，2017）。中国积极参与全球产业链分工，要在深刻认识创新链和产业链互动的短板弱项的基础上更高质量地参与全球价值链（张其仔和许明，2020）。虽然不断下降的成本、技术进步以及逐步宽松的贸易环境成为过去20年中全球价值链正向扩张的三大动力，但随着新工业革命的进行、保护主义抬头以及风险事件不断增加等因素的出现，影响全球价值链正向扩张的动力也将呈现不同的效应或出现相反的抑制作用（杨丹辉和渠慎宁，2021）。在一定程度上，正是在新一代工业革命的作用下，全球化才能够在危机状态下出现新的结构性转向（史丹和余菁，2021）。数字化为中国提供了制造业后发赶超的机会（张晴和于津平，2021）。但已有的研究大多从整体层面关注数字化与全球价值链分工地位之间的关系，鲜有文献细分数字化投入类型和投入来源进行研究，也鲜有文献从横向产业内效应和纵向产业关联溢出效应双重视角全面立体地分析。本书将制造业数字化和全球价值链分工地位放入统一的分析框架中，细分数字化投入来源和投入类型，并从产业内效应和产业关联溢出效应双重视角全面立体地进行理论分析，拓展了以往的理论研究体系，对数字经济时代提升全球价值链分工地位具有重要的理论意义。

在新技术革命快速蔓延与中国在全球价值链分工体系中长期处于低端锁定的双重背景下，把握数字经济时代新兴经济体突破全球价值链分工地位低端锁定的机遇，探索提升制造业全球价值链分工地位的有效路径，对推动产业链现代化建设和高质量发展，实现贸易强国、制造强国的目标具有重要的现实意义。一方面，本书从数字化投入来源和投入类型两个角度丰富既往研究，既克服了以往文献只看"数字化"提升的整体结果而忽略数字化投入来源的影响，又克服了忽略数字产业的性质，不进行硬件和软件分类直接进行整体分析的偏误。应用区分数字化投入来源的分析结果进行政策指导有助于促进中国制造业走出"自主可控"的数字化之路，应用区分数字化投入类型的分析结果有助于精准施策。另一方面，本书在研究中进一步考察数字化的产业关联溢出效应，能够更加系统、立体地完善研究内容，为夯实数字化推动制造业全球价值链攀升提供新的经验支撑。另外，由于日益增加的全球价值链的复杂程度也对政策制定者产生了新挑战，所以全面、深入地研究制造业数字化对全球价值链分工地位的影响，对制定产业转型升级相关政策，充分发挥产业数字化驱动经济发展的新动能作用，实现产业链现代化和制造强国目标具有重要的政策含义。

第二节　数字经济背景下的全球价值链演变

一、全球价值链演变态势

（一）参与方式改变

在数字经济背景下，全球价值链的参与从原来的劳动、资本驱动型转变为数据、知识、技术驱动型。数字技术将彻底改变生产组织范式，这种改变不仅仅是从一个企业或者经济体内部开始进而推广扩散到全球范围，而是在一开始便可能在全球范围内发生产业组织体系的重构（戴翔等，2022）。传统价值链中参与主体之间的交易需要固定的场所及实体文件，而在数字经济时代，参与者之间很多行为在数字平台上达成，交易电子化成为新特征。数字化的成本降低、信息共享等效应能够降低弱势群体进入国际市场的门槛，使得更多弱势群体能够广泛参与全球价值链。全球产业链将表现为生产与服务深度融合、产业链上下游边界逐渐模糊、个性化定制与批量生产等新特征（杨丹辉，2022）。以新一代信息技术为基础，以数据资源为核心要素，以个性化定制、柔性生产、智慧营销和服务为核心，数字化渗透在每个环节，对原有的各价值链产生影响。

（二）产品生产和服务效率提高

新科技革命对企业在研发、生产、消费和服务领域都产生了颠覆式创新，从而对全球价值链造成了巨大的冲击。一方面，数字化提升了研发、生产、运营管理、营销和服务等各环节的效率。数字化有利于企业提高研发质量和效率，先进的智能化生产设备和工厂有利于节省人力成本并提升生产效率，数字化运营管理系统有助于监控生产质量、优化生产和组织方式，大数据分析有利于企业更加个性化地为用户推荐产品并提供用户服务，通过数据挖掘可以进一步改进产品和服务质量。总之，数字技术的应用有助于企业提高各环节效率。另一方面，数字化能有效减少中间环节，增加信息透明度，提高交易效率、降低交易成本。与传统全球价值链中交易双方受到地理距离、交易对象搜寻、资源匹配等空间属性限制，导致交易周期长和交易效率低的情况不同，在数字经济时代，数字技术的逐步渗透使得交易从开始到完成的周期缩短，不再具有严格的空间限制，交易的不确定性大大降低，大幅提高了交易效率。与此同时，数字化能够有效降低各个价值链环节的成本支出，降低参与主体间合作沟通成本、交易成本、谈判成本、物流成本等。随着成本的下降，企业有更多的资金用于研发、生产和服务，进一步提高生产效率。

（三）全球价值链分工格局重构

数字经济推动了全球价值链分工格局的重构。首先，空间布局特征上出现变化。柔性生产、分布式生产以及个性化定制需求使得全球价值链的空间布局呈现明显的区域化、碎片化特征和"中心—外围"结构（郭周明和裘莹，2020）。与全球商品链不同，全球价值链强调了商品交易组织方式的碎片化和对各经济体独立的生产要素体系的解构，使高度复杂的生产经营活动片段实现全新的跨国链接，越来越多的制度因素在推动区域性市场的分割（史丹和余菁，2021）。企业也更愿意将产业链布局在数字化和智能化水平相近的区域内部，从而可能出现区域化和短链化的趋势，发展中国家深陷"数字鸿沟"和开放困境，也会固化全球价值链区域化（杨丹辉，2022）。其次，生产等环节本土化与离岸化并存。数字经济时代，各国的劳动力比较优势差异收窄（Kelle，2013），自动化技术也使得发达国家部分制造业生产环节回流，从而提高了本地化生产的比例（杨丹辉，2022）。同时，传统生产要素区位优势的减弱，智能化工厂的发展（张其仔和贺俊，2021）以及产品服务化也推动了部分环节的本地化。但与此同时，数字技术所带来的产品数字化和服务数字化使远程操作成为可能，促进了销售、服务环节的离岸化（李晓华，2022）。再次，模块化水平加深。第四次工业革命大大降低了模块化设计的技术成本和模块交易的制度成本，强化了技术结构和产业组织结构的模块化，有利于各国根据比较优势参与分工和贸易，从而促进了国际间的梯度转移（张其仔和贺俊，2021）。最后，各企业更专注于生产具有核心竞争力的专业产品，进行模块化生产，生产分工被进一步分解得更多、更细，生产迂回加深，产业链不断细化和增长（姚震宇，2020）。

二、全球价值链演变动力变化

（一）外生动力

全球价值链并非静态的，遇到外力尤其是创新和技术干扰时就会发生变化。技术革命和产业革命共同赋能全球价值链重构（戴翔等，2022）。信息技术的使用将零售商持有的销售点信息与生产商和分销商持有的生产和物流数据连接起来，使生产和零售链的不同阶段之间的联系更加紧密（Azmeh 和 Nadvi，2014）。数字技术将同时在需求端和供给端重塑全球价值链，供给端的即时制供应链（高度自动化与定制化相结合）能够快速连接市场和供应链，需求端的数字平台依靠其收集和处理、分析数据的能力已成为新兴数字化市场（郭周明和裘莹，2020）。数字化能够降低企业的协作成本，促进专业化分工，使得全球价值链的划分更加细化和深入，随着越来越多的国家加入全球价值链，全球生产网络越来越稠密。在不同价值链环节的不同国家间的数据共享，可以促进协同研发，并提高全球价值链分工的效率。全球化演进的动力机制已经由资本和成本驱动转向创新和知识驱动，但科技创新并不是在产业成长的任何阶段都具有推动分工深化的正向作用，在新工业革命初期，颠覆性创新活动一般都蕴含着抑制技术扩散的力量，导致全球价值链"内敛"的倾向（杨丹辉和渠慎宁，2021）。重大自然灾害、金融危机以及国际政治局势变化等都会作为外生冲击，增加对全球价值链重构的影响。各经济体在重大风险事件的外部冲击下会增加对全球价值链韧性和安全的重视，会强化全球价值链重构的短链化、本地化趋势。在数字技术的推动作用下，各产业数字化转型也在为全球化注入新的动力，全球价值链也在不断发生着变化。

（二）内生动力

价值链内部对于外部冲击也有自适应过程，各环节的分配也将不断进行变化。

1. 微笑曲线变为浅笑曲线

智能技术和数字技术的突破和大规模应用，不仅能催生一批新的先导产业，而且将与传统产业融合，改变传统产业的技术基础、组织模式和商业形态，最终促进全球经济发展方式的深刻变革（谢伏瞻，2019）。数字技术的应用使得原本效率较低的生产环节由于效率提升而获得更多的收益分配，进而使得价值链低端和价值链高端的差距逐渐缩小，微笑曲线的曲度变缓。

2. 微笑曲线变得更加陡峭

科技创新与产业革命使得后进国家的产业部门或企业的进入成本提高，从而使得全球价值链低端的国家攀升难度不断上升（程大中，2022）。发达国家利用其在新一代信息技术上的优势不断强化垄断地位，而发展中国家被进一步锁定在中低端环节，随着数字化转型的加快，陷入"功能（如研发、制造、金融等）分工陷阱"的风险愈加凸显（孙志燕和郑江淮，2020）。在数字经济环境下，由于不同发达程度的国家自身所具有的技术、人力资本以及生产、消费市场规模等条件的不同，导致在利用数字技术提高研发、生产、营销及服务等方面的效果不同，发达国家利用新兴技术能够更加快速提高生产服务效率和利润，从而进一步促进技术投资形成正向循环促进。而经济、技术水平落后的国家则与经济发达、拥有先进技术的国家之间的差距越来越大，从而全球价值创造格局会发生变化，"微笑曲线"可能会变得更加陡峭。

三、全球价值链演变中发展中国家的机遇

（一）有利于增强生产网络在全球的辐射能力

新兴经济体可以通过利用信息技术与本土资源的互补性来保持甚至扩大生产区块，扩大生产分工（Obashi 和 Kimura，2021）。生产网络得益于数字技术的渗透，其内部的各子网络，包括原材料、生产、销售及服务等网络将逐步完善，进一步向纵深发展，各子网络之间及网络内部也将更加协同、有序，全球辐射能力逐步增强，有利于全面推动发展中国家开放新格局的形成。另外，以往工业革命通常在少数甚至是单个国家（地区）率先爆发且存在时滞，而新一轮科技革命则有可能在世界范围内呈现多源迸发，突破传统的演进规律，为后发大国主导产业链重构提供了机遇（杨丹辉，2022）。

（二）有利于塑造新的竞争优势

在传统全球价值链中，各参与体的竞争优势主要由资源禀赋等外生因素以及企业的技术、管理能力等内生性因素来决定。在数字经济时代，数据要素的使用和数字技术的渗透有助于赋能传统生产和贸易网络，数据信息的共享和价值挖掘有助于塑造新的竞争优势。中国制造业长期处于低端的根本原因在于中国制造业核心创造力的薄弱（He，2020）。刘志彪（2015）认为，中国重构全球价值链的基本路径是从参与全球价值链转向嵌入全球创新链（Global Innovation Chain，GIC），当数据成为新型资产和要素，中国的巨大市场规模、丰富的应用场景以及海量的数据将有助于培育参与全球价值链的新的比较优势，重塑产业发展新动力。

（三）有利于提升在价值链中的相对位置

全球价值链将世界各地的企业、工人和消费者联系在一起，往往为发展中国家的企业和工人参与全球经济提供了一块跳板。对许多国家，特别是低收入国家来说，有效融入全球价值链的能力是发展的一个重要条件

（Gereffi 和 Fernandez-Stark，2016）。在对外部干扰的自适应过程中，发展中国家应把握好有利的机遇，不断提升在价值链中的相对位置，从而打破低端锁定困局，实现向高端跃迁的目标。

四、全球价值链演变中发展中国家的挑战

（一）中低技术功能分工锁定风险

以大数据、云计算、人工智能为主导的新一代技术本质上属于分层技术，都是基于底层技术来实现的。底层技术的升级意味着上一代技术及相关应用技术都可能被替代而退出市场。基于传统的发展经济学逻辑，"雁阵模式"的产业转移能够帮助发展中国家在经济起飞阶段实现高速增长，但在新工业革命背景下，跨国公司往往将核心技术保留在母国，而仅仅将成熟技术向东道国转移，发展中国家的"中等收入陷阱"的背后是"技术能力陷阱"（谢伏瞻，2019），"数字鸿沟"会挤压发展中国家参与全球价值链的空间，技术落后的国家被锁定在中低技术功能分工的风险将会加大。

（二）价值链水平和垂直分工竞争加剧

大数据、物联网、云计算技术的兴起使得拥有先进技术资源和创新优势的经济体获得更多的资源和利润，比较优势不断强化，从而会加剧水平和垂直分工的竞争。全球价值链分工的数字化可体现为生产过程的模块化、标准化和碎片化，整个价值链的功能分工在空间范围内将更加细化，水平竞争逐渐加剧。同时，由于产业关联方式不再仅局限于水平关联，垂直方向的联系也不断增强，技术研发和应用、知识创新在整个产业链垂直方向上的差异也导致垂直竞争不断加剧，沿着产业间上下游方向传导。

（三）价值链攀升难度加大

数字化水平的提高对处在全球价值链不同分工环节的参与者产生的影响截然不同。数字化将改变经济活动"增值"的来源和分配机制，在上游的参与者通过数字技术的应用能够提高研发设计与需求的匹配能力，在下游销售服务环节的参与者能够提高精准营销能力和服务价值，这都在更

大程度上强化了技术领先国家的先发优势，使得处在价值链中低端生产制造环节的企业同时受到来自上下游的挤压效应。随着数字化水平的提高，增值空间将会被不断压缩。同时，新工业革命下新兴领域对科技基础设施和人才供给的要求更高，特别是一些不发达国家实现数字转型困难重重，基础设施的落后、"数字鸿沟"的存在，导致发展中国家的实体经济难以发生革命性的变化，在国际分工中被边缘化的风险增加。

第三节 研究思路、内容与方法

一、研究思路

本书首先介绍研究背景及意义，并回顾与本书相关的国内外研究文献，为研究的开展提供借鉴。其次界定所研究的两个核心概念（制造业数字化和全球价值链分工地位）、介绍测算方法并分别对其进行测算，为下文的实证检验提供数据支撑。再次从理论层面分析制造业数字化对全球价值链分工地位影响的产业内效应和产业关联溢出效应，并提出相应的研究假设，在此基础上分别对提出的假设进行实证检验。最后根据实证检验结果提出有针对性的对策建议。本书技术路线如图1-3所示。

二、研究内容

基于以上研究思路，本书具体安排如下：

第一章绪论。阐述本书的研究背景和研究意义，梳理研究思路、研究内容、研究方法以及创新点与不足等。

第二章文献综述。分别阐述了制造业数字化相关研究、全球价值链分工地位相关研究以及制造业数字化对全球价值链分工地位的影响相关研究。

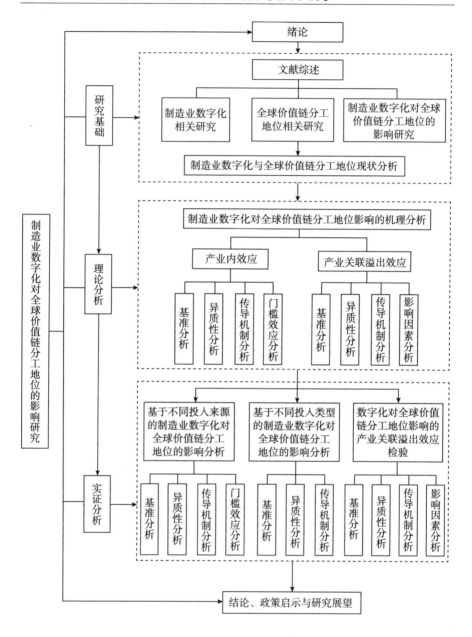

图1-3 本书的技术路线

第三章制造业数字化与全球价值链分工地位现状分析。给出制造业数字化和全球价值链分工地位的概念、测算方法，分别进行测算并根据测算的结果进行现状分析。

第四章制造业数字化对全球价值链分工地位影响的机理分析。分析产业数字化影响全球价值链分工地位的微观机制、异质性、传导机制、约束机制以及产业关联溢出效应并提出相应的研究假设，为后续实证检验提供理论支撑。

第五章基于不同投入来源的制造业数字化对全球价值链分工地位的影响分析。在第四章机理分析和提出的研究假设基础上，根据第三章的计算结果及搜集到的相关数据，建立相应的计量模型对研究假设进行实证检验。本章验证不同投入来源的制造业数字化对全球价值链分工地位的影响，并进行稳健性检验、内生性分析、异质性检验、中介效应检验和约束机制检验。

第六章基于不同投入类型的制造业数字化对全球价值链分工地位的影响分析。本章在第五章的基础上，验证不同投入类型的制造业数字化对全球价值链分工地位的影响，并进行稳健性、异质性和中介效应检验。

第七章产业关联溢出效应检验。在第五章和第六章分析的基础上，加入上下游产业数字化变量，验证产业关联溢出效应、传导机制和制约因素。

第八章研究结论、政策启示与研究展望。总结前文的研究结论，提出有针对性的政策建议，并指出未来的研究展望。

三、研究方法

（一）理论与实证相结合的方法

在理论分析部分，基于数理模型来分析制造业数字化影响全球价值链分工地位的微观机制；在实证分析部分，结合理论分析，通过使用中介效应检验、门槛效应检验、产业关联效应检验等多种计量实证分析方法对理论预期进行检验。

（二）比较分析方法

在现状分析中，比较不同国家不同行业的数字化水平和全球价值链分工地位；在实证分析中，比较国内、国外来源的数字化投入的影响、对数字硬件制造业和数字软件服务业投入的影响，并分析技术类别异质性、时期异质性、国家异质性以及与技术前沿距离异质性。

（三）网络分析方法

将基于图论的网络分析方法应用于产业经济分析中，构建全球价值链相关网络，根据网络指标分析国内附加值贸易网络特征。

第二章　文献综述

第一节　制造业数字化相关研究

一、数字经济概念相关研究

Tapscott（1996）最早提出了"数字经济"概念，分析互联网的兴起所形成的各种新的生产关系，但本书没有对数字经济的概念进行精确界定。往前回溯看，现代计算的历史并非始于互联网，而是始于 1945 年第二次世界大战期间的电子计算技术的商业化。20 世纪 50 年代初，磁芯存储器实现了高效的数字信息存储。随着时间的推移，存储技术、软件和硬件的改进，使信息处理和复制变得广泛，软件和硬件行业快速增长。私有化发生在 1990~1995 年，导致了现代商业互联网的出现，到 2000 年，互联网在美国被广泛采用（Greenstein，2000）。随着时间的推移，新技术已被置于基于 TCP/IP 的基本互联网之上，包括浏览器、搜索引擎、在线购物、社交网络、移动通信协议、安全标准、客户关系管理系统等，这些技术和其他技术增加了数据的收集和使用。

Bloom 等（2014）指出，数字技术包括信息技术（IT）和通信技术

（CT）两个方面。信息技术（IT）包括人工智能（AI）、机器人、机器学习和工业 4.0 等，通信技术（CT）包括互联网、智能手机、5G 等。信息技术能够加快数据处理速度，节省任务数量，加速机器代替人类，产生了生产活动的集聚力；通信技术克服了物理距离，降低了匹配和协调成本，鼓励生产过程的细分，从而产生了生产活动的分散力（Obashi 和 Kimura，2021）。我们既处在一个拥有数字平台、宽带网络、云计算和数十亿智能终端用户设备的世界，也处在一个拥有丰富的数据、信息和知识的被放大的网络世界（Bharadwaj 等，2013）。技术已经把普通消费者变成了传统的、结构化的交易数据以及更现代的、非结构化的行为数据的不断生成器（Erevelles 等，2016）。大数据被视为当今数字经济的新"石油"（Sivarajah 等，2017）。通过对采集到的数据进行挖掘进而可以生成更多的信息（Kohli 和 Grover，2008）。随着数字化的发展，当数据和连接规模达到一定临界值之后，数字技术就会爆发出惊人的能量（郭家堂和骆品亮，2016）。

2021 年 5 月 14 日，中国国家统计局第 10 次常务会议通过的《数字经济及其核心产业统计分类（2021）》①中，将数字经济定义为"以数据资源作为关键生产要素、以现代信息网络作为重要载体、以信息通信技术的有效使用作为效率提升和经济结构优化的重要推动力的一系列经济活动"，其中包括数字产品制造业、数字产品服务业、数字技术应用业、数字要素驱动业和数字化效率提升业共计五大类。

二、制造业数字化相关研究

中国国家统计局 2021 年通过的《数字经济及其核心产业统计分类（2021）》中，第 05 大类为产业数字化部分，指"应用数字技术和数据资源为传统产业带来的产出增加和效率提升，是数字技术与实体经济的融合"。如图 2-1 所示，产业数字化是传统产业通过利用数字技术对业务进行升级，从而提升生产数量及生产效率的过程，产业数字化转型从价值维度

---

① 资料来源：http：//www.gov.cn/gongbao/content/2021/content_5625996.htm。

上讲是指数字技术对产业高质量发展的价值影响（肖旭和戚聿东，2019）。产业数字化强调把数字技术应用到产品生产和服务提供中去，通过生产智能化的产品、满足个性化消费需求等新业态、新模式来提升产品和服务的质量和效率，以充分激发传统产业的新活力（吕铁，2019）。

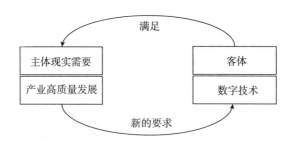

图 2-1　产业数字化的理论解析——价值维度

资料来源：肖旭，戚聿东. 产业数字化转型的价值维度与理论逻辑［J］. 改革，2019（08）：61-70.

为了在数字化转型中取得成功，领先的公司将重点放在重塑客户价值主张、使用数字技术改造业务上，且随着产品信息变得和产品本身一样重要，几乎每一家公司都在从事创造和交付"内容"的业务（Berman，2012）。基于数字技术的数字化转型能够通过扩展市场、根据市场需求重塑现有商业模式，能够通过改变供应商关系、客户关系、销售或预定方式等方面改变运营过程，还能够改变用户体验（Henriette 等，2015）。国家信息中心和京东数字科技研究院在 2020 年 6 月发布的《中国产业数字化报告2020》中指出，"产业数字化是指在新一代数字科技支撑和引领下，以数据为关键要素，以价值释放为核心，以数据赋能为主线，对产业链上下游的全要素进行数字化升级、转型和再造的过程"。吴友群等（2022）将制造业对电子通信及相关信息服务的投入界定为制造业数字化。杨先明等（2022）认为数字化投入是指运用数字化投入要素以提升产业生产效率和优化产业结构的产业数字化经济活动。孔存玉和丁志帆（2021）剖析了制造业数字化转型的核心特征，表现为数据资产成为新的关键要素，网络化协同和个性化定制等成为了新的生产模式，组织结构加速向扁平化和网络化转变，需求侧价值挖掘成为了新的价值源泉。石建勋和朱婧池（2023）指出，产业数字化转型有利于促进技术创新和上下游之间的同步协作，另外，工业相较农业和服务业来说，由于分工更细、链条更长，因而更有利于外溢效应和乘数效应的发挥，带动其他产业的数字化转型。邹梦婷等（2022）指出，数字技术可以引领制造业转型升级，数字化转型有利于制造业大国提升产业链比较优势和竞争优势，并通过实证检验得出了中国制造业数字化转型能够显著促进产业链现代化的结论。

三、制造业数字化影响效应相关研究

（一）数字化对创新的影响

数字技术具有可编程性、同质化、自我参照性等特征（Yoo等，2010），对创新过程可产生颠覆性改变（Nambisan等，2017）。数字技术的有效应用有助于缩短企业的研发周期，提升研发效率（郭海和韩佳平，2019）。企业获取数据、从中产生见解并据此采取行动的能力对提高企业的创新能力至关重要（Janssen等，2017）。企业应当具有清理、处理和挖掘数据信息的能力（Ghasemaghaei和Calic，2019）。在数据分析的背景下，管理者可以通过收集不同来源的数据来增强他们的洞察力（Ghasemaghaei等，2016）。访问和利用来自不同来源的大数据有助于企业提取新的想法，更好地了解消费者的需求（Anderson等，2014）。因此，数字技术使得创新过程中创新主体、创新投入、参与过程以及参与结果都发生了改变（Nambisan等，2019）。孙早和徐远华（2018）研究发现，信息基础设施建设能够促进中国高技术产业的创新效率，且随着市场化程度的提高，对创新效率的提升作用逐渐增强。张龙鹏和张双志（2020）实证检验了人工智能产业融合能够促进技术创新。陈金丹和王晶晶（2021）实证分析表明，产业数字化对中国制造业技术创新有显著的促进作用。

（二）数字化对生产成本和效率的影响

Bakos（1997）认为信息系统可以降低买家获取卖家价格和产品供应

信息的成本，降低卖方提取垄断利润的能力，同时增强市场优化配置生产资源的能力。数字经济不仅能降低企业参与价值链的固定成本，而且还能大幅降低企业的搜寻、复制、运输、验证、交易成本以及资源配置成本（江小涓，2017；裘莹和郭周明，2019），并降低建立渠道和品牌的费用（Goldfarb 和 Tucker，2019）。数字技术能够降低企业间的信息不对称、实现信息实时获取，促进企业间的线上线下合作（肖旭和戚聿东，2019）。施炳展和李建桐（2020）研究表明，互联网普及率的提高能够降低企业的搜寻成本从而促进制造业企业分工水平提升。同时，数字化还能够帮助企业在生产过程中降低失误以及犯错的概率，提高经营效率（戚聿东和肖旭，2020）。

施炳展（2016）认为互联网可以降低生产和交易成本，提升资源配置效率，可对生产效率产生积极影响。Mbuyisa 和 Leonard（2017）的研究结果表明，中小企业使用信息通信技术提高了生产力、收入和业务运作的效率，并更容易与本地或全球的外部联系联系起来。Graetz 和 Michaels（2018）研究表明，增加机器人的使用对年度劳动生产率增长贡献了大约 0.36 个百分点。Cusolito 等（2020）研究表明，采用电子邮件相关的全要素生产率溢价是 1.6%，而采用网站的溢价是 2.2%，后者高于相应的出口和管理经验的溢价。何小钢等（2019）通过对中国企业的数据进行实证研究表明，通过 ICT 与高技能劳动力之间存在的直接和间接互补效应，企业能够显著提升生产率。黄群慧等（2019）研究表明，互联网发展能够显著促进制造业企业的生产效率。李唐等（2020）研究表明，数据管理能力的提升有助于企业生产率的提升。Mushtaq 等（2022）的研究表明，信息和通信技术（ICT）的采用降低了中小企业和银行之间的信息不对称，且 ICT 的采用与基本的融资渠道和创新呈正相关，意味着发展 ICT 基础设施的政策可以帮助实现更大程度的金融普惠性，并可以通过促进中小企业的繁荣来减少贫困和促进经济增长。

（三）数字化对国际贸易的影响

Anderson 和 Wincoop（2004）认为互联网可以通过降低成本来促进贸

易发展。张其仔和贺俊（2021）认为第四次工业革命可以促进全球产业加快模块化发展的速度，从而更有利于各国根据比较优势参与分工和贸易。施炳展（2016）研究结果表明，互联网可以有效提升中国企业的出口价值量。李金城和周咪咪（2017）实证结果表明，一国制造业的出口和出口复杂度均与互联网的发展水平有正相关关系。Fernandes 等（2019）结合企业生产数据和省级互联网渗透率信息展开研究，证明互联网对中国制造业出口有积极影响。ICT 的快速发展促进了跨国公司将复杂的生产活动跨国界外包（Gopalan 等，2022）。Abendin 等（2022）研究发现，数字化对西非经共体区域的双边贸易产生了重大的积极影响，该地区的双边贸易依赖于数字化。Obashi 和 Kimura（2021）研究发现，东亚新兴经济体通过利用信息技术与本土资源的互补性来保持甚至扩大生产区块，生产中引入更多的工业机器人可以促进区域生产网络内制造业零部件等产品的贸易。

（四）数字化对劳动力技能和就业的影响

数字经济不仅能够促进知识的传递、信息共享，还可以拓展劳动力获取技能的渠道，快速提升劳动力的技能水平（齐俊妍和任奕达，2022）。孙早和侯玉琳（2019）研究表明，工业智能化能够使先进设备对初中、高中学历的劳动力进行替代，并对高教育程度和低教育程度劳动力增加了需求。Bresnahan 等（2002）指出，计算机应用所带来的组织变革的变化要求有更高的认知技能与之互补，从而增加对高技能劳动力的相对需求。Autor 等（2003）指出，计算机在执行常规任务时能替代劳动力，在解决问题和复杂的交流活动方面能够与高技能劳动力起到相互补充的作用。Aghion 等（2020）的研究发现，产业智能化能够显著促进法国等部分欧洲国家的就业。Obashi 和 Kimura（2021）指出，信息技术有可能减少新兴国家的就业岗位，而通信技术导致了新业务的激增，有可能创造就业岗位。郑浩天和靳卫东（2024）对数字经济发展与劳动收入份额的研究显示，数字经济发展能够显著促进平均工资率提升，但并不会带来短期劳动生产率的显著增长，综合表现为有助于提高劳动收入份额。

（五）数字化的产业关联溢出效应相关研究

钞小静等（2022）探究了人工智能技术的产业关联溢出效应，研究结果表明，对制造业就业而言，人工智能技术的前向溢出效应和后向溢出效应均显著为负；对就业结构优化而言，人工智能技术的前向溢出效应显著为正，但后向溢出效应尚未在考察期内显现。杨飞（2022）研究了产业智能化对劳动报酬份额的产业内效应和产业关联效应，研究表明，产业智能化降低了后向关联产业的劳动报酬份额。戴翔和杨双至（2022）研究表明，数字赋能能够通过产业链产生积极的外溢效应，从而间接影响上下游企业的绿色化转型。

Acemoglu 等（2016）指出经济系统中微小的冲击可以通过投入产出网络（Input-output Network）进行扩散并放大，对单个产业部门的冲击不仅能对该产业产生影响，还通过投入产出网络影响到其他产业部门，供给侧冲击更容易对下游产业产生影响，需求侧冲击更容易对上游产业产生影响。Grassi（2017）在生产网络模型分析中引入寡头竞争情形，研究了企业层面的冲击（生产率、集中度）如何影响部门的生产率、竞争情况以及投入产出网络的变化情况，研究发现，正向冲击所导致的生产率变动会向生产网络中的下游部门传导，而垄断力量的提升会同时对上游和下游产生影响。Autor 和 Salomons（2018）研究表明，产业智能化不仅通过产业内效应影响就业和劳动收入占比，还会通过投入产出联系带来的供给效应和需求效应间接影响就业和劳动收入占比。

第二节 全球价值链分工地位相关研究

一、全球价值链概念相关研究

全球价值链的理论根源于 20 世纪 80 年代由国际商业研究者提出的价

值链理论（张辉，2004）。Kogut（1985）指出价值链具有垂直分工的特性，企业的比较优势可以决定其在价值链环节的分配。Gereffi 和 Korzeniewicz（1994）开发了一个被称为"全球商品链"的框架。2000 年，洛克菲勒基金会资助了一场大规模的全球价值链大会，此后，全球价值链的相关研究开始快速增长（Gereffi 和 Kaplinsky，2001），并推动将全球价值链作为通用术语使用。Gereffi 等（2005）将全球价值链的概念进行了细化。Gereffi 和 Lee（2012）指出，全球价值链框架的重点是全球扩张的供应链以及如何在其中创造和获取价值。Gereffi 和 Fernandez-Stark（2016）指出，价值链描述了企业和工人将产品从概念到使用所进行的包括如研发、设计、生产、市场、分配到最终的消费者的全部过程，在全球化的背景下，构成价值链的活动通常是在全球规模的企业间网络中进行的。

张辉（2004）指出，全球价值链是全球性跨企业网络组织进行的从原料采集、运输、半成品和成品的生产、分销，到最终消费和回收处理的整个过程，包括所有参与者和生产、销售等活动的组织以及价值分配。唐海燕和张会清（2009）指出，在"产品内分工"模式下，生产流程被分割成具有不同的增值能力的若干阶段，这些增值阶段构成了产品内分工的价值链，各分工参与国通过专业化生产在全球价值链中获取相应的增加值。赖伟娟和钟姿华（2017）将 GVC 看作一条由各国通过各自的专业化生产和分工而组合在一起形成的价值增值链，各国在链上贡献各自的价值增值。程大中（2022）认为，全球价值链的本质是多层次网络的分工。

Antràs（2020）对全球价值链和全球价值链参与进行了广义定义：全球价值链是指由生产销售给消费者的产品或服务所涉及的一系列阶段组成，每个阶段都会增加价值，并且至少有两个阶段在不同的国家生产。如果公司在全球价值链中至少生产一个阶段，则它就参与了全球价值链。Dilyard 等（2021）指出，虽然不同学者的表述不同，如关系价值链和市场价值链（Antràs，2020）等，但这些术语的共同之处在于对全球价值链关系本质的认识，即"价值链参与者之间的协作、协调和合作，以促进信息、资源和知识的流动"。

二、全球价值链分工地位及测算相关研究

(一) 全球价值链分工地位相关研究

关于全球价值链分工的概念及相关描述。Balassa 在 1966 年就探讨了关税的减少带来的国家间专业化分工的生产过程。Kogut (1985) 指出价值链具有垂直分工的特性,企业的比较优势可以决定其在价值链环节的分配。卢锋 (2004) 将 "产品内分工" 描述为产品生产过程中所包含的不同工序和区段,通过空间拆分构成的跨国家 (地区) 的生产链条,进而形成相应的分工体系。曹明福和李树民 (2005) 认为同一产品内的某个环节或者某道工序的国际专业化分工,可称为 "全球价值链分工",体现为产品在多国进行分工、连续生产,并伴有中间品的进口以及最终产品的出口的国际分工形式。唐海燕和张会清 (2009) 将产品内分工描述为,各个国家 (地区) 根据自身的要素禀赋比较优势,参与生产中特定阶段的专业化生产,从而在全球价值链中的特定环节或者位置中获取相应的增加值。黎峰 (2015) 认为全球价值链分工指的是跨国公司将产品价值链分割为研发、设计、原材料和零部件生产、产品组装、物流配送、市场营销以及售后服务等若干个独立环节,并将各环节配置于全球范围内的国际分工。Antràs (2020) 指出,全球价值链本质上意味着更精细的国际分工和更大的专业化收益。

关于全球价值链分工地位的概念及相关描述。Gereffi 等 (2005) 指出,全球价值链的升级一般是指经济主体在全球生产网络中从低价值活动转向相对高价值活动的过程。唐海燕和张会清 (2009) 指出,价值链的高增加值阶段对应着价值链的高端环节,低增加值阶段对应着价值链的低端环节,参与国际分工的目的更重要的是改善分工地位,实现价值链位置由低端向高端跨越。黄先海和杨高举 (2010) 明确提到了 "分工地位" 的概念,指出不同国家在全球产业链和价值链中所处的相对地位,集中体现为出口的获利能力,即出口产品中所包含的由国内生产所带来的增加值以及对该国经济增长的拉动作用,将之界定为 "国际分工地位","分工

地位"不但强调竞争力，还强调获利能力。刘斌等（2015）指出，企业在价值链中的分工地位是融入全球价值链高端环节，也指在价值链中获得的贸易利得。在如何改善 GVC 低端锁定问题上，邵朝对等（2020）也较为关注企业在国际市场上的贸易利得以及附加值的获取能力。

（二）全球价值链分工地位测算相关研究

全球价值链核算方面，现有文献大致是从价值和位置两个维度来进行研究的（倪红福和王海成，2022）。在全球价值链分工地位的测算上，有学者是采用单一指标来衡量，也有部分学者采用多个指标以及综合指标来衡量，或采用其他指标如出口商品结构相似度指数、出口技术复杂度等作为代理变量。

1. 出口分解框架及出口国内附加值率

基于国际贸易增加值的分解方法可以充分考虑全球产品生产的细分过程，反映一国工业出口的真实增加值。从 Hummels 等（2001）到 Koopman 等（2010，2012，2014），再到 Wang 等（2013），均对国家部门层面、双边贸易层面和双边贸易部门层面的总贸易流量进行了分解。

Hummels 等（2001）提出了基于一国投入产出将出口分解为国内和国外增加值份额的方法（HIY 方法）和垂直专业化（Vertical Specialization，VS）指标，其中的关键假设之一为进口投入的使用强度在出口生产和国内销售生产之间是相同的，但这个假设在加工贸易占比高时是不成立的（张杰等，2013）。

Koopman 等（2010）将一国出口当中的增加值分解为五个部分，分别为最终品出口、中间品出口（被进口国直接吸收）、中间品出口（再出口至第三方国家）、中间品出口（返回国内部分）和国外增加值部分。

Koopman 等（2012）提出了 KWW 核算框架，用于计算在加工出口普遍存在的情况下，一国出口中外国和国内增加值的份额。之后，Koopman 等（2014）将一个国家的出口总额按来源和额外的重复计算条款分解为国内增加值、国内增加值返还、国外增加值以及重复计算四大类 9 个部分，将垂直专业化和增值贸易整合到一个统一的框架中。

Wang 等（2013）对 Koopman 等提出的对一国的总贸易流量分解的方法加以扩展，根据吸收的最终目的地将所有双边中间贸易流量分解为最终需求，并将生产各阶段的总产出表示为相关国家的最终需求。这一关键技术步骤能够将总值贸易流量分解为最终产品，奠定了通过增加值来解释总值贸易的基础。Wang 等建立了一套完整的核算法则以实现总贸易流量100%的分解，将贸易流分解为国内增加值出口、国内增加值返还、国外增加值和纯双重计算部分共四大类 16 小项，可以帮助我们理解有关国际生产分工结构的其他信息，从而发现出口数据所掩盖的全球价值链相关信息。

基于以上对出口贸易流的分解，可以计算出口国内附加值率以反映一国出口的获利情况。但出口国内增加值和增加值出口是不同的，出口国内增加值包含了增加值出口。增加值出口的概念由 Johnson 和 Noguera（2012）提出，仅包含由本国（地区）生产出口至他国（地区）的国内增加值。与增加值出口不同，出口国内增加值还包含"返回本国的国内增加值"，即隐含在本国进口中的返回本国的国内增加值部分，是 GDP 隐含于出口中的部分（王直等，2015）。

Wang 等（2013）、马凤涛和王颖（2015）利用各国总出口中的国内增加值占比来确定在全球价值链中的地位。在微观企业层面，Upward 等（2013）利用对 HIY 的修正算法计算了中国企业的垂直专业化率 VS 和国内增加值率 DVAR，结果显示，加工出口商的增值份额比非加工出口商低50%。张杰等（2013）对 Upward 等（2013）的算法进行了改进，首先考虑企业使用中间代理贸易商来进口中间品和资本品的情况，其次考虑中间投入品的间接进口问题，最后还考虑了资本品进口问题，并给出了 DVAR 的测算方法。Kee 和 Tang（2016）利用企业和海关交易层面的数据，区分一般贸易和加工贸易后计算了企业出口的国内增加值率。邵朝对等（2020）考虑了贸易方式、中间贸易代理商以及间接进口和返回增加值问题后完善了 DVAR 的计算方法。吕越等（2015）考虑企业使用国内原材料所含的国外产品的份额，对外增加值比率（FVAR）的测算方法进行了改进。

2. 全球价值链参与指数和位置指数

Koopman 等（2010）在对增加值进行分解的基础上构建了全球价值链参与指数（$GVC\_Participation_{ir}$）、全球价值链位置指数（$GVC\_Position_{ir}$）来衡量全球价值链参与程度和位置，认为全球价值链分工位置可以由该经济体向其他经济体提供的中间品与该经济体进口的中间品之比来判断，位于价值链上游意味着向国外提供的增加值比重高于进口的国外增加值比重，位于价值链下游意味着要大量进口其他经济体的中间品，向国外提供的增加值比重低于进口的国外增加值比重。

Wang 等（2017a）基于对增加值的分解框架，给出了全球价值链前向参与指数、全球价值链后向参与指数的计算方法，并指出这两个参与指数的相对值可表示参与者在全球生产网络中的位置，前向参与程度高于后向参与程度意味着参与者在全球价值链中更积极地参与上游生产活动。

王岚（2014）采用 Koopman 等（2012）的出口价值增值分解框架，测算了全球价值链参与度和分工地位，测算结果显示，中国制造业整体上处于价值链下游，且不同技术类别制造业参与全球价值链分工的路径不同。周升起等（2014）采用 Koopman 等（2010）提出的反映上游度的指标来衡量产业在全球价值链上的国际分工地位，计算结果显示，中国制造业的全球价值链分工地位仍较低。郑丹青（2019）借鉴 Koopman 等（2010）的全球价值链地位指数及上游参与度、下游参与度方法来衡量全球价值链分工地位，充分考虑了间接进出口以及增加值折返等问题，计算了企业的全球价值链分工地位指数。徐小锋（2021）基于 Wang 等（2017a）对增加值的分解框架，计算了全球价值链参与度和全球价值链位置指数来衡量关税变动对其的影响。

3. 平均传递步长、生产阶段数、上游度

Dietzenbacher 等（2005）首次提出了使用平均传递步长（Average Propagation Length，APL）指标来衡量生产网络中产业部门之间的距离（长度）。Inomata（2008）将 APL 扩展到国家间的投入产出模型。倪红福（2016）在已有的平均传递步长（APL）的基础上，从增加值传递的角度进行拓展，提出了"增加值平均传递步长"（Value-added Average Propa-gation Length，VAPL）的概念，*VAPL* 越大，代表产业部门与最终需求的距离越长，经济复杂度越高。

Fally（2012）提出了生产阶段数的概念。倪红福等（2016）对 Fally（2012）的生产阶段数算法进行了扩展和改进，区分了国内生产阶段数和国外生产阶段数。Fally（2012）与倪红福等（2016）认为"出口的国内附加值率"（*DVAR*）等算法均是从贸易利得的角度来反映一国（地区）在全球价值链的嵌入程度，不能反映生产结构的复杂程度，只有生产分割长度增加才能真正体现在全球价值链中的嵌入程度（刘维刚等，2017）。

Fally（2012）还提出了上游度（Upstream），即生产到最终的需求的距离，来评估参与者在全球价值链中的位置。如果某一产业部门的产品分配给处于上游产业部门的份额越多（投入产出系数越大），那么该产业部门相对处于上游位置。Antràs 等（2012）通过与最终产品间的加权平均距离定义了行业上游度，并论证了其与 Fally（2012）定义的上游度（Upstream）是一致的。行业上游度是从行业层面对全球价值链"分工地位"进行度量，一国企业在生产环节中越处于价值链的上游则贸易利得就越大，相应地在价值链中的"分工地位"就越高（刘斌等，2015）。

Wang 等（2017b）采用生产长度来衡量从初始投入到最终产品所包括的平均生产阶段数，并提出采用前向关联生产长度和后向关联生产长度的比值来反映参与者在全球价值链分工中的位置，位置指数越大代表越接近价值链的上游，全球价值链分工地位越高。

4. 多个指标或综合指数

戴翔等（2019）采用国内附加值出口占比指数（*VAXR*）、出口国内附加值率指数（*DVR*）和全球价值链分工地位指数（*GVC_Position*）三个指标来衡量全球价值链分工地位。苏庆义（2016）认为反映产品属性的出口技术复杂度和反映增加值属性的国内增加值率仅是部分衡量了国际分工地位，并将二者结合构建了一个综合反映国际分工地位的指标（出口国内增加值率×出口技术复杂度）。张会清和翟孝强（2018）认为，GVC

位置指标虽然对于评价国际分工地位具有重要的意义，但该指标也不能完全反映国际分工地位，并考虑了科技实力的影响对 GVC 位置指数进行了修正，构建了一个新的综合指标来衡量国际分工地位（GVC 位置指数×科技创新指数）。张艳萍等（2022）构建了一个既考虑增值属性又考虑位置属性的测度 GVC 攀升指数的考察指标（GVC 地位指数×出口国内增加值率），从而可以更客观地反映产业在全球价值链中的国际地位。

5. 其他代理变量

唐海燕和张会清（2009）通过计算出口商品结构相似度指数（*ESI*）来比较本国与先进国家的出口结构，衡量该国与全球价值链高端环节的相对距离，*ESI* 在 0 到 1 之间，数值越高表明越靠近全球价值链的高端环节。

Hausman 等（2007）、Schott（2008）、邱斌等（2012）将出口技术复杂度作为全球价值链分工地位的代理变量。费越等（2021）用出口复杂度来衡量一国在全球价值链的地位。还有学者从出口技术复杂度与 *DVAR* 双重视角来综合评估价值链分工地位，耿晔强和白力芳（2019）、刘亮等（2021）采用既能反映出口产品增加值属性，又能反映技术属性的指标来衡量全球价值链分工地位。

三、全球价值链分工地位的影响因素相关研究

各国依据本国拥有的相对丰富的要素来参与具有比较优势的相应价值链环节（曹明福和李树民，2005）。多数发展中国家无法实现价值链地位提升的可能原因是人力资本的规模不大或是质量偏低（Caselli 和 Coleman，2006）。唐海燕和张会清（2009）对发展中国家的研究表明，参与产品内国际分工能够显著推动一国的价值链位置提升，其中，人力资本、服务的质量以及制度环境等都起到了非常重要的作用。郭晶和赵越（2012）的研究表明，人力资本尤其是创新型的人力资本是高技术产业在国际分工中地位提升的主要影响因素。戴翔和郑岚（2015）研究发现制度质量的完善对中国在全球价值链中的攀升具有促进作用，对外开放、人力资本等也对中国在全球价值链中的攀升起到了积极作用。胡昭玲和宋佳（2013）

的研究发现，研发投入能够促进分工地位提升，在中高技术行业中人力资源禀赋对分工地位有正向影响。

一国的要素结构、技术能力和分工水平都会影响其在全球价值链中的分工地位（曾铮和张亚斌，2005）。技术要素投入的增加有利于提高出口部门的国际分工地位（黎峰，2015）。黄先海和杨高举（2010）的分析也表明，劳动生产率的明显进步能够快速提高国际分工地位。王岚和李宏艳（2015）构建了"全球价值链融入路径"分析框架，并测算了价值链地位、增值能力以及获利能力指数，研究结果显示，嵌入的位置是决定国际分工地位的关键因素，高技术、中技术、低技术制造业分别位于价值链的上中下游。吕越等（2017）通过研究发现，企业的全要素生产率是提升全球价值链参与水平的关键因素。李胜旗和毛其淋（2017）研究了上游的垄断对下游企业的 DVAR 的影响及作用机制，研究结果表明，上游垄断能够显著降低下游企业的 DVAR，对一般贸易企业和本土企业的抑制作用更明显。Lu 等（2018）计算了对外增加值比率（FVAR）来衡量中国出口企业对全球价值链的参与，研究表明，生产率和财务约束对企业参与全球价值链有重要影响，其中生产率对企业的 FVAR 有正向影响，而财政约束对首次出口企业的 FVAR 有负向影响。

邱斌等（2012）研究了全球生产网络的参与程度对价值链地位的影响，结果显示，该网络参与程度能够促进我国制造业价值链提升。马述忠等（2016）研究了农产品贸易网络的中心性、联系强度等特征对农业价值链的影响，结果显示了贸易网络特征对价值链参与的正向促进作用。高敬峰和王彬（2019）将全球价值链进行了拆分，分为国内价值链、进口价值链两个部分，实证分析显示，进口价值链的质量对国内价值链的质量起到促进作用。

世界各地越来越多的公司正在通过服务为其核心产品增值（Vandermerwe 和 Rada，1998），制造业服务化过程逐渐成为有利于全球价值链分工地位提升的因素之一。服务化使得制造业企业转向以服务为核心的高附加值供给环节，有利于全球价值链分工地位攀升（许和连等，2017）。戴翔等（2019）定量分析了不同来源的制造业服务化对价值链攀升的影响，研究结果表明，整体层面的制造业服务化对全球价值链攀升没有显著影响，但当区分服务投入的国内外来源后，基于国内服务投入的制造业服务化提升有助于全球价值链攀升，而基于国外服务投入的制造业服务化提升则呈现负向作用。

第三节　制造业数字化对全球价值链分工地位的影响相关研究

一、数字经济对全球价值链的影响相关研究

数字技术应用对价值链上企业的价值创造及价值链攀升的影响。数字技术应用使价值链上各环节的联系更加紧密。信息技术的使用将零售商持有的销售点信息与生产商和分销商持有的生产和物流数据连接起来，使生产和零售链的不同阶段之间的联系更加紧密（Azmeh 和 Nadvi，2014）。Laplume 等（2016）提出了新技术如何影响全球价值链的地理跨度和密度的问题，并对全球生产网络产生一定的影响。数字技术的应用最终形成了以数据为中心的价值创造网络（Chae，2015）。大数据能够引导要素向高效创造用户价值的领域集中，数字经济还可以把"长尾理论"发挥到极致，创造更多的用户价值（江小涓，2017）。数字技术应用使得全球价值链的演变由成本驱动型转向知识和创新驱动型（杨丹辉，2022）。Dilyard 等（2021）讨论了数字技术对全球价值链的运作和创新方式产生的深刻影响，数字化转型的扩散使全球价值链的不同参与者之间的相互信任得以加强，同时，数字技术有助于全球价值链变得更加灵活，产生了其他形式的价值创造和价值获取。数字技术应用有利于企业增加竞争优势。数字化能为企业提供工业服务化、商业服务化和价值服务化三种服务化路径，这

些路径导致不同的服务级别，提供商进一步集成到客户的流程中，从而增加了其相对于其他提供商的竞争优势（Coreynen 等，2017）。企业不仅通过搭建与数字技术相适应的系统平台，基于实物产品生成的数据提供数字化服务，还需要先进的服务组合来确保从数字化中获取价值，以实现积极的绩效影响（Kohtamäki 等，2020）。裴莹和郭周明（2019）梳理了数字经济促进中小企业价值链升级的网络连接、成本节约、价值创造和价值链治理效应，并刻画了数字经济推动价值链攀升的动态机制。Li 等（2019）分析了电子商务如何降低进入壁垒，并利用全球价值链框架来研究电子商务对中国服装行业升级轨迹和治理结构的影响，从而使企业能够向价值链上游移动。谢靖和王少红（2022）研究表明，数字经济能够通过生产效率机制显著提升制造业企业的出口产品质量，研究结论为培育制造业国际竞争新优势提供参考。大多研究表明，数字技术对全球价值链的影响是正向的，但这种影响也需要相关要素的配合和支持。Foster 等（2018）探讨了非洲大陆的互联网应用给价值链带来的后果，研究发现，尽管互联网应用使企业受益，但如果没有互补能力和竞争优势的支持，提高连通性本身并不会使非洲企业在全球价值链中受益。

数字经济有助于提高产业链上企业对风险的感知和应对能力。第一，网络效应。在数字经济时代，产业链上不仅有物质的流通，更重要的还有信息的流通。数字技术的快速发展使大量的数据信息流和知识流快速在企业之间以及产业链之间传递。大数据、物联网、人工智能等数字技术的进步可以提高信息在产业链网络中的流通速度，使产业链上的各企业信息交流更加通畅、高效。当遇到外部或内部不利事件冲击时，信息能够快速向网络中传递，提高整个产业链感应风险并应对冲击的响应速度。第二，治理体系优化效应。一方面，数字化转型能够提升企业的科技和管理水平，基于对海量数据的价值挖掘，有助于企业设计风险预警机制并完善响应的应急处理机制，从而增强风险感知能力和抵御风险的能力。另一方面，数字技术赋能国家治理，也是处理政府与市场间的"有形之手"与"无形之手"关系的突破口（伦晓波和刘颜，2022）。通过数字技术设置完善的政府公共治理体系，不仅能够通过大数据平台实时监控市场运行情况，对于可能出现的风险及时给予预警和处置，而且可以及时调配公共资源和企业资源，保障产业链运行通畅。第三，资源配置效应。一方面，数字技术和平台不仅可以实现上游供应商与生产企业的供给和需求的匹配、生产企业与下游分销商的精准匹配，而且还有助于保证原材料供应的质量和分销的稳定性。多元化的供应商关系也有助于降低产业链供应链波动风险（陶锋等，2023），保证生产发展和安全。另一方面，数字化有助于增强企业对市场的供给和需求改变的适应能力，当产业链受到外部冲击时能够及时调整生产策略应对风险。与此同时，生产要素还可以快速地在产业链内进行快速调配，一些闲置的和碎片化的生产资源也可以及时响应至需要的节点，从而减弱危机对上下游企业的传导，提高抗风险和冲击的能力。但数字化在给社会经济和生产网络带来有利的一面的同时，也会相应地存在一些负面的影响。比如，数字化会使得价值链在受到危机时因为数字技术的传导效应而放大（杨仁发和郑媛媛，2023），这将会加剧风险冲击从而不利于产业链的安全与稳定。

二、制造业数字化对全球价值链分工地位的影响相关研究

Acemoglu 等（2020）研究表明，法国采用机器人能够提高企业的附加值和生产率。吕越等（2020）采用机器人使用密度代表人工智能相关指标，实证检验了人工智能对全球价值链分工的正向促进作用，且大多表现在加工贸易企业。刘亮等（2021）通过研究发现，智能化水平对地区的全球价值链地位有显著的促进作用，且存在行业异质性。

Wu 等（2021）研究表明，数字化有利于增强中国制造业全球价值链的竞争力，数字化对中、高知识密集型产业的影响显著，但对低知识密集型产业的影响不显著。作用机制上，劳动生产率是数字化提升制造业全球价值链竞争力的有效途径。

齐俊妍和任奕达（2021）研究表明，数字经济渗透能够通过减低贸易成本和提升人力资本结构来驱动价值链地位提升。张艳萍等（2022）从广

度和高度两个维度对全球价值链进行了刻画，研究显示，数字化投入对全球价值链的广度与高度均有促进作用，但不同类型行业的促进作用不同。Gopalan 等（2022）通过使用 2006~2018 年 52 个国家的企业数据，实证结果表明采用数字化的公司参与全球价值链的可能性增加了 6%~10%。

高敬峰和王彬（2020）从生产要素贡献度的角度、吴友群等（2022）基于 RCA 显性比较优势指标来衡量全球价值链地位，研究结果显示，数字技术能够显著提升全球价值链地位，且国外的数字技术促进作用更大。张晴和于津平（2021）采用数字依赖度指标实证分析了数字投入对企业全球价值链分工地位的微观企业效应，研究表明，国内的数字投入对企业出口国内附加值率有正向影响，但国外来源的数字化投入对企业的全球价值链分工地位具有抑制作用。Banga（2022）实证结果表明，印度制造业企业数字能力的提高对其产品成熟度具有显著的正向影响，意味着通过投资数字能力，印度制造业企业能够升级并爬上价值链的阶梯。

数字技术使原本不可能发生的服务贸易实现跨国交易，拓展了全球价值链分工的广度（胡玫和钊阳，2024）。李永和朱思宇（2024）研究表明，ICT 服务贸易的出口额和进口额均有利于提升制造业的全球价值链地位，成本效应和制造业投入信息化水平提升起到了间接推动作用。

第四节 文献述评

现有文献肯定了数字化的重要意义，探讨了制造业数字化对全球价值链分工地位的影响，对本书具有重要启发。但仍存在如下问题：

第一，细分制造业数字化的国内、国外投入来源进行研究的文献不多。有学者虽然从国内和国外投入视角进行了研究，但一方面，数字化投入采用的是绝对指标，不能从本质上反映数字化投入的强度；另一方面，基于不同投入来源的分析结果也不相同，有分析表明行业的国外数字化投入对全球价值链分工地位提升具有促进作用，也有从微观企业层面的研究得出相反的结果。因此，还需要以对数字产业资源投入的相对依赖度为解释变量，从全球行业层面进一步探讨不同投入来源的数字化对全球价值链分工地位的影响以及异质性、中介机制和约束机制。

第二，细分数字硬件制造业和数字软件服务业进行研究分析的文献不多，且鲜有文献结合数字产业类型和国内、国外来源综合进行的分析。由于数字硬件产业和数字软件产业在性质上有着较大不同，且在量化时数量级上也存在着较大的差异，所以不区分数字硬件和数字软件产业进行的制造业数字化分析将导致结果应用上的偏误。

第三，鲜有针对发展中国家不同行业与技术前沿差距的异质性分析。黄先海和宋学印（2017）曾将世界各经济体按技术维度划分距离前沿的程度，距离技术前沿程度的不同是否会带来制造业数字化影响效应的不同值得探讨。

第四，大多文献研究的均为产业内效应，鲜有文献研究数字化影响全球价值链分工地位的产业关联溢出效应。进一步地，产业关联溢出效应的传导机制和制约因素也值得进行探讨。

基于以上分析，对于制造业数字化对全球价值链分工地位之间的实证研究还存在以下空白点：

第一，基于相对指标计算的产业数字化投入，并区分国内、国外投入的制造业数字化对全球价值链分工地位的影响以及异质性、传导机制和约束机制分析。

第二，对数字硬件制造业和数字软件服务业投入的分类分析，并结合国内、国外投入来源的综合研究。

第三，基于技术维度的发展中国家制造业数字化影响全球价值链分工地位与技术前沿距离异质性分析。

第四，产业数字化对全球价值链分工地位影响的产业关联溢出效应、传导机制及制约因素分析。

第五，基于上述研究的较为完整的理论分析框架。

第三章 制造业数字化与全球价值链分工地位现状分析

第一节 制造业数字化现状分析

一、概念界定

2021 年 5 月 14 日，中国国家统计局通过了《数字经济及其核心产业统计分类（2021）》，其中第 05 大类为产业数字化部分，指"应用数字技术和数据资源为传统产业带来的产出增加和效率提升，是数字技术与实体经济的融合"。借鉴上述定义，本书将"制造业数字化"界定为：制造业通过对数字硬件设备和对数字软件及相关服务的投入，运用数字技术、挖掘数据资源价值，并应用于产品的研发、生产和服务过程中，带来产出增加和效率提升的过程。

参考 Bloom 等（2014）的做法，本书界定的数字技术包括信息技术（IT）和通信技术（CT）两个方面。参考吴友群等（2022）的做法，根据联合国于 2008 年修订完成的第四版《国际标准产业分类》①（简称 ISIC Rev. 4）分类标准，并结合数据的可得性，本书采用 C26（计算机、电子和光学设备的制造）、J61（电信业）和 J62_J63（IT 和其他信息服务业）来代表数字经济核心产业。

二、衡量指标及测算方法

在具体的指标构建上，以往文献部分是用绝对量来衡量，如张艳萍等（2022）以投入产出表中数字经济基础部门对各制造部门的增加值投入量来衡量。还有部分文献用到了总投入系数，杨飞和范从来（2020）采用服务中间品投入占 GDP 的比重来衡量产业服务化水平。然而，由于绝对指标和总投入系数都忽略了产业在生产过程中各中间投入之间的结构特征，无法刻画相关投入在所有中间投入中的相对大小，故有些文献采用数字投入占总投入的比值予以克服，构建了直接依赖度指标（张晴和于津平，2021；杨晓霞和陈晓东，2022）。本书在此基础上，考虑投入结构，即各产业对数字产业投入与对其他产业投入之间的比值，构建相对依赖度来反映各产业对数字产业的依赖程度，作为产业数字化水平的刻画指标。

国家 h 产业 j 的数字化水平测算公式为：

$$Dig_{hj} = \sum_{l=1}^{m} \sum_{k=1}^{D} b_{lkhj} \bigg/ \left(\sum_{l=1}^{m} \sum_{i=1}^{n} b_{lihj} - \sum_{l=1}^{m} \sum_{k=1}^{D} b_{lkhj} \right) \quad (3-1)$$

其中，b_{lkhj} 表示国家 h 产业 j 对国家 l 产业 k 的直接消耗系数，b_{lihj} 表示国家 h 产业 j 对国家 l 产业 i 的直接消耗系数，m 表示经济体个数，n 表示产业个数，k 表示数字产业所包含的子产业，D 表示数字产业所包含的子产业个数。

---

① 《国际标准产业分类》全称为《全部经济活动国际标准产业分类》（*International Standard Industrial Classification of All Economic Activities*），英文缩写为 ISIC，是在国际上唯一被认可的权威的产业分类，在统计领域有着广泛的应用。联合国统计委员会于 1948 年颁布了 ISIC 第一版，此后经过多次修订。1998 年提出对 ISIC 第三版进行修订，并于 2008 年公布了 ISIC 第四版（ISIC Rev. 4）。与上一版本相比，ISIC Rev. 4 的分类更详细，适合新兴产业的需要，最新版本中新设立了代表信息和通信业的 J 门类，并对信息产业进行了全面的分类，这代表着关于信息产业分类的讨论在全球达成了共识，可用于国际比较和分析。

三、数据来源及说明

关于研究的时间范围。随着各国贸易壁垒的下降和贸易成本的不断降低，全球生产分工活动在进入 21 世纪后不断提升，因此本书以 2000 年为研究起点。同时，由于实证模型中的多数变量数据只更新到 2019 年，且为了避免公共卫生事件数据对结果的影响（企业生产及出口受到的不确定性影响较大，且线上生产活动导致数字化程度突发性增长，数字化程度和全球价值链分工地位之间的关系不稳定），因此本书研究的时间范围为 2000~2019 年。

关于所使用的数据库。欧盟委员会资助的 2016 年发布的世界投入产出数据库（World Input‐Output Database，WIOD）是按照 ISIC 第四版（ISIC Rev. 4）来进行产业分类的，对产业进行了更为详细的分类，且包括对信息产业更加全面的分类，故本书采用 WIOD 的全球投入产出数据进行计算。同时，由于 WIOD 的投入产出数据只更新至 2014 年，为了更全面地进行分析，本书还结合亚洲开发银行（Asian Development Bank，ADB）的多区域投入产出表（Multi‐Regional Input‐Output，MRIO）① 对 WIOD 的投入产出数据进行延长至 2019 年。

关于所研究的经济体范围。2016 年发布的 WIOD 包含了世界 44 个经济体（43 个国家或地区，以及 ROW）② 56 个行业的投入产出以及社会经济账户数据。由于 ROW（Rest of the World，世界其他国家或地区）和 TWN（中国台湾地区）在实证模型其他变量上的相关数据获取不全，所以，在后续的计量模型构建中剔除了上述两个经济体的样本数据，只保留了 42 个经济体。

---

① 亚洲开发银行（Asian Development Bank，ADB）的多区域投入产出表（Multi‐Regional Input‐Output，MRIO）包括了 62 个国家及地区（包括 23 亚洲国家及地区）的 35 个产业（根据 ISIC Rev. 3）的数据，时间范围为 2000 年、2007~2021 年。

② 较之 2013 年公布的数据，2016 年版 WIOD 对国家（地区）和行业进行了扩充和细化。2016 年版 WIOD 主要包括 27 个欧盟国家和 16 个其他国家（地区），与 2013 年相比增加了俄罗斯、韩国和瑞士。这些国家（地区）的数据质量较高、数据可获得性较强，并且它们的 GDP 之和占世界经济的 85% 以上，在很大程度上可以代表全球整体情况。2016 年版 WIOD 数据库依据 ISIC Rev. 4 分类标准划分了 56 个行业，较 2013 年多出 21 个。

关于所研究的产业范围。WIOD 中的制造业包括 19 个行业，由于其中的"机械设备的修理和安装"行业存在大量的数据缺失，故对其做剔除处理。另外，由于本书研究的核心解释变量是对数字产业的相对投入，而制造业中的 C26（计算机、电子和光学设备的制造）为数字硬件制造业，属于数字产业的一部分，考虑到其对自身的依赖程度较大，会影响整体分析结果，所以在制造业中将 C26 剔除。最终，本书的研究范围为 ISIC Rev. 4 中的 17 个制造业，如表 3-1 所示。

表 3-1　制造业各产业代码及名称

ISIC Rev. 4	产业名称	ISIC Rev. 4	产业名称
C10_C12	食品制造、饮料和烟草业	C23	其他非金属矿物制品的制造
C13_C15	纺织、服装、皮革和鞋类制品的制造	C24	基本金属的制造
C16	木材、木材制品和软木制品的制造	C25	金属制品的制造
C17	纸和纸制品的制造	C27	电力设备的制造
C18	记录媒介物的印制及复制	C28	未另分类的机械和设备的制造
C19	焦炭和精炼石油产品的制造	C29	汽车、拖车和半挂车的制造
C20	化学及化学制品的制造	C30	其他运输设备的制造
C21	医药、药用化学和植物产品	C31_C32	家具及其他制造业
C22	橡胶和塑料制品的制造		

注：本表为本书实证分析中所包括的制造业范围。

四、现状分析

（一）主要经济体 2019 年制造业数字化现状

经计算，2019 年全球 42 个主要经济体的制造业数字化平均水平及分技术类别制造业[①]数字化平均水平如表 3-2 和图 3-1 所示。结果显示：

———————

[①]　根据经济合作与发展组织（OECD）按照《欧盟经济活动分类统计标准（第一版）》（NACE1）进行的统计分类，将 WIOD 中的制造业划分为高技术、中高技术、中低技术和低技术制造业四大类进行分析。其中，低技术制造业包括：C10_C12 食品制造、饮料和烟草业；C13_C15 纺织、服装、皮革和鞋类制品的制造；C16 木材、木材制品和软木制品的制造；C17 纸和纸制品的制造；C18 记录媒介物的印制及复制。中低技术制造业包括：C19 焦炭和精炼石油产品的制造；C22 橡胶和塑料制品的制造；C23 其他非金属矿物制品的制造；C24 基本金属的制造；C25 金属制品的制造。中高技术制造业包括：C20 化学及化学制品的制造；C21 医药、药用化学和植物产品；C27 电力设备的制造；C28 未另分类的机械和设备的制造；C29 汽车、拖车和半挂车的制造；C30 其他运输设备的制造；C31_C32 家具及其他制造业。

①从整体平均水平来看，前十位包含了马耳他、卢森堡、瑞典、澳大利亚、美国、日本、英国、爱尔兰这样的发达国家和印度、印度尼西亚这样的亚洲新兴经济体，其中，美国、日本、英国和印度为制造业出口大国[①]；金砖国家（除南非）中，中国的制造业数字化水平不及印度，但要高于俄罗斯和巴西。②低技术制造业中，前十位包含了新兴经济体印度和制造业出口大国美国。③中低技术制造业中，前十位主要集中在发达国家，卢森堡、美国、澳大利亚和瑞典的数字化水平处于领先地位。④中高技术制造业中，前十位不仅包含了日本、美国、英国等制造业出口大国，还包括了印度尼西亚和印度两个亚洲新兴经济体。印度尼西亚在中高技术制造业上的数值大于其制造业整体平均水平。⑤低技术和中低技术制造业的数字化水平普遍低于中高技术制造业数字化水平。整体来看，瑞典的数字化程度在各类技术制造业上均处于领先地位。制造业出口大国中的美国、日本和英国表现突出，新兴经济体中的印度和印度尼西亚表现突出。其中，日本侧重于中高技术制造业的数字化投入，美国侧重于中低技术制造业的数字化投入，印度侧重于低技术制造业的数字化投入，英国在各行业的数字化投入水平都较为均衡。

表3-2　2019年全球42个主要经济体的制造业平均数字化水平

代码	国家	制造业平均	位次	低技术	位次	中低技术	位次	中高技术	位次
MLT	马耳他	0.112	1	0.032	6	0.022	6	0.234	1
LUX	卢森堡	0.056	2	0.054	1	0.038	1	0.067	6
SWE	瑞典	0.055	3	0.044	2	0.027	4	0.083	2
AUS	澳大利亚	0.046	4	0.030	7	0.028	3	0.070	5
USA	美国	0.045	5	0.034	5	0.030	2	0.063	8
JPN	日本	0.045	6	0.015	21	0.021	7	0.082	3
IND	印度	0.042	7	0.041	4	0.021	8	0.058	10

---

① 根据UIBE数据库中的数据，2019年制造业出口前十大国家为中国、美国、德国、日本、韩国、意大利、法国、墨西哥、英国和加拿大。

续表

代码	国家	制造业平均	位次	低技术	位次	中低技术	位次	中高技术	位次
IDN	印度尼西亚	0.039	8	0.019	15	0.020	12	0.066	7
GBR	英国	0.037	9	0.021	11	0.020	10	0.061	9
IRL	爱尔兰	0.036	10	0.029	8	0.024	5	0.050	12
LTU	立陶宛	0.036	11	0.005	42	0.016	16	0.072	4
ROU	罗马尼亚	0.032	12	0.042	3	0.020	11	0.034	27
FIN	芬兰	0.031	13	0.029	9	0.016	17	0.044	21
CHE	瑞士	0.031	14	0.019	14	0.017	15	0.049	13
NLD	荷兰	0.029	15	0.021	12	0.014	18	0.046	15
DEU	德国	0.029	16	0.018	16	0.020	9	0.043	22
HUN	匈牙利	0.029	17	0.015	20	0.020	13	0.046	16
CZE	捷克	0.028	18	0.014	24	0.007	38	0.054	11
DNK	丹麦	0.027	19	0.016	19	0.010	30	0.047	14
FRA	法国	0.027	20	0.013	26	0.014	21	0.046	17
GRC	希腊	0.026	21	0.028	10	0.017	14	0.029	31
KOR	韩国	0.025	22	0.008	38	0.013	22	0.045	19
MEX	墨西哥	0.023	23	0.008	40	0.008	35	0.045	18
POL	波兰	0.022	24	0.018	17	0.012	24	0.033	29
EST	爱沙尼亚	0.022	25	0.013	25	0.011	27	0.036	23
ITA	意大利	0.022	26	0.015	22	0.014	20	0.032	30
AUT	奥地利	0.022	27	0.014	23	0.011	26	0.034	26
CHN	中国	0.021	28	0.005	41	0.007	40	0.044	20
SVN	斯洛文尼亚	0.021	29	0.010	35	0.013	23	0.036	25
ESP	西班牙	0.020	30	0.017	18	0.012	25	0.028	32
CAN	加拿大	0.019	31	0.011	30	0.006	41	0.033	28
SVK	斯洛伐克	0.019	32	0.010	33	0.014	19	0.028	33
RUS	俄罗斯	0.018	33	0.012	28	0.007	39	0.036	24
BRA	巴西	0.018	34	0.021	13	0.007	37	0.023	36
BGR	保加利亚	0.016	35	0.010	34	0.011	28	0.025	35
TUR	土耳其	0.016	36	0.011	32	0.010	33	0.027	34
NOR	挪威	0.015	37	0.012	29	0.011	29	0.021	39

续表

代码	国家	制造业平均	位次	低技术	位次	中低技术	位次	中高技术	位次
PRT	葡萄牙	0.015	38	0.013	27	0.010	32	0.020	40
BEL	比利时	0.015	39	0.009	37	0.010	31	0.022	38
LVA	拉脱维亚	0.013	40	0.008	39	0.006	42	0.022	37
HRV	克罗地亚	0.012	41	0.009	36	0.007	36	0.017	41
CYP	塞浦路斯	0.011	42	0.011	31	0.009	34	0.013	42

资料来源：根据 WIOD 投入产出数据和 ADB 投入产出数据整理而得。数值根据 2019 年制造业平均水平由高到低排序。

（二）制造业出口大国数字化水平现状

下面对制造业出口大国进行国别差异分析。制造业出口大国在 2001～2019 年的制造业平均数字化水平如表 3-3 所示（仅列出基数年份）。结果显示，2019 年美国和日本的数字化水平最高，英国次之。中国、意大利和加拿大之间的数字化水平较为接近。

表 3-3　2001～2019 年制造业出口大国平均数字化水平

年份 国家	2001	2003	2005	2007	2009	2011	2013	2015	2017	2019
美国	0.042	0.041	0.039	0.033	0.035	0.039	0.041	0.043	0.043	0.045
日本	0.042	0.044	0.043	0.042	0.045	0.045	0.046	0.044	0.044	0.045
英国	0.031	0.030	0.029	0.030	0.030	0.035	0.038	0.037	0.039	0.037
德国	0.032	0.031	0.030	0.031	0.031	0.030	0.032	0.032	0.034	0.029
法国	0.044	0.041	0.037	0.035	0.033	0.029	0.029	0.029	0.032	0.027
韩国	0.032	0.031	0.029	0.028	0.029	0.023	0.022	0.035	0.035	0.025
墨西哥	0.043	0.041	0.041	0.041	0.040	0.033	0.028	0.023	0.030	0.023
意大利	0.023	0.024	0.023	0.022	0.024	0.025	0.022	0.022	0.023	0.022
中国	0.023	0.025	0.027	0.024	0.019	0.023	0.023	0.022	0.022	0.021
加拿大	0.029	0.027	0.025	0.023	0.021	0.022	0.022	0.022	0.021	0.019

注：限于篇幅，仅列出基数年份的数据，根据 2019 年制造业数字化水平由高到低排序。

资料来源：根据 WIOD 投入产出数据和 ADB 投入产出数据整理而得。

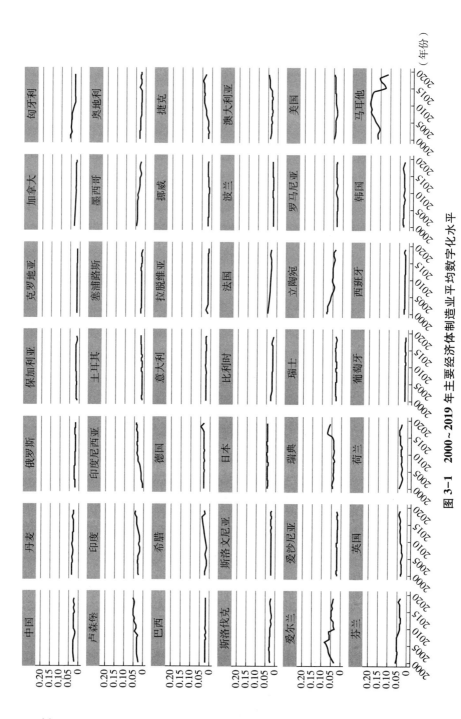

图 3-1 2000~2019 年主要经济体制造业平均数字化水平

（三）部分新兴经济体制造业数字化水平现状

下面对部分新兴经济体进行国别差异分析。本书研究范围内的新兴经济体在2001~2019年的制造业平均数字化水平如表3-4所示（仅列出基数年份）。

表3-4　2001~2019年部分新兴经济体制造业平均数字化水平

年份 国家	2001	2003	2005	2007	2009	2011	2013	2015	2017	2019
印度	0.026	0.028	0.029	0.019	0.025	0.020	0.026	0.035	0.035	0.042
印度尼西亚	0.007	0.013	0.017	0.021	0.030	0.034	0.034	0.032	0.038	0.039
墨西哥	0.043	0.041	0.041	0.041	0.040	0.033	0.028	0.023	0.030	0.023
中国	0.023	0.025	0.027	0.024	0.019	0.023	0.023	0.022	0.022	0.021
俄罗斯	0.020	0.022	0.022	0.022	0.020	0.019	0.018	0.018	0.021	0.018
巴西	0.022	0.020	0.020	0.019	0.019	0.018	0.018	0.018	0.017	0.018
土耳其	0.013	0.012	0.011	0.012	0.014	0.011	0.012	0.013	0.016	0.016

注：限于篇幅，仅列出基数年份的数据，根据2019年制造业数字化水平由高到低排序。

资料来源：根据WIOD投入产出数据和ADB投入产出数据整理而得。

由表3-4可知，墨西哥的制造业数字化水平起初遥遥领先，但之后呈现明显的下降趋势。印度尼西亚的数字化水平增长较快。数字经济为印度尼西亚经济增长开辟了新的机遇[①]，作为东南亚数字经济的主要市场之一，该国非常重视科技产业和数字经济的发展，并出台了一系列促进数字经济发展的政策，数字化已逐渐成为印度尼西亚经济发展的动力。同样表现出明显增长趋势的还有印度。中国的制造业数字化水平在新兴经济体中处于中等水平，反映出中国虽然具有超大规模数据资源和市场优势，但制造业对数字产业的相对投入水平并未表现出明显提升。另外，俄罗斯、巴西和土耳其的制造业数字化处于较低水平，可能与这三个国家属于资源型国家有关。

---

① 资料来源：https://en. antaranews. com/news/250437/digital-economy-opening-opportunities-for-economic-growth-minister。

第二节　制造业全球价值链分工地位现状分析

一、概念界定

本书将"全球价值链分工"界定为：各价值链参与者在特定产品的生产分工体系中从事特定工序、区段或环节的专业化生产。

本书将"全球价值链分工地位"界定为：全球价值链参与者在价值链中所处的相对地位，分工地位较高意味着在价值链中从事相对高价值的活动，且具有在国际市场获利的能力。

二、衡量指标及测算方法

关于出口贸易流的分解及增加值的分解，Hummels 等（2001）提出了垂直专业化指标（VS）来计算一国出口中所包含的进口投入品的价值。Koopman 等（2010）创立了总出口分解模型，并基于一国出口中所包含的本国中间品出口（IV）和所使用的外国增加值（FV）部分构建了全球价值链参与指数以及位置指数。Johnson 和 Noguera（2012）指出总贸易与增加值贸易存在不同，提出了"增加值出口"的概念，并提出了 VAX 指标来计算一国国内增加值出口占总出口的比例。Koopman 等（2014）完善了出口分解模型，将出口贸易细分为了 9 个部分，Wang 等（2013）进一步细化了出口贸易分解框架，将出口贸易扩展为 16 个部分。Wang 等（2017a，2017b）将出口分解框架延伸到对增加值（前向联系）和产品生产（后向联系）的分解框架，并基于此提出了 GVC 参与度指标和位置指标。

本节基于 Wang 等（2013）对出口贸易流的分解框架和 Wang 等（2017a）对增加值的分解框架，分别采用出口国内附加值率（DVAR）、上游度指数（$GVCpt\_pos$）以及两者构建的全球价值链分工地位综合指数（GVC_inx）三个指标来全面衡量一个国家—行业的全球价值链分工地位。

（一）出口国内附加值率（$DVAR$）

$DVAR$ 为一个国家—行业出口中来自本国的国内附加值比率，它反映了一个国家参与国际贸易的获利能力。Wang 等（2013）提出了根据吸收的最终目的地将所有双边中间贸易流量分解为最终需求，并将生产各阶段的总产出表示为相关国家的最终需求。这一关键技术步骤能够将总值贸易流量分解为最终产品，奠定了通过增加值来解释总值贸易的基础。

以两个国家为例，s 国到 r 国的总出口 E^{sr} 可以分解为最终品出口 Y^{sr} 和中间品出口 $A^{sr}X^{r}$ 两个部分：

$$E^{sr} = Y^{sr} + A^{sr}X^{r} \tag{3-2}$$

假设全球有 N 个经济体，并且每个经济体均有 C 个产业，那么全球投入产出矩阵表示为

$$X = AX + Y \tag{3-3}$$

其中，X 表示产出向量，X_j 表示经济体 j 的产出。Y 表示产品的最终消费部分，Y_j 表示经济体 j 的最终消费部分。A 表示投入产出系数矩阵，A_{ij} 表示经济体 j 各产业对经济体 i 各产业产品的直接消耗系数矩阵（$C×C$）。

将中间品出口根据被吸收的目的地表示为不同国家的最终需求，如下：

$$A^{sr}X^{r} = A^{sr}B^{rr}Y^{rr} + A^{sr}\sum_{t \neq s, r}^{G} B^{rt}Y^{tt} + A^{sr}B^{rr}\sum_{t \neq s, r}^{G} Y^{rt} +$$
$$A^{sr}\sum_{t \neq s, r}^{G} B^{rt}\sum_{u \neq s, t}^{G} Y^{tu} + A^{sr}B^{rr}Y^{rs} + A^{sr}\sum_{t \neq s, r}^{G} B^{rt}Y^{ts} +$$
$$A^{sr}B^{rs}Y^{ss} + A^{sr}B^{rs}\sum_{t \neq s}^{G} Y^{st} \tag{3-4}$$

其中，$B = (I-A)^{-1}$，B 为全球列昂惕夫逆矩阵。

中间品出口 $A^{sr}X^{r}$ 还可以分解为 r 国用于本国销售和出口部分，类似于一个国家的投入产出模型：

$$A^{sr}X^{r} = A^{sr}(L^{rr}Y^{rr} + L^{rr}E^{r*}) \tag{3-5}$$

其中，$L = (I-A^{D})^{-1}$，$A = A^{D} + A^{F}$，L 为局部列昂惕夫逆矩阵。

同时，根据 s 国出口到 r 国的最终产品可以通过直接应用标准 Leontief 分解，分解为国内和国外增加值：

$$Y^{sr} = (V^s B^{ss})^T \# Y^{sr} + (V^r B^{rs})^T \# Y^{sr} + \left(\sum_{t \neq s,\, r}^{G} V^t B^{ts} \right) \# Y^{sr} \tag{3-6}$$

同样，s 国出口到 r 国的中间产品可以表示为：

$$A^{sr} X^r = (V^s B^{ss})^T \# (A^{sr} X^r) + (V^r B^{rs})^T \# (A^{sr} X^r) + \left(\sum_{t \neq s,\, r}^{G} V^t B^{ts} \right)^T \# (A^{sr} X^r)$$

$$= (V^s L^{ss})^T \# (A^{sr} X^r) + (V^s B^{ss} - V^s L^{ss})^T \# (A^{sr} X^r) + (V^r B^{rs})^T \# (A^{sr} X^r) +$$

$$\left(\sum_{t \neq s,\, r}^{G} V^t B^{ts} \right)^T \# (A^{sr} X^r) \tag{3-7}$$

将式（3-4）和式（3-5）代入式（3-7），得到：

$$A^{sr} X^r = (V^s L^{ss})^T \# A^{sr} B^{rr} Y^{rr} + (V^s L^{ss})^T \# \left[A^{sr} \sum_{t \neq s,\, r}^{G} B^{rt} Y^{tt} + \right.$$

$$A^{sr} B^{rr} \sum_{t \neq s,\, r}^{G} Y^{rt} + A^{sr} \sum_{t \neq s,\, r}^{G} B^{rt} \sum_{u \neq s,\, t}^{G} Y^{tu} \right] + (V^s L^{ss})^T \# \left[A^{sr} B^{rr} Y^{rs} + \right.$$

$$A^{sr} \sum_{t \neq s,\, r}^{G} B^{rt} Y^{ts} + A^{sr} B^{rs} Y^{ss} \right] + \left[(V^s L^{ss})^T \# \left(A^{sr} B^{rs} \sum_{t \neq s}^{G} Y^{st} \right) + \right.$$

$$\left(V^s L^{ss} \sum_{t \neq s}^{G} A^{st} B^{ts} \right)^T \# (A^{sr} X^r) \right] + \left[(V^r B^{rs})^T \# (A^{sr} L^{rr} Y^{rr}) + \right.$$

$$\left(\sum_{t \neq s,\, r}^{G} V^t B^{ts} \right)^T \# (A^{sr} L^{rr} Y^{rr}) \right] + \left[(V^r B^{rs})^T \# (A^{sr} L^{rr} E^{r*}) + \right.$$

$$\left(\sum_{t \neq s,\, r}^{G} V^t B^{ts} \right)^T \# (A^{sr} L^{rr} E^{r*}) \right] \tag{3-8}$$

将式（3-6）和式（3-8）代入式（3-2），最终得到出口贸易的分解框架：

$$E^{sr} = (V^s B^{ss})^T \# Y^{sr} + (V^s L^{ss})^T \# A^{sr} B^{rr} Y^{rr} + (V^s L^{ss})^T \# \left[A^{sr} \sum_{t \neq s,\, r}^{G} B^{rt} Y^{tt} + \right.$$

$$A^{sr} B^{rr} \sum_{t \neq s,\, r}^{G} Y^{rt} + A^{sr} \sum_{t \neq s,\, r}^{G} B^{rt} \sum_{u \neq s,\, t}^{G} Y^{tu} \right] + (V^s L^{ss})^T \# \left[A^{sr} B^{rr} Y^{rs} + A^{sr} \sum_{t \neq s,\, r}^{G} B^{rt} Y^{ts} + \right.$$

$$A^{sr} B^{rs} Y^{ss} \right] + \left[(V^s L^{ss})^T \# \left(A^{sr} B^{rs} \sum_{t \neq s}^{G} Y^{st} \right) + \left(V^s L^{ss} \sum_{t \neq s}^{G} A^{st} B^{ts} \right)^T \# (A^{sr} X^r) \right] +$$

$$\left[(V^r B^{rs})^T \# Y^{sr} + \left(\sum_{t \neq s,\, r}^{G} V^t B^{ts} \right) \# Y^{sr} \right] + \left[(V^r B^{rs})^T \# (A^{sr} L^{rr} Y^{rr}) + \right.$$

$$\left(\sum_{t \neq s,\, r}^{G} V^t B^{ts} \right)^T \# (A^{sr} L^{rr} Y^{rr}) \right] + \left[(V^r B^{rs})^T \# (A^{sr} L^{rr} E^{r*}) + \right.$$

$$\left(\sum_{t\neq s,\,r}^{G} V^{t}B^{ts}\right)^{T}\#(A^{sr}L^{rr}E^{r*})\right] \tag{3-9}$$

根据 Wang 等（2013）关于出口的分解框架，出口可以分解为上述八大类 16 小项，如图 3-2 所示。

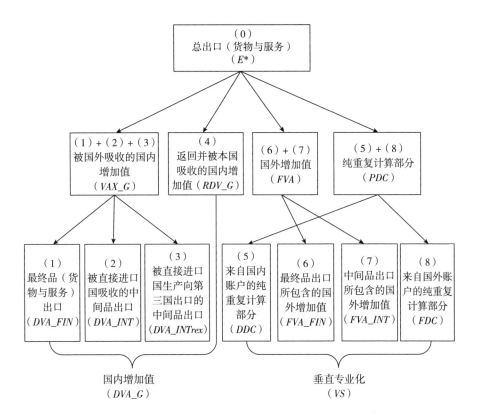

图 3-2 出口贸易流的分解框架

注：E^{*} 适用于国家—部门、国家汇总、双边—部门或双边汇总级别的总出口统计数据。VAX_G 和 RDV_G 均是基于后向联系计算的。

资料来源：根据 Wang 等（2013）中的 Figure 1 整理。

因此，s 国向 r 国出口中所包含的本国国内增加值率为：

$$DVAR_{sr} = \frac{DVA\_FIN + DVA\_INT + DVA\_INTrex + RDV\_G}{E^{sr}}$$

$$= \frac{(V^s B^{ss})^T \# Y^{sr} + (V^s L^{ss})^T \# A^{sr} B^{rr} Y^{rr}}{E^{sr}} +$$

$$\frac{(V^s L^{ss})^T \# \left[A^{sr} \sum_{t \neq s,\, r}^{G} B^{rt} Y^{tt} + A^{sr} B^{rr} \sum_{t \neq s,\, r}^{G} Y^{rt} + A^{sr} \sum_{t \neq s,\, r}^{G} B^{rt} \sum_{u \neq s,\, t}^{G} Y^{tu} \right]}{E^{sr}}$$

$$+ \frac{(V^s L^{ss})^T \# \left[A^{sr} B^{rr} Y^{rs} + A^{sr} \sum_{t \neq s,\, r}^{G} B^{rt} Y^{ts} + A^{sr} B^{rs} Y^{ss} \right]}{E^{sr}} \qquad (3\text{-}10)$$

（二）上游度指数（$GVCpt\_pos$）

Hummels 等（2001）所提出的基于出口分解的参与指数计算方法存在两个缺陷：一是将出口总额作为分母，出口规模小的部门由于分母较小会产生高估；二是前向参与指数未能考虑中间品出口中的本国国内增加值被直接进口国用来生产本国消费品部分，后向参与指数未能考虑使用其他国家的增加值来生产自己本国消费的产品部分。虽然 Koopman 等（2014）对嵌入到总值出口和增加值出口中的国内增加值进行了区分，但没有区分后向与前向产业关联。

Wang 等（2017a）提出了一个在国家、部门或国家—部门一级分解总生产活动的框架，并基于前向 GVC 参与指数和后向 GVC 参与指数提出了一对全球价值链参与指标，弥补了传统方法的不足。Wang 等（2017a）对增加值的分解框架为：

$$\hat{V}B\hat{Y} = \underbrace{\hat{V}L\hat{Y}^D}_{V\_D} + \underbrace{\hat{V}L\hat{Y}^F}_{V\_RT} + \underbrace{\hat{V}LA^F L\hat{Y}^D}_{V\_GVC\_S} + \underbrace{\hat{V}LA^F (B\hat{Y} - L\hat{Y}^D)}_{V\_GVC\_C} \qquad (3\text{-}11)$$

其中，$\hat{V}L\hat{Y}^D$ 为用于国内生产和消费的附加值。$\hat{V}L\hat{Y}^F$ 为体现在最终产品出口（"传统"贸易）中的增加值。$\hat{V}LA^F L\hat{Y}^D$ 为简单的跨国生产活动（增值产品跨境生产仅一次）中由直接进口国用来生产并在本国吸收，没有通过第三国间接出口或再进口的增加值。$\hat{V}LA^F (B\hat{Y} - L\hat{Y}^D)$ 为复杂的跨国生产活动（增加值至少跨越边界两次）中，由伙伴国家用于为其他国家生产出口产品（中间或最终产品）的增加值。

基于横向可以得到对增加值的分解：

$$Va' = \hat{V}BY = \underbrace{\hat{V}LY^D}_{V\_D} + \underbrace{\hat{V}LY^F}_{V\_RT} + \underbrace{\hat{V}LA^F LY^D}_{V\_GVC\_S} + \underbrace{\hat{V}LA^F(BY-LY^D)}_{V\_GVC\_C} \qquad (3-12)$$

基于纵向可以得到对最终产品的分解：

$$Y' = VB\hat{Y} = \underbrace{VL\hat{Y}^D}_{Y\_D} + \underbrace{VL\hat{Y}^F}_{Y\_RT} + \underbrace{VLA^F L\hat{Y}^D}_{Y\_GVC\_S} + \underbrace{VLA^F(B\hat{Y}-L\hat{Y}^D)}_{Y\_GVC\_C} \qquad (3-13)$$

GVC 前向参与指数是中间产品出口中所体现的国内增加值与该国家—部门在生产中产生的总增加值之比，可以表示如下：

$$GVCPt\_f = \frac{V\_GVC}{\hat{V}BY} = \frac{V\_GVC\_S}{\hat{V}BY} + \frac{V\_GVC\_C}{\hat{V}BY} \qquad (3-14)$$

GVC 后向参与指数衡量一个国家—部门的最终产品和服务总产出中（代表其所参与的通过上游企业开展全球价值链活动）利用跨境生产的境内及境外资源的增加值的百分比，可以写成：

$$GVCPt\_b = \frac{Y\_GVC}{VB\hat{Y}} = \frac{Y\_GVC\_S}{VB\hat{Y}} + \frac{Y\_GVC\_C}{VB\hat{Y}} \qquad (3-15)$$

GVC 前向和后向参与指数考虑了前向和后向产业关联，前者衡量的是全球价值链生产和贸易活动中所体现的国内增加值在整个部门增加值中的份额。而后者衡量的是涉及跨国生产活动的国内和国外因素对一国最终产品生产的贡献。

Wang 等（2017a）指出，GVC 前向参与指数和后向参与指数这两个指数的相对值可表示参与者在全球生产网络中的地位，前向参与程度高于后向参与程度意味着参与者在全球价值链中更积极地参与上游生产活动。因此，本节采用前向参与度指数和后向参与度指数之比来反映相对上游度，构建上游度指数（$GVCpt\_pos$）。

$$GVCpt\_pos = \frac{GVCPt\_f}{GVCPt\_b} \qquad (3-16)$$

$GVCpt\_pos$ 反映了产业在全球跨国生产分工中的相对上游度，在实证分析中取自然对数处理，以消除异方差的影响。

（三）全球价值链分工地位综合指数（GVC_index）

国内增加值率仅是部分地衡量了 GVC 分工地位（苏庆义，2016），而 GVC 位置指标虽然可以准确地揭示各参与主体从事专业化生产的相对位置，对评价国际分工地位具有重要的意义，但该指标也不能完全反映国际分工地位（张会清和翟孝强，2018）。因此，可以考虑结合增加值属性和上游度属性来构建一个反映该产业的出口获利能力和相对上游度的综合指标。耿晔强和白力芳（2019）、苏庆义（2016）综合了产品属性（出口复杂度）和增加值属性（出口的国内增加值率），使用两者的乘积来衡量 GVC 分工地位。张艳萍等（2022）将反映产业价值链位置指标和价值增值能力的指标相结合，用 GVC 地位指数和出口国内增加值率相乘来客观反映在价值链中的国际地位。为此，本节综合现有文献的研究，借鉴张艳萍等（2022）的方法，并将 GVC 位置指数用 *GVCpt_pos* 来衡量，构建一个既考虑增加值属性又考虑相对上游度属性的测度 GVC 分工地位的综合指数（*GVC_index*）：

$$GVC\_index = DVAR \times GVCpt\_pos = DVAR \times \frac{GVCPt\_f}{GVCPt\_b} \qquad (3\text{-}17)$$

GVC_index 越高，则该经济体的出口获利能力和在全球生产分工中的相对上游度的综合水平较高。

三、数据来源及说明

全球价值链分工地位相关指标的计算来自对外经济贸易大学全球价值链研究院 UIBE GVC Indicators（University of International Business and Economics Global Value Chain Indicators）。该数据库是为了满足全球价值链的学术研究或相关政策研究等实践需求而构建的，提供了基于全球投入产出数据计算的包括出口贸易流的分解、GVC 参与度、生产长度以及基于出口国内附加值的 RCA 指标等数据。本书利用 UIBE GVC Indicators 中基于 WIOD2016 数据库计算的 2000~2014 年 42 个经济体的数据，并结合基于 ABDMRIO2022 数据库计算的 2014~2019 年 35 个行业的数据对 WIOD 数据进行延长，得到 2000~2019 年 42 个经济体 17 个制造业的面板数据。剔除无数据及数据不完整的个体后，整个实证分析的样本量为 14100。

四、现状分析

（一）制造业平均出口国内附加值率现状

1. 全球 42 个主要经济体分析

经计算，2019 年全球 42 个主要经济体的制造业平均出口国内附加值率如表 3-5 所示。结果显示：①制造业平均出口国内附加值率前十位的经济体中包括了美国、日本、澳大利亚和挪威四个发达国家和中国、印度尼西亚、巴西、俄罗斯、印度和土耳其六个新兴经济体。②中国、巴西、俄罗斯、印度四个金砖国家的出口国内附加值率均处于较高水平。③巴西和美国在低技术制造业上处于领先地位；印度尼西亚和俄罗斯在中低技术制造业上处于领先地位，与这些国家属于资源型国家有关，出口获利能力较强。

表 3-5　2019 年 42 个经济体制造业平均出口国内附加值率

代码	国家	制造业平均	位次	低技术	位次	中低技术	位次	中高技术	位次
USA	美国	0.846	1	0.873	2	0.832	3	0.836	2
CHN	中国	0.841	2	0.866	4	0.803	4	0.849	1
IDN	印度尼西亚	0.820	3	0.814	7	0.843	1	0.807	4
BRA	巴西	0.817	4	0.879	1	0.785	5	0.795	5
JPN	日本	0.807	5	0.870	3	0.720	8	0.825	3
RUS	俄罗斯	0.802	6	0.802	8	0.838	2	0.767	6
AUS	澳大利亚	0.782	7	0.831	6	0.757	6	0.764	7
IND	印度	0.749	8	0.857	5	0.635	12	0.754	8
TUR	土耳其	0.743	9	0.775	9	0.745	7	0.715	12
NOR	挪威	0.702	10	0.752	13	0.681	10	0.682	15
DEU	德国	0.699	11	0.723	18	0.614	13	0.742	9
KOR	韩国	0.689	12	0.719	20	0.611	14	0.723	11
SWE	瑞典	0.681	13	0.744	15	0.607	15	0.689	14
ITA	意大利	0.679	14	0.758	10	0.597	17	0.681	16
MEX	墨西哥	0.678	15	0.747	14	0.708	9	0.608	24

续表

代码	国家	制造业平均	位次	低技术	位次	中低技术	位次	中高技术	位次
GRC	希腊	0.669	16	0.720	19	0.533	29	0.730	10
CAN	加拿大	0.663	17	0.758	11	0.647	11	0.606	25
ESP	西班牙	0.661	18	0.756	12	0.576	19	0.654	18
FIN	芬兰	0.659	19	0.707	21	0.569	20	0.690	13
ROU	罗马尼亚	0.658	20	0.743	16	0.563	22	0.665	17
GBR	英国	0.649	21	0.729	17	0.567	21	0.651	19
FRA	法国	0.626	22	0.692	22	0.553	25	0.630	21
CYP	塞浦路斯	0.616	23	0.654	27	0.557	23	0.621	23
POL	波兰	0.615	24	0.667	24	0.598	16	0.591	26
DNK	丹麦	0.596	25	0.590	34	0.552	26	0.632	20
CZE	捷克	0.584	26	0.666	25	0.515	31	0.576	28
AUT	奥地利	0.581	27	0.629	30	0.538	27	0.578	27
CHE	瑞士	0.579	28	0.662	26	0.557	24	0.536	32
HRV	克罗地亚	0.569	29	0.629	29	0.515	32	0.565	29
PRT	葡萄牙	0.566	30	0.681	23	0.511	33	0.523	33
LTU	立陶宛	0.563	31	0.572	35	0.465	36	0.626	22
MLT	马耳他	0.558	32	0.635	28	0.589	18	0.482	38
LVA	拉脱维亚	0.548	33	0.605	33	0.493	35	0.547	31
BGR	保加利亚	0.533	34	0.625	31	0.411	41	0.554	30
SVN	斯洛文尼亚	0.510	35	0.528	38	0.532	30	0.482	39
IRL	爱尔兰	0.506	36	0.459	40	0.535	28	0.518	35
NLD	荷兰	0.499	37	0.506	39	0.463	37	0.519	34
SVK	斯洛伐克	0.495	38	0.620	32	0.440	38	0.446	41
EST	爱沙尼亚	0.494	39	0.544	36	0.494	34	0.457	40
HUN	匈牙利	0.485	40	0.531	37	0.437	39	0.485	37
BEL	比利时	0.454	41	0.439	41	0.412	40	0.496	36
LUX	卢森堡	0.337	42	0.420	42	0.263	42	0.333	42

资料来源：根据 RIGVC UIBE，2022，UIBE GVC Indicators，以及 WIOD 数据库、ADB 数据库整理而得。数据根据 2019 年制造业平均水平由高到低排序。

全球 42 个主要经济体的制造业平均出口国内附加值率演化趋势如图 3-3 所示。大多数经济体未呈现明显的上升趋势，有些国家还呈现明显的

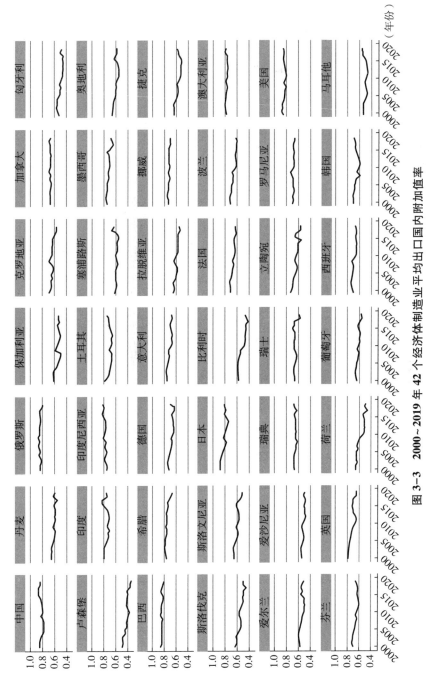

图 3-3　2000~2019 年 42 个经济体制造业平均出口国内附加值率

资料来源：根据 RIGVC UIBE，2022，UIBE GVC Indicators，以及 WIOD 数据库，ADB 数据库整理而得。

下降趋势，如卢森堡、荷兰、立陶宛、斯洛伐克、斯洛文尼亚、比利时和英国等高收入国家，其中荷兰和英国是制造业出口大国。

2. 制造业出口大国和新兴经济体分析

2000~2019 年制造业出口大国和新兴经济体的分时期平均增长速度如图 3-4 所示。

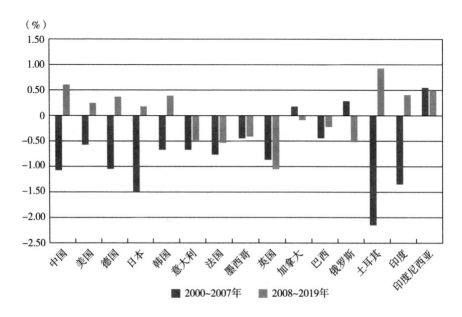

图 3-4　制造业出口国内附加值率平均增长速度

资料来源：根据 RIGVC UIBE，2022，UIBE GVC Indicators，以及 WIOD 数据库、ADB 数据库整理而得。

由图 3-4 可知：①在 2008 年前，中国、美国、德国、日本、韩国、土耳其和印度的平均增长速度均为负，但在 2008 年后这些国家的增速为正。②意大利、法国、墨西哥、英国和巴西在此期间的平均增速均为负。③加拿大和俄罗斯在 2008 年前的平均增长速度为正，但在 2008 年后平均增长速度为负，表现出下降趋势。④印度尼西亚不论是在 2008 年前还是2008 年后均表现出正的平均增速，显示出该国制造业出口国内附加值率的快速增长态势，与该国制造业升级密不可分。⑤从 2008 年后的平均增长速度来看，土耳其的增速第一，其次为中国、印度尼西亚和印度，均超过了德国、韩国、美国和日本这四个发达国家。

3. 国内增加值贸易网络分析

网络研究是数学领域的一个分支，称为图论。基于图论的理论和研究方法，网络分析早在 19 世纪末 20 世纪初就已发端。1908 年，Simmel（1908）发表了"小社群的调查"。之后的 20 世纪 30~50 年代，社会网络分析理论进入了萌芽期，Lazarsfeld（1944，1954）等采用社会网络分析方法研究社会传播等问题。1959 年，Erdös 和 Rényi 对纯随机性网络做出了开创性的研究，在图论的研究中融入了组合数学和概率论，指出网络节点之间的连接是由概率决定的，用随机图来描述具有复杂拓扑结构的网络，并建立了随机图论（ER 随机图模型）。由于缺乏真实网络的拓扑结构，随机图模型在当时几乎主导了科学家对复杂网络的思考。20 世纪 60~70 年代，现代社会网络理论诞生，White 等（1976）将矩阵理论应用在社会网络研究，促进了网络分析技术的进步。

在随机网络产生的近 40 年后，随着数据采集和高计算能力的提升，各种真实网络的复杂拓扑上的大型数据库的出现，学者们发现真正的网络既非完全规则网络，也非完全随机网络所具有的特征，而是具有小世界（Watts 和 Strogatz，1998）和无标度（Barabási 和 Albert，1999）特征，学者们通常称之为复杂网络（Complex Networks）。1998 年，康奈尔大学的 Watts 和 Strogatz 在 *Nature* 杂志上发表了名为《小世界的集体动力学》论文，揭示了大多数现实网络所具有的小世界现象，也就是平均路径长度相对较小，是复杂网络领域的最重要发现之一。WS 小世界模型标志着复杂网络的开端。ER 随机图和 WS 小世界模型的一个显著的共同特征是网络的连通性分布在平均值处达到峰值，并呈指数衰减，这样的网络称为"指数网络"。Barabási 在 1999 年提出无标度网络（Scale-free Networks）概念，提出了著名的偏好依附模型。所谓幂律度分布是指网络中一个节点的度为 k 的概率 $P(k)$ 是一个幂函数，即 $P(k) = Ck^{-\alpha}$，其中 α 称为幂指数。幂律分布的典型特征就是在双对数坐标系下为一条直线，这条直线的斜率就是-α。随后，Barabási 和 Albert 在 *Science* 杂志上发表了名为《随机网络中标度的涌现》的论文，揭示了复杂网络度分布具有无标度特征，度分布是幂律形式的，即它们的大多数节点有很少的连接，少数节点有很多连接。这两篇文章被公认为推动网络科学兴起的标志性文章（Watts 和 Strogatz，1998；Barabási 和 Albert，1999）。Wang（2002）综述了复杂网络研究上的一些重要成果，介绍了主要的网络模型，包括规则模型、随机模型、小世界模型和无标度模型，并讨论了复杂网络的动力学与拓扑之间的关系，对复杂网络的连通性和传染病动力学的鲁棒性进行了评价。关于复杂网络并没有明确的定义，以往文献更多的是给出了复杂网络具有的特点。由复杂系统抽象成的网络模型往往呈现出节点多且节点间有着复杂连接关系的特点（吴俊等，2011）。

网络的发展经历了规则网络、随机网络和复杂网络三个阶段。一方面，有学者在对网络的理论进行不断的探索和研究；另一方面，许多学者将复杂网络在多学科领域开展了应用。复杂网络的研究已渗透到许多科学领域，从物理到生物，甚至到社会科学。许多研究者也在各自的领域试图运用复杂网络理论对客观世界的复杂关系进行抽象，对网络结构和特征进行刻画，包括全球机场网络（Guimerá 和 Amaral，2004）、政策工具的影响（杨子晖，2008）、金融及国际贸易等经济活动（Zhou 等，2016；马述忠等，2016）、系统性金融风险（杨子晖和周颖刚，2018；杨子晖和王姝黛，2021）、创新网络（Lim 和 Kidokoro，2017）、离岸服务外包（许和连等，2018）、产业技术流网络（尹翀，2017）、技术融合网络（冯科和曾德明，2019）、产业结构空间网络与经济增长（焦勇，2019）、全碳足迹复杂网络（杨传明，2020）、疫情下的产业网络风险传导效应（张欣等，2020）、全球铜贸易网络（计启迪等，2021）、专利合作网络（马永红等，2021；沈映春和廖舫仪，2021）、电子信息产业全球贸易网络（成丽红和孙天阳，2021）、世界贸易网络（陶涛和朱子阳，2021）、产业网络对全要素生产率的放大效应（赵晓军和王开元，2021）等。

网络分析在各个领域都有着广泛应用，本节将利用出口贸易流的分解数据，构建增加值贸易网络并分析其动态变化情况。

增加值贸易网络构建步骤如下：

第一步：设定网络结构 $G=\{N, L, W\}$。其中，N 为 n 个参与国际贸易的节点（经济体）集合，$N=\{N\_1, N\_2, \cdots, N\_n\}$。$A$ 为节点间的有向边邻接矩阵，L (i, j) 为节点 N_i 和节点 N_j 之间的连边，反映经济体之间的贸易关系。W 为节点间有向连边的权重。

第二步：计算并得到各经济体之间的制造业出口国内附加值贸易流数据，包括 DVA_F（隐含在最终产品出口中的国内附加值）、DVA_INT（隐含在中间品出口中并被直接进口国用于本地生产和消费的国内附加值）、DVA_INTrex（隐含在中间品出口中并被直接进口国用于生产再出口的国内附加值）、RDV_G（隐含在中间品出口中，返回国内并在国内消费的国内附加值）以及这四项的加总 DVA_G（出口国内附加值）的贸易流量。

第三步：选取判断是否具有强关联关系的临界值，从而确定强增加值贸易关系。以 DVA_FIN 贸易流为例，选取全球平均 DVA_FIN 贸易流数值作为临界值，进而判断各经济体该制造业的出口增加值贸易流是否大于临界值，对于大于临界值的贸易流则判定相应经济体之间的贸易关系为强贸易关系，从而作为构建网络的依据。根据上述步骤，依次可以判断 DVA_INT、DVA_INTrex、RDV_G 以及四部分加总 DVA_G（出口国内附加值）的各经济体之间的强贸易关系。

第四步：确定增加值贸易网络邻接矩阵 L。根据第三步判定的强贸易关系确定 F_DVA、DVA_FIN、DVA_INT、DVA_INTrex、DVA_G 网络的邻接矩阵 L。

第五步：确定增加值贸易网络的权重 W。将第四步中各经济体之间的 F_DVA、DVA_FIN、DVA_INT 和 DVA_INTrex 强贸易流量规模作为节点（经济体）之间边的权重 W。根据确定的邻接矩阵 L 和权重 W，分别构建 F_DVA、DVA_FIN、DVA_INT、DVA_INTrex、DVA_G 网络。

（1）2019 年国内增加值贸易网络。

根据 Wang 等（2013）对出口贸易流的分解框架，相应地可以计算

DVA_F（隐含在最终产品出口中的国内附加值）、*DVA_INT*（隐含在中间品出口中并被直接进口国用于本地生产和消费的国内附加值）、*DVA_IN-Trex*（隐含在中间品出口中并被直接进口国用于生产再出口的国内附加值）、*RDV_G*（隐含在中间品出口中，返回国内并在国内消费的国内附加值）以及这四项的加总 *DVA_G*（出口国内附加值）贸易流量，进而构建相应的贸易网络，如图 3-5 所示。

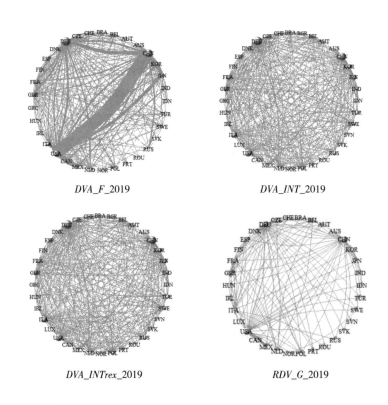

DVA_F_2019   DVA_INT_2019

DVA_INTrex_2019   RDV_G_2019

图 3-5　2019 年制造业出口国内附加值各细分网络对比

注：上述网络代表了两个经济体（节点）之间的出口国内增加值前向关联出口贸易流，相应的节点大小反映了该经济体流出贸易流数量的多少（出度），边的粗细反映了该经济体流出的贸易流量的大小。

资料来源：根据 ADB multi-regional input-output tables 和 RIGVC UIBE，2022，UIBE GVC Indicators 整理计算得出。图中数据选取了相应增加值贸易流中的平均值以上的数据。

由图 3-5 可知，*DVA_F*、*DVA_INT*、*DVA_INTrex* 和 *RDV_G* 贸易网络的特征是不同的，反映中间品出口的 *DVA_INT* 和 *DVA_INTrex* 网络较为稠密，反映最终品出口的 *DVA_F* 网络次之，而反映国内增加值返还的 *RDV_G* 最为稀疏。由于中间品出口与全球价值链分工程度密切相关，因此，稠密的 *DVA_INT* 和 *DVA_INTrex* 网络客观地反映出经济全球化背景下全球生产分工的深化。而 *RDV_G* 网络反映全球价值链生产活动中返回要素含量的贸易往来，可以反映不同国家在全球价值链中发挥的作用，因此，*RDV_G* 网络中各节点所涉及的连边数量的多少也反映出各经济体在全球价值链中发挥作用的不同。

网络中一个节点的度是指该节点直接相连的连接个数。分析节点的出度可以帮助识别该经济体的特定供给空间，进而反映该节点对资源控制的程度和中心地位。在增加值贸易网络中，出度代表了一个经济体出口的国内附加值流向的贸易伙伴个数。出度越大代表国内附加值流向的贸易伙伴越多、贸易范围越广、控制力越强，同时也反映出该经济体在增加值贸易网络中作为供应商的地位越重要、越具有枢纽作用和中心地位。各网络的节点出度前十位的国家如表 3-6 所示，德国、中国和美国在各网络中均处于前三位，显示出在全球价值链分工中重要的地位；意大利、法国、日本和英国的整体位次也较靠前，也反映出这些国家在跨国生产分工中较为重要的作用；印度仅在反映复杂跨国分工贸易流的 *DVA_INTrex* 网络中位居前十，与这些年印度积极推进制造业发展是分不开的。

表 3-6 制造业国内增加值贸易网络的节点出度 TOP10

网络	1	2	3	4	5	6	7	8	9	10
DVA_F	德国	中国	美国	意大利	法国	日本	英国	西班牙	荷兰	韩国
DVA_INT	德国	中国	美国	意大利	法国	日本	俄罗斯	英国	韩国	瑞典
DVA_INTrex	德国	中国	美国	意大利	日本	法国	韩国	俄罗斯	英国	印度
RDV_G	中国	德国	美国	意大利	法国	英国	日本	西班牙	韩国	比利时

注：根据 2019 年 *DVA_F*、*DVA_INT*、*DVA_INTrex* 和 *RDV_G* 网络数据计算得出。

（2）DVA_F 网络演化分析。

2000 年、2010 年、2019 年 DVA_F 网络演化如图 3-6 所示，各国之间的贸易流量大小随着时间有明显的变化，最为明显的是最大贸易流量的变化，由 2000 年的"日本—美国"演变为 2019 年的"中国—美国"。网络中国家节点的出度 TOP10 如表 3-7 所示，中国的出度增加得最为明显，出度从 2000 年的 15 增加至 2010 年的 27，反映出这 10 年间中国迅速的贸易发展势头。

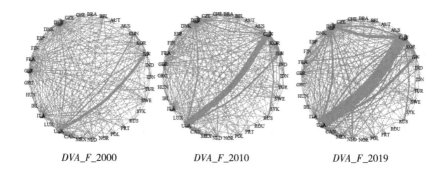

DVA_F_2000   DVA_F_2010   DVA_F_2019

图 3-6　2000 年、2010 年、2019 年制造业 DVA_F 网络

注：DVA_F 网络中节点大小、边的粗细含义同上。

资料来源：根据 ADB multi-regional input-output tables 和 RIGVC UIBE, 2022, UIBE GVC In-dicators 整理计算得出。2000 年、2010 年、2019 年分别包括了大于等于 6.31 亿美元、11.51 亿美元和 19.28 亿美元的流量数据。

表 3-7　制造业 DVA_F 网络国家节点出度 TOP10

年份	DEU	CHN	USA	ITA	FRA	JPN	GBR	ESP	NLD	KOR
	德国	中国	美国	意大利	法国	日本	英国	西班牙	荷兰	韩国
2000	31	15	21	22	21	19	23	7	8	12
2010	32	27	18	24	19	17	15	11	7	17
2019	31	28	23	18	17	16	15	10	9	8

注：根据 DVA_F 网络数据计算得出，并根据 2019 年各节点的出度降序排序。

（3）DVA_INT 网络演化分析。

2000 年、2010 年、2019 年制造业国内增加值贸易网络 DVA_INT 演化情况如图 3-7 所示，可以看出，从 2000 年到 2010 年基于 DVA_INT 的贸易流明显增加，反映出全球跨国生产分工程度的加深。另外一个明显的变化是贸易流量的增加，其中较为突出的是中国和美国之间以及德国和美国之间贸易流量的显著增加。

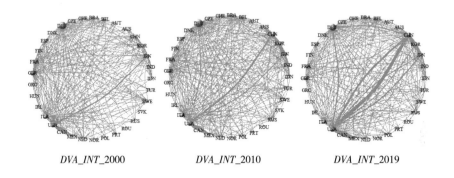

图 3-7　2000 年、2010 年、2019 年制造业 *DVA_INT* 网络

注：*DVA_INT* 网络中节点大小、边的粗细含义同上。

资料来源：数据库来源及计算方法同上，且 2000 年、2010 年、2019 年分别包括了大于等于 4.33 亿美元、8.12 亿美元和 10.74 亿美元的流量数据。

由表 3-8 可知，*DVA_INT* 网络节点出度前十位的国家中，增长迅速的仍为中国，出度从 2000 年的 11 增长至 2010 年的 20；其次为俄罗斯，出度从 2000 年的 5 增长至 2010 年的 11。而下降最为明显是英国，出度从 2000 年的 22 下降至 2010 年的 16 以及 2019 年的 12。

表 3-8　制造业 *DVA_INT* 网络国家节点出度 TOP10

年份	DEU	CHN	USA	ITA	FRA	JPN	RUS	GBR	KOR	SWE
	德国	中国	美国	意大利	法国	日本	俄罗斯	英国	韩国	瑞典
2000	30	11	19	21	16	15	5	22	11	11
2010	31	20	20	21	16	15	11	16	12	10
2019	28	21	22	17	14	13	13	12	11	8

资料来源：根据 *DVA_INT* 网络数据计算得出，并根据 2019 年各节点的出度降序排序。

（4）*DVA_INTrex* 网络演化分析。

制造业国内增加值贸易网络 *DVA_INTrex* 演化情况如图 3-8 所示。

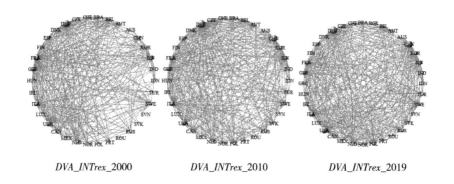

DVA_INTrex_2000   DVA_INTrex_2010   DVA_INTrex_2019

图 3-8 2000 年、2010 年、2019 年制造业 *DVA_INTrex* 网络

注：*DVA_INTrex* 网络中节点大小、边的粗细含义同上。

资料来源：数据库来源及计算方法同上，且 2000 年、2010 年、2019 年分别包括了大于等于 2.26 亿美元、5.17 亿美元和 7.78 亿美元的流量数据。

DVA_INTrex 反映了隐含在中间品出口中的由进口国生产并出口至第三方国家的贸易流。图 3-8 显示，从 2000 年至 2019 年，*DVA_INTrex* 网络逐渐变得稠密，反映出全球跨国生产分工程度不断加深。从表 3-9 各国节点出度的演化趋势来看，中国的增长最为迅速，出度从 2000 年的 12 增长至 2019 年的 29，增长近 1.5 倍；其次为印度和韩国，印度增长了 1.4 倍，韩国增长了 1 倍，俄罗斯也表现出了明显的增长。

表 3-9 制造业 *DVA_INTrex* 网络国家节点出度 TOP10

年份	DEU	CHN	USA	ITA	JPN	FRA	KOR	RUS	GBR	IND
	德国	中国	美国	意大利	日本	法国	韩国	俄罗斯	英国	印度
2000	29	12	21	21	20	25	9	10	21	5
2010	32	27	21	22	18	19	14	12	18	10
2019	32	29	26	23	19	18	18	16	14	12

资料来源：根据 *DVA_INTrex* 网络数据计算得出，并根据 2019 年各节点的出度降序排序。

（5）*RDV_G* 网络演化分析。

制造业国内增加值贸易 *RDV_G* 网络显示了"再进口和国内吸收"的贸易流，网络演化情况如图 3-9 所示。结果显示，从 2000 年到 2019 年，网络的密度有明显的增加，且主要是由中国与其他伙伴国的贸易增多导致。制造业 *RDV_G* 网络中的国家节点出度 TOP10 如表 3-10 所示，中国出度从 2000 年的 2 迅速增加至 2010 年的 19，再至 2020 年的 25，贸易流的增加反映了中国在全球价值链中的地位逐渐增加，作为"世界工厂"逐步融入全球价值链。德国和美国的贸易流在 2019 年均为 24 条，也显示出了德国和美国在全球价值链中的重要位置。

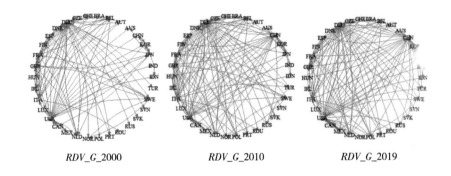

RDV_G_2000   RDV_G_2010   RDV_G_2019

图 3-9 2000 年、2010 年、2019 年制造业 *RDV_G* 网络

注：*RDV_G* 网络中节点大小、边的粗细含义同上。

资料来源：数据库来源及计算方法同上，且 2000 年、2010 年、2019 年分别包括了大于等于 0.53 亿美元、0.68 亿美元和 1.14 亿美元的流量数据。

表 3-10 制造业 *RDV_G* 网络国家节点出度 TOP10

年份	CHN	DEU	USA	ITA	FRA	GBR	JPN	ESP	KOR	BEL
	中国	德国	美国	意大利	法国	英国	日本	西班牙	韩国	比利时
2000	2	23	20	8	8	10	8	3	3	3
2010	19	26	19	12	9	11	6	4	2	3
2019	25	24	24	9	9	7	5	4	3	1

资料来源：根据 *RDV_G* 网络数据计算得出，并根据 2019 年各节点的出度降序排序。

（二）制造业平均上游度指数现状

1. 全球 42 个主要经济体分析

经计算，2019 年全球 42 个主要经济体的制造业平均上游度指数如表 3-11 所示。结果显示：①整体来看，前十位包括了瑞典、德国、美国、拉脱维亚、加拿大、挪威、芬兰、捷克和斯洛文尼亚这些高收入国家，以及新兴经济体中的俄罗斯。印度尼西亚的排名在第 12 位，在新兴经济体中排名较高。金砖国家中的印度、巴西、中国则处于较低水平。上述结果反映了在制造业平均上游度指数上，发达国家和发展中国家的分工十分明显，发达国家大部分的相对上游度较高，而发展中国家大部分的相对上游度较低。②从制造业技术类别来看，不同技术类别制造业中各国的制造业平均上游度指数表现不同：低技术制造业上瑞典、加拿大和巴西等自然资源比较丰富的国家处于领先地位；中低技术制造业中俄罗斯和土耳其等资源丰富的国家处于领先地位；中高技术制造业中德国、瑞典和美国等技术领先的国家处于领先地位，处于产业链的相对上游。③中国的上游度指数在 42 个经济体中排名较为靠后。分制造业技术类别来看，中国的低技术制造业和中高技术制造业的排名高于制造业平均水平，而中低技术制造业的排名低于制造业平均水平，反映出中低技术制造业仍是制造业中的薄弱环节，在产业链中的位置亟须提高。

表 3-11　2019 年全球 42 个经济体制造业平均上游度指数

代码	国家	制造业平均	位次	低技术	位次	中低技术	位次	中高技术	位次
SWE	瑞典	0.384	1	0.465	1	0.465	5	0.269	2
DEU	德国	0.302	2	0.239	5	0.307	15	0.344	1
USA	美国	0.248	3	0.147	8	0.406	8	0.207	3
RUS	俄罗斯	0.117	4	−0.232	28	0.764	1	−0.181	18
LVA	拉脱维亚	0.109	5	0.108	10	0.327	13	−0.047	7
CAN	加拿大	0.088	6	0.356	2	0.395	9	−0.322	26
NOR	挪威	0.057	7	−0.193	22	0.413	6	−0.019	5
FIN	芬兰	0.045	8	0.298	4	0.221	23	−0.261	21
CZE	捷克	0.042	9	0.096	11	0.200	24	−0.109	11
SVN	斯洛文尼亚	0.032	10	−0.050	17	0.529	4	−0.264	22

续表

代码	国家	制造业平均	位次	低技术	位次	中低技术	位次	中高技术	位次
LTU	立陶宛	0.021	11	-0.232	29	0.369	10	-0.048	9
IDN	印度尼西亚	0.006	12	0.168	7	0.084	29	-0.164	14
TUR	土耳其	0.006	13	-0.187	21	0.613	3	-0.338	30
DNK	丹麦	0.004	14	-0.177	20	0.221	22	-0.022	6
AUT	奥地利	0.001	15	0.001	14	0.239	18	-0.169	17
HUN	匈牙利	0.001	16	-0.035	15	0.271	16	-0.165	15
ESP	西班牙	0.000	17	0.083	12	0.235	20	-0.227	19
ITA	意大利	-0.023	18	-0.148	19	0.079	30	-0.007	4
MLT	马耳他	-0.056	19	-0.267	31	0.644	2	-0.405	33
POL	波兰	-0.074	20	-0.219	25	0.354	12	-0.277	23
AUS	澳大利亚	-0.077	21	0.137	9	0.168	26	-0.404	32
HRV	克罗地亚	-0.081	22	-0.311	32	0.239	19	-0.147	13
CHE	瑞士	-0.084	23	-0.247	30	0.323	14	-0.260	20
MEX	墨西哥	-0.092	24	-0.561	39	0.407	7	-0.115	12
JPN	日本	-0.093	25	-0.387	34	0.137	28	-0.048	8
LUX	卢森堡	-0.121	26	0.226	6	0.152	27	-0.476	35
PRT	葡萄牙	-0.131	27	-0.049	16	0.070	31	-0.334	29
BEL	比利时	-0.133	28	-0.223	27	0.169	25	-0.285	24
FRA	法国	-0.138	29	-0.223	26	-0.012	35	-0.169	16
NLD	荷兰	-0.150	30	-0.203	23	0.232	21	-0.386	31
EST	爱沙尼亚	-0.208	31	0.060	13	0.358	11	-0.803	41
GBR	英国	-0.214	32	-0.506	38	-0.091	38	-0.094	10
IRL	爱尔兰	-0.224	33	-0.394	35	0.247	17	-0.438	34
BGR	保加利亚	-0.267	34	-0.205	24	0.021	34	-0.518	37
KOR	韩国	-0.277	35	-0.454	37	-0.024	36	-0.330	28
CHN	中国	-0.292	36	-0.144	18	-0.393	41	-0.326	27
SVK	斯洛伐克	-0.301	37	-0.366	33	0.052	33	-0.508	36
ROU	罗马尼亚	-0.304	38	-0.417	36	-0.197	40	-0.300	25
BRA	巴西	-0.315	39	0.314	3	-0.171	39	-0.868	42
GRC	希腊	-0.498	40	-0.878	42	-0.026	37	-0.563	38
CYP	塞浦路斯	-0.589	41	-0.854	41	0.063	32	-0.772	40
IND	印度	-0.725	42	-0.716	40	-0.766	42	-0.704	39

资料来源：根据 RIGVC UIBE，2022，UIBE GVC Indicators，以及 WIOD 数据库、ADB 数据库整理而得。数据根据 2019 年制造业平均水平由高到低排序。

2000~2019 年主要经济体制造业平均上游度指数演化趋势如图 3-10 所示。2000~2019 年部分经济体的制造业平均上游度指数表现出明显的上

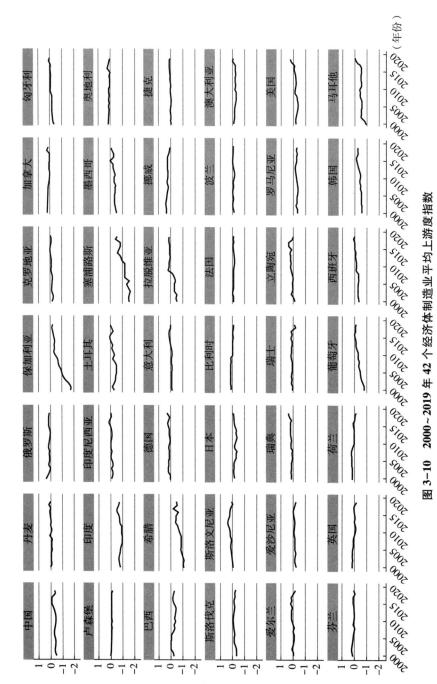

图 3—10　2000~2019 年 42 个经济体制造业平均上游度指数

资料来源：根据 RIGVC UIBE，2022，UIBE GVC Indicators，以及 WIOD 数据库，ADB 数据库整理而得。

升态势，如保加利亚、塞浦路斯、马耳他、葡萄牙和拉脱维亚等高收入经济体的上升趋势十分明显，国际分工地位不断提升。

2. 主要制造业出口大国分析

2000~2019 年主要制造业出口大国的平均上游度指数演化趋势如图 3-11 所示。

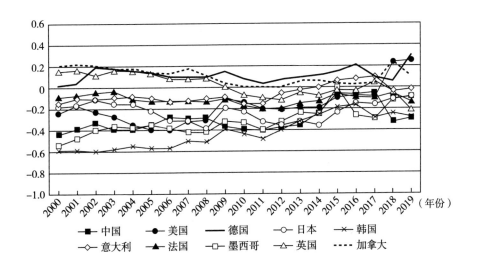

图 3-11　2000~2019 年制造业出口大国平均上游度指数

资料来源：根据 RIGVC UIBE，2022，UIBE GVC Indicators，以及 WIOD 数据库、ADB 数据库整理而得。

由图 3-11 可知，①德国、美国和加拿大的上游度指数较高，在产业链中拥有较高的位置。②韩国、墨西哥和中国有明显的上升趋势，且缩小了和头部国家的距离。③中国在制造业出口大国中依然处于较低水平，虽然在 2015 年、2016 年和 2017 年有明显的提高，但在 2018 年和 2019 年又有下降态势，国际分工地位仍然较低。

3. 新兴经济体分析

2000~2019 年部分新兴经济体的制造业平均上游度指数如图 3-12 所示。

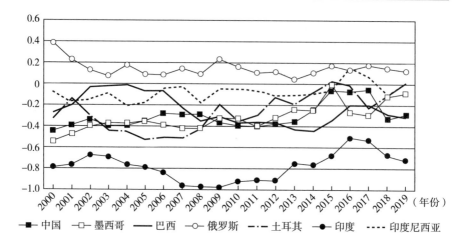

图 3-12 2000~2019 年部分新兴经济体平均上游度指数

资料来源：根据 RIGVC UIBE，2022，UIBE GVC Indicators，以及 WIOD 数据库、ADB 数据库整理而得。

由图 3-12 可知：①俄罗斯在新兴经济体中一直处于相对较高的上游度水平，与该国家为资源型国家有关。②亚洲新兴经济体印度尼西亚也处于相对较高水平，且近几年发展态势良好。③中国在新兴经济体中处于相对中等水平。④印度的上游度指数一直处于较低水平，但在 2008 年后曾表现出快速的上升趋势。

（三）制造业平均 GVC 分工地位综合指数现状

1. 全球 42 个经济体分析

经计算，2019 年全球 42 个主要经济体的制造业平均 GVC 分工地位综合指数如表 3-12 所示。综合来看：①瑞典、德国、美国、俄罗斯的 GVC 分工地位整体处于领先水平。巴西、中国、印度这三个金砖发展中国家的国际分工地位较低。②在低技术、中低技术、中高技术制造业上，各个国家的 GVC 国际分工地位表现得不同且差距较大，这也与各国所拥有的资源和技术禀赋不同有关。瑞典、巴西和加拿大在低技术制造业中处于领先水平，俄罗斯、马耳他、土耳其和美国在中低技术制造业中处于领先水平，德国、瑞典和美国在中高技术制造业中处于领先水平。

表 3-12　2019 年全球 42 个经济体制造业平均 GVC 分工地位综合指数

代码	国家	制造业平均	位次	低技术	位次	中低技术	位次	中高技术	位次
SWE	瑞典	0.300	1	0.387	1	0.305	6	0.235	2
DEU	德国	0.236	2	0.161	6	0.276	8	0.261	1
USA	美国	0.216	3	0.124	8	0.355	4	0.183	3
RUS	俄罗斯	0.171	4	-0.070	18	0.694	1	-0.110	18
CAN	加拿大	0.083	5	0.260	3	0.264	10	-0.173	26
LVA	拉脱维亚	0.056	6	0.071	10	0.180	17	-0.044	8
FIN	芬兰	0.052	7	0.232	5	0.165	19	-0.157	22
NOR	挪威	0.044	8	-0.142	25	0.271	9	0.015	5
SVN	斯洛文尼亚	0.044	9	-0.042	17	0.326	5	-0.097	15
IDN	印度尼西亚	0.042	10	0.248	4	0.081	29	-0.134	21
MLT	马耳他	0.040	11	-0.145	26	0.568	2	-0.206	30
CZE	捷克	0.035	12	0.059	12	0.159	20	-0.070	12
ESP	西班牙	0.030	13	0.060	11	0.216	13	-0.123	19
LTU	立陶宛	0.023	14	-0.149	28	0.238	11	-0.007	6
DNK	丹麦	0.023	15	-0.075	19	0.124	27	0.020	4
AUT	奥地利	0.011	16	0.001	14	0.173	18	-0.098	16
TUR	土耳其	0.008	17	-0.149	27	0.456	3	-0.235	33
HUN	匈牙利	0.002	18	-0.021	16	0.144	22	-0.082	13
ITA	意大利	0.001	19	-0.119	22	0.143	23	-0.014	7
LUX	卢森堡	-0.030	20	0.153	7	0.028	35	-0.167	25
PRT	葡萄牙	-0.035	21	-0.020	15	0.131	24	-0.164	24
POL	波兰	-0.048	22	-0.136	24	0.234	12	-0.186	28
AUS	澳大利亚	-0.054	23	0.113	9	0.127	25	-0.302	37
CHE	瑞士	-0.055	24	-0.153	30	0.187	15	-0.158	23
HRV	克罗地亚	-0.057	25	-0.212	34	0.147	21	-0.093	14
BEL	比利时	-0.061	26	-0.102	20	0.068	31	-0.124	20
MEX	墨西哥	-0.063	27	-0.422	39	0.291	7	-0.060	10
JPN	日本	-0.072	28	-0.335	36	0.188	14	-0.069	11

续表

代码	国家	制造业平均	位次	低技术	位次	中低技术	位次	中高技术	位次
FRA	法国	-0.076	29	-0.174	32	0.066	32	-0.107	17
NLD	荷兰	-0.077	30	-0.104	21	0.116	28	-0.197	29
IRL	爱尔兰	-0.096	31	-0.153	31	0.127	26	-0.214	32
EST	爱沙尼亚	-0.101	32	0.043	13	0.184	16	-0.407	38
SVK	斯洛伐克	-0.113	33	-0.204	33	0.071	30	-0.180	27
GBR	英国	-0.134	34	-0.359	38	-0.025	38	-0.051	9
BGR	保加利亚	-0.145	35	-0.149	29	0.052	33	-0.283	36
ROU	罗马尼亚	-0.200	36	-0.335	35	-0.051	39	-0.211	31
KOR	韩国	-0.206	37	-0.337	37	-0.014	37	-0.250	34
BRA	巴西	-0.228	38	0.277	2	-0.095	40	-0.684	42
CHN	中国	-0.242	39	-0.131	23	-0.307	41	-0.274	35
GRC	希腊	-0.358	40	-0.658	42	0.013	36	-0.409	39
CYP	塞浦路斯	-0.361	41	-0.566	40	0.033	34	-0.440	40
IND	印度	-0.533	42	-0.602	41	-0.464	42	-0.533	41

资料来源:根据 RIGVC UIBE,2022,UIBE GVC Indicators,以及 WIOD 数据库、ADB 数据库整理而得。数据根据 2019 年制造业平均水平由高到低排序。

2000~2019 年 42 个经济体的制造业 GVC 分工地位综合指数如图 3-13 所示。

由图 3-13 可知,2000~2019 年除小部分国家的制造业平均 GVC 分工地位综合指数有下降趋势外,大部分国家都表现出了上升态势。部分国家的增长态势明显,如保加利亚、塞浦路斯、希腊、葡萄牙、西班牙和韩国等高收入国家,反映出了这些国家的制造业在出口获利能力和相对上游度上的综合表现十分突出。

2. 主要制造业出口大国和部分新兴经济体分析

2001~2019 年主要制造业出口大国和部分新兴经济体制造业平均 GVC 分工地位综合指数如表 3-13 所示。结果显示:①德国和美国的制造业平均 GVC 分工地位综合指数处于全球领先水平,俄罗斯的水平也较高,其次为加拿大和印度尼西亚,而巴西、中国和印度的水平则较低。②从

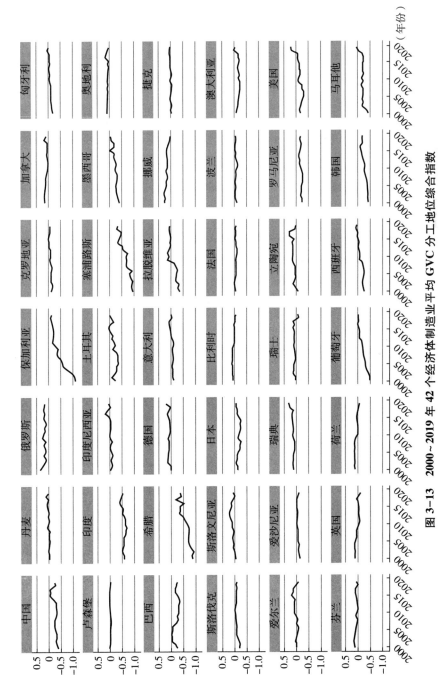

图 3-13　2000～2019 年 42 个经济体制造业平均 GVC 分工地位综合指数

资料来源：根据 RIGVC UIBE，2022，UIBE GVC Indicators，以及 WIOD 数据库，ADB 数据库整理而得。

2001~2019 年的演化趋势来看，美国、墨西哥和韩国的增长较为明显。其中，美国的增长值最大（从 2001 年的 -0.147 增长至 2019 年的 0.216），其次为墨西哥（从 2001 年的 -0.377 增长至 2019 年的 -0.063）和韩国（从 2001 年的 -0.425 增长至 2019 年的 -0.206）。③韩国、巴西、中国和印度处于较低水平，其中，韩国、巴西和中国的制造业平均 GVC 分工地位综合指数相差不大，而印度的平均 GVC 分工地位综合指数与其他国家的差距较大。

表 3-13　2001~2019 年主要制造业出口大国和部分新兴经济
体制造业平均 GVC 分工地位综合指数

年份 / 国家	2001	2003	2005	2007	2009	2011	2013	2015	2017	2019
德国	0.024	0.134	0.106	0.073	0.121	0.042	0.074	0.113	0.077	0.236
美国	-0.147	-0.232	-0.324	-0.257	-0.083	-0.161	-0.158	-0.082	-0.078	0.216
俄罗斯	0.233	0.106	0.122	0.182	0.247	0.153	0.105	0.212	0.201	0.171
加拿大	0.160	0.130	0.112	0.135	0.039	0.025	0.062	0.047	0.042	0.083
印度尼西亚	-0.112	-0.051	-0.103	-0.013	-0.023	-0.025	-0.055	-0.001	0.103	0.042
土耳其	-0.101	-0.313	-0.374	-0.355	-0.144	-0.205	-0.133	0.013	-0.160	0.008
意大利	-0.069	-0.066	-0.066	-0.089	-0.049	-0.099	-0.007	0.050	0.076	0.001
墨西哥	-0.377	-0.288	-0.276	-0.326	-0.247	-0.297	-0.189	-0.015	-0.201	-0.063
日本	-0.135	-0.120	-0.166	-0.235	-0.152	-0.247	-0.240	-0.187	-0.132	-0.072
法国	-0.036	-0.008	-0.075	-0.073	-0.061	-0.120	-0.086	-0.032	-0.052	-0.076
英国	0.122	0.122	0.097	0.050	-0.004	-0.069	-0.031	-0.023	0.031	-0.134
韩国	-0.425	-0.417	-0.410	-0.349	-0.262	-0.299	-0.203	-0.130	-0.203	-0.206
巴西	-0.162	-0.014	-0.034	-0.170	-0.242	-0.289	-0.338	-0.259	-0.144	-0.228
中国	-0.340	-0.330	-0.282	-0.233	-0.299	-0.324	-0.290	-0.055	-0.048	-0.242
印度	-0.601	-0.540	-0.577	-0.677	-0.705	-0.638	-0.525	-0.524	-0.433	-0.533

注：表中仅列出基数年份的数据，并根据 2019 年制造业平均水平由高到低排序。

资料来源：根据 RIGVC UIBE，2022，UIBE GVC Indicators，以及 WIOD 数据库、ADB 数据库整理而得。

第三节　本章小结

通过对全球 42 个经济体的制造业数字化水平和全球价值链分工地位相关指标的测算和现状分析，得出结论如下：

第一，制造业平均数字化水平现状分析显示：①从整体来看，制造业数字化水平较高的国家以发达国家居多。新兴经济体中的印度尼西亚和印度表现出快速增长的态势。②从技术类别来看，低技术和中低技术制造业的数字化水平普遍低于中高技术制造业数字化水平。瑞典的数字化水平在各类技术制造业上均处于领先地位；日本侧重于在中高技术制造业中的数字化投入；美国侧重于中低技术制造业的数字化投入；印度侧重于低技术制造业的数字化投入；英国在各行业的数字化投入水平都较为均衡。

第二，制造业平均出口国内附加值率现状分析显示：①从整体来看，前十位包括美国、日本、澳大利亚和挪威四个发达国家和中国、印度尼西亚、巴西、俄罗斯、印度和土耳其六个新兴经济体。②从技术类别来看，巴西和美国在低技术制造业中处于领先地位；印度尼西亚和俄罗斯在中低技术制造业中处于领先地位。③从发展速度来看，2000~2019 年印度尼西亚表现出正的平均增速，部分国家如中国、美国、德国、日本、韩国、土耳其和印度在 2008 年后表现出上升趋势，而部分国家如卢森堡、荷兰、立陶宛、斯洛伐克、斯洛文尼亚、比利时和英国等在 20 年间均呈现明显的下降趋势。④从国内增加值贸易网络来看，2019 年德国、中国和美国在各网络中均处于前三位，意大利、法国、日本和英国的整体位次也较靠前，显示出这些国家在全球价值链中重要的地位；从动态演化来看，中国在 2000 年到 2010 年在各网络中的贸易流数目均迅速增加，反映了中国参与国际分工的程度不断增加，作为"世界工厂"和世界最大的消费市场逐步融入全球价值链；印度和韩国在 *DVA_INTrex* 网络中的贸易流数目也增长迅速，反映出制造业尤其是加工贸易在这些国家的迅速崛起。

第三，制造业平均上游度指数现状分析显示：①从整体来看，发达国家和发展中国家在上游度指数上的分工格局十分明显，发达国家大部分处在全球价值链分工中的上游。②从制造业技术类别来看，不同技术类别制造业中各国的上游度指数表现不同：低技术制造业和中低技术制造业中，资源比较丰富的国家处于领先地位；在中高技术制造业中，德国、瑞典和美国等技术领先的国家处于相对上游。③从发展速度来看，印度尼西亚、韩国、墨西哥和中国均有明显的上升趋势。

第四，制造业平均 GVC 分工地位综合指数现状分析显示：①从整体来看，瑞典、德国、美国和俄罗斯整体处于领先水平，巴西、中国、印度这三个金砖国家的国际分工地位均较低。②从制造业技术类别来看，各个国家在不同的技术类别制造业上的国际分工地位表现得不同，瑞典、巴西和加拿大在低技术制造业，俄罗斯、马耳他、土耳其和美国在中低技术制造业，德国、瑞典和美国在中高技术制造业的 GVC 分工地位综合指数处于领先水平。③从发展速度来看，2000~2019 年除小部分国家有下降趋势外，大部分国家都表现出了上升态势。制造业大国中的美国、墨西哥和韩国的增长均较快。

第四章　制造业数字化对全球价值链分工地位影响的机理分析

第一节　产业内效应分析

一、产业内效应理论分析

（一）数字经济有助于促进产业链分工深化和比较优势重塑

一方面，在数字经济时代，市场范围的扩大有利于促进产业链分工深化。主要表现为：首先，信息技术降低了信息传输成本，市场主体之间的交流打破了地理距离的限制，促进了远程交易的开展。数字化还能有效降低各个价值链环节的成本支出，降低参与主体间的合作沟通成本、交易成本、谈判成本、物流成本等。数字技术的逐步渗透使得交易从开始到完成的周期缩短，交易的不确定性大大降低，大幅提高了交易效率。其次，随着市场需求的不断增加和供给能力的不断改进（李雯轩，2019），各经济体的产业活动范围不断扩大，市场范围的障碍得以突破，从而分工也得以有深化的空间。新技术使得需求升级，反过来可以进一步促进分工深化。最后，数字技术应用所形成的共享模式，如共享研发、共享制造、共享服务等也使得市场范围大大扩大。数字时代出现了算法和设备形式的创新，其商业化形成了新的商业模式和竞争模式，经济分工的边界更加模糊（Teece，2020）。因此，在新工业革命下，分工将进一步深化。

另一方面，数字技术促进了比较优势重塑。企业的比较优势可以决定其在价值链环节的分配（Kogut，1985）。一个经济体最丰裕的禀赋所形成的禀赋结构决定了其比较优势（林毅夫和付才辉，2019）。数字技术除扩大原有生产要素的种类外，还改变着不同领域不同生产环节中的生产要素的相对重要性（戴翔等，2022）。在数字经济时代，将有可能形成以数据禀赋主导的禀赋结构维度。传统的国际分工 OLI 分析框架指出了企业进行国际化的必要条件，也就是要具备企业特定优势。发展中国家的企业参与国际分工并不具备传统意义上的"特定优势"，包括品牌、知识产权等（张天顶，2017），但随着数字经济时代的到来，传统比较优势对全球化的推动作用减弱，数据资源和数字技术成为了生产发展新的特定优势，这使得传统的国际分工理论发生改变。同时，产业结构的变迁是由经济体的要素禀赋结构内生决定的（林毅夫和付才辉，2019），随着经济体的资本或人口不断变化，其要素禀赋也在发生变化，最优产业结构将会与之前的要素禀赋结构所决定的最优产业结构不同（林毅夫，2011）。当产业和技术都与比较优势相符时，经济体将会最有竞争力（Chen 和 Ravallion，2009）。因此，数字技术改变了各价值链参与者的比较优势，各参与者不仅应结合自身的禀赋结构、发挥比较优势来参与国际分工，还应把握数字经济时代的特征，塑造新的比较优势来提高国际竞争力。

（二）数字技术推动"技术—经济"变革，提高企业创新能力

技术创新对技术革命的扩散起到了关键的作用。Schumpeter（1939）指出，创新就是把新的生产要素和新组合引入到生产体系的过程，技术创新是经济长波形成的根本动因。长波理论强调新普适技术从最初来源部门到其他部门的扩散过程，以及该扩散过程随着采用这项技术的经济机构所进行的适应性调整（坎特纳和马雷尔巴，2013）。以数字技术为代表的技术创新推动着"技术—经济"变革的发生，随着数字产业化和产业数字

化的发展，几乎所有产业都正在经历由数字技术引发的剧烈变迁波动过程。技术革命所带来的"创造性破坏"不仅重组生产要素、构建新的生产函数，而且淘汰了一些旧的技术和生产体系（戚聿东和徐凯歌，2022）。

首先，大数据已被广泛利用于产品、流程和商业模式创新（Erevelles等，2016）。物联网、工业互联网、云计算、机器学习、人工智能等新一代信息技术颠覆了传统的生产和服务流程，形成了从数字化研发、智能制造、柔性化生产、个性化定制到数字化研发平台、"云工厂"、智慧服务等新的生产和服务模式。同时，数字基础设施创造并改造了市场条件，基于数字技术的创新能够带动全社会技术进步（王姝楠和陈江生，2019）。数字经济不仅能极大地提高劳动生产率，而且数字跟踪系统与大数据预测技术相结合能提高从产品向需求终端转移的效率（郭周明和裘莹，2020）。另外，数字化转型还促使企业融入全球创新网络，进而促进了企业创新绩效提升（李雪松等，2022）。

其次，数字孪生赋能双重价值创造。江小涓和靳景（2022）指出，现实世界物理空间中的物体、行为将会全部数据化，所有的经济社会活动都用数据来表达。数实孪生将现实世界的物理体映射为数字世界的数字孪生体，数字世界正在描述并优化物理世界，数字世界不仅能实现与现实世界的实时交互，而且还能将优化处理后的结果回嵌到现实世界，使现实世界行为的合意性提高（见图4-1）。

最后，从数字化的需求驱动效应来看，数字化能够帮助企业更好地识别个性化的消费者需求，提高产品的供给质量。企业需要有创造个性化产品的能力来满足多样化、个性化的消费需求。应用数字技术对消费者浏览、交易、评价等数据进行价值挖掘，可以进一步剖析个性化的消费需求，在消费与生产流之间开辟了一条高效的反馈渠道，使产品的供给质量更高且能够更加贴近消费者需求。同时，模块化制造将通用性模块与其他产品要素组合成新的系统从而能够生产多种定制化的产品，智能化生产线能够根据市场信息配置生产要素、合理安排生产计划，根据需求弹性地释放产能（戚聿东和肖旭，2020）。另外，高质量、个性化的生产性需求的

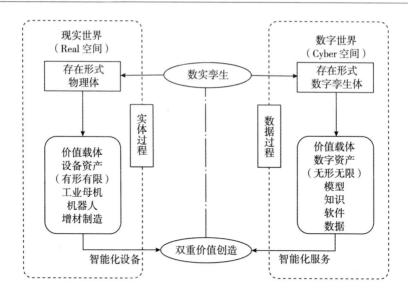

图 4-1 实体过程与数据过程双重价值体系

资料来源：江小涓，靳景. 数字技术提升经济效率：服务分工、产业协同和数实孪生 ［J］. 管理世界，2022，38（12）：9-26.

扩张同样引发对高质量、个性化的中间品需求的扩张，从而带动整个产业链的进步。

（三）服务化和数字化相互交织，提升企业价值创造能力

制造企业单纯进行数字化技术投资不足以产生财务业绩，还需要诸如服务化之类的互补功能（Kohtamäki 等，2020）。刘志彪（2008）指出，发达国家在全球价值链中占据有利地位的根本原因是其拥有现代服务业特别是生产性服务业的支撑。服务通常可以作为价值链相同或不同阶段的国际商业伙伴之间的纽带，并且制造企业也越来越依赖于服务化来创造价值（Kelle，2013）。一方面，制造业的服务化是生产各个阶段的资源向数字技术的转移，制造业的服务化和数字化相互交织，是企业创造价值方式更广泛转型的一部分（Miroudot 和 Cadestin，2017）。另一方面，数字化可以赋能制造企业基于智能服务的价值创造（陈一华等，2021）。例如，来自传感器的新数据能促进产生其他新的服务，如零件库存管理、产品运行效

率报告等。所以，在数字经济时代，重视生产性服务业的支撑作用，推动服务型制造的发展战略仍然成立，而数字软件服务业作为现代服务业中的重要产业，在新技术革命下将更加有助于提高制造业的全球价值链分工地位。推动制造业与服务业的深度融合成为发展中国家经济增长动能转换时期制造业全球价值链地位攀升的必然选择（朱延福等，2022）。

（四）数字化提升企业生产各阶段的价值增值能力

数字化可以提升研发、生产、运营、销售和服务等环节的价值增值能力。

研发阶段：①辅助研发设计。数字技术能够帮助企业从大数据中识别客户需求，设计差异化的产品。在传统生产和销售服务中，生产者和消费者之间的交互时间短，而数字技术的大范围应用使生产者和消费者的交互打破了时空限制，生产者可以时时了解客户的满意度和需求。消费者分析是大数据革命的核心，技术有助于实时获取丰富的消费者数据（Erevelles 等，2016）。使用大数据和自然语言处理工具对客户评论、客户行为模式等信息进行数据价值挖掘，可以监测消费者兴趣趋势，识别消费者需求，并与同类产品进行比较，有助于改进新产品（Jin 等，2019）。通过物联网设备（如传感器等）实时监控产品整个生命周期的数据信息，所获得的数据也可用于发现产品中的问题、改进产品设计。②辅助新产品开发预测。从企业数据库中获得包括研究、开发、生产和项目管理和营销等领域的数据，通过数据预处理和数据挖掘后，可使用所发现的模式来预测新产品开发项目的成功率（Relich 和 Bzdyra，2015）。③辅助研发决策。商业智能系统收集、分析外部和内部信息（有关技术、竞争对手、市场等），有助于辅助进行新产品开发的决策（Ricondo 等，2016）。④提升设计效率。高效的设计辅助系统（Lin 等，2013）可以使设计师和客户之间协作，从而提高设计效率。在研发设计中，数字化开发工具可以对制造过程进行仿真，从而使研发效率更高，研发结果也可以呈现为数据包形态（李晓华，2022）。

生产阶段：工业自动化推动了制造过程的智能化、管理系统的集成化、生产交付的灵活化（朱延福等，2022）。在数字经济时代，传统的生产模式发生改变，数字化车间、模块化生产、个性化定制等模式不断涌现。首先，在工业互联网、云计算等数字技术的支持下，通过将生产过程中积累的知识、技术通过程序内嵌到生产系统中，系统就可以对生产设备自动地进行调整，依靠云端的数据和算法对生产线进行控制（李晓华，2022）。生产过程还可以由集中控制逐渐转变为分散式的自适应智能网络（陈剑等，2020）。同时，自动化和标准化的生产流程能够更加规范、高效地生产产品。其次，运用数字技术能够获得制造过程中各环节的数据和产品的质量数据，跟踪产品生产阶段的相关问题，从而改进产品质量、提高生产效率。最后，随着数字技术的不断发展，模块化生产能够实现小批量生产具有与大批量生产相同的生产效率。整个生产体系发生重构，最终能够大规模生产出满足消费者需求的差异化、个性化的定制产品，达到供需精准匹配、"产消合一"（戚聿东和徐凯歌，2022）。

运营管理：首先，软件系统可以帮助企业优化业务流程和管理，降低运营和管理成本（Holmström 和 Partanen，2014）。通过整个供应链的数据共享，生产商可以迅速适应消费者需求的变化，降低库存挤压成本，节省总费用。随着供应链流程日趋智能化，数字化技术还可以优化库存决策（陈剑等，2020）。其次，新的传感器技术和数据管理能够及时发现产品问题，从而优化维护和维修计划。最后，对供应链实行数字化流程改造，实现各环节的数据共享，搭建现实生产和虚拟生产的数字化路径，能大幅提升价值链附加值（郭周明和裘莹，2020）。

销售及服务：数字方式使企业与客户可以进行实时交流，移动设备以及通过利用移动技术生成的个性化信息能够更好地用于满足客户的特定需求（Schallmo 和 Williams，2018）。首先，应用数字技术挖掘数据价值并进行精准营销，不仅可以更好地将产品与消费者的需求进行匹配，而且能够降低销售损失风险，提高销售效率。应用智能制造技术还能够在一定程度上化解产能过剩问题（戚聿东和徐凯歌，2022）。其次，线上消费产生大量的数据，通过分析消费者评论和行为信息，可以监测消费者兴趣趋势和需求，有助于设计出更高质量的服务（Markham 等，2015）。最后，随着数字产业化不断发展和进步，数字信息产业作为新的服务业出现，可以为企业提供基于数字技术的服务和内容。

二、产业内效应理论模型

（一）制造业数字化对全球价值链分工地位的影响

借鉴 Kee 和 Tang（2016）的分析框架，设垄断竞争市场企业的生产函数为柯布—道格拉斯形式：

$$Y = AK^{\alpha}L^{\beta}M^{\gamma} \tag{4-1}$$

其中，A 表示生产率，K、L、M 分别表示资本、劳动和中间品投入，α、β、γ 分别表示资本、劳动和中间品投入的产出弹性，且 $\alpha+\beta+\gamma=1$。

在数字经济时代，生产率受到数字化水平的影响（Goldfarb 和 Tucker，2019）。中小企业使用信息通信技术能够提高生产效率（Mbuysia 和 Leonard，2017；Cusolito 等，2020）。令 Dig 代表数字化水平，一方面，由于数字化水平的提升，生产效率得以提升，即 $\frac{\partial A}{\partial Dig}>0$；另一方面，由于数字化水平的提高可以带来人力资本的提升，即 $\frac{\partial L(Dig)}{\partial Dig}>0$，同时，数字技术与高技能的人力资本结合可相互赋能从而表现出互补效应（Bresnahan 等，2002；Autor 等，2003；何小钢等，2019），人力资本通过应用数字技术可进一步提高生产效率，即 $\frac{\partial A}{\partial L} \times \frac{\partial L}{\partial Dig}>0$。因此，生产率 A 可以表达为人力资本和数字技术投入的函数 $A(Dig,\ L(Dig))$。

式（4-1）可以改写为：

$$Y = A(Dig,\ L(Dig))K^{\alpha}L^{\beta}M^{\gamma} \tag{4-2}$$

其中，Dig 代表数字化水平，且 $\frac{\partial A(Dig,\ L(Dig))}{\partial Dig}>0$。

假定中间品 M 具有不变替代弹性的 CES 函数形式：

$$M = \left(M_D^{\frac{\sigma-1}{\sigma}} + M_F^{\frac{\sigma-1}{\sigma}} \right)^{\frac{\sigma}{\sigma-1}} \tag{4-3}$$

其中，M_D 表示来自国内的中间品，M_F 表示来自国外的中间品，σ 表示 M_D 和 M_F 的替代弹性，且 $\sigma > 1$。

假定中间品 M 的价格指数为 P_M：

$$P_M = \left(P_D^{1-\sigma} + P_F^{1-\sigma} \right)^{\frac{1}{1-\sigma}} \tag{4-4}$$

其中，P_D 表示来自国内的中间品的价格，P_F 表示来自国外的中间品的价格。根据式（4-4）可得：

$$\frac{\partial P_M}{\partial P_D} = \frac{1}{1-\sigma} \times \left(P_D^{1-\sigma} + P_F^{1-\sigma} \right)^{\frac{\sigma}{1-\sigma}} \times (1-\sigma) \times P_D^{-\sigma} = P_D^{-\sigma} \left(P_D^{1-\sigma} + P_F^{1-\sigma} \right)^{\frac{\sigma}{1-\sigma}} > 0 \tag{4-5}$$

假定国内数字化水平的提高会带来成本下降、劳动生产率提高，进而带来国内价格指数的下降，可得：

$$\frac{\partial P_D}{\partial Dig} < 0 \tag{4-6}$$

$$\frac{\partial \dfrac{P_F}{P_D}}{\partial Dig} > 0 \tag{4-7}$$

企业的目标是生产成本最小化：

$$Min C(Y) = rK + \omega L + P_M M \tag{4-8}$$

$$s.t. \ Y = A(Dig, \ L(Dig)) K^{\alpha} L^{\beta} M^{\gamma} \tag{4-9}$$

企业的生产成本为：

$$C(Y) = \left[\frac{Y}{A(Dig, \ L(Dig))} \right] \left(\frac{r}{\alpha} \right)^{\alpha} \left(\frac{\omega}{\beta} \right)^{\beta} \left(\frac{P_M}{\gamma} \right)^{\gamma} \tag{4-10}$$

且：

$$rK = \alpha C(Y), \ \omega L = \beta C(Y), \ P_M M = \gamma C(Y) \tag{4-11}$$

企业的边际成本为：

$$MC = \frac{\partial C}{\partial Y} = \frac{1}{A(Dig, \ L(Dig))} \left(\frac{r}{\alpha} \right)^{\alpha} \left(\frac{\omega}{\beta} \right)^{\beta} \left(\frac{P_M}{\gamma} \right)^{\gamma} \tag{4-12}$$

$$\frac{\partial MC}{\partial Dig} = \frac{\partial MC}{\partial A(Dig,\ L(Dig))} \times \frac{\partial A(Dig,\ L(Dig))}{\partial Dig}$$

$$= -\frac{1}{(A(Dig,\ L(Dig)))^2}\left(\frac{r}{\alpha}\right)^{\alpha}\left(\frac{\omega}{\beta}\right)^{\beta}\left(\frac{P_M}{\gamma}\right)^{\gamma} \times \frac{\partial A}{\partial Dig} < 0 \qquad (4-13)$$

根据成本最小化原则，可确定企业对国内、国外中间品的投入比例，进而可得国外中间品投入占总中间品总投入的比重为：

$$\frac{P_F M_F}{P_M M} = \frac{P_F M_F}{(P_D{}^{1-\sigma} + P_F{}^{1-\sigma})^{\frac{1}{1-\sigma}} \times M} = \frac{1}{1 + \left(\frac{P_F}{P_D}\right)^{\sigma-1}} \qquad (4-14)$$

根据 Kee 和 Tang（2016）的分析，企业的出口国内附加值率 $DVAR$ 可表达成：

$$DVAR = 1 - \frac{1}{1 + \left(\frac{P_F}{P_D}\right)^{\sigma-1}} \times \gamma \times (1-\chi) \qquad (4-15)$$

其中，$DVAR$ 为出口国内附加值率，$\chi = \dfrac{P-MC}{P} \in [0,\ 1]$，$P$ 为最终品价格。

可进一步将式（4-15）变形为：

$$DVAR = 1 - \frac{1}{1 + \left(\frac{P_F}{P_D}\right)^{\sigma-1}} \times \gamma \times \frac{MC}{P} \qquad (4-16)$$

将式（4-12）代入式（4-16），可得：

$$DVAR = 1 - \frac{1}{1 + \left(\frac{P_F}{P_D}\right)^{\sigma-1}} \times \gamma \times \frac{1}{P \times A(Dig,\ L(Dig))}\left(\frac{r}{\alpha}\right)^{\alpha}\left(\frac{\omega}{\beta}\right)^{\beta}\left(\frac{P_M}{\gamma}\right)^{\gamma}$$

$$(4-17)$$

由式（4-17）可知：$\dfrac{\partial DVAR}{\partial \frac{P_F}{P_D}} > 0$，$\dfrac{\partial DVAR}{\partial A(Dig,\ L(Dig))} > 0$，$\dfrac{\partial DVAR}{\partial P_M} < 0$。

将 $\dfrac{\partial A(Dig,\ L(Dig))}{\partial Dig} > 0$，以及式（4-5）、式（4-6）、式（4-7）代

入式（4-17），可得：

$$\frac{\partial DVAR}{\partial Dig} = \frac{\partial DVAR}{\partial \frac{P_F}{P_D}} \times \frac{\partial \frac{P_F}{P_D}}{\partial Dig} + \frac{\partial DVAR}{\partial A(Dig,\ L(Dig))} \times \frac{\partial A(Dig,\ L(Dig))}{\partial Dig} +$$

$$\frac{\partial DVAR}{\partial P_M} \times \frac{\partial P_M}{\partial P_D} \times \frac{\partial P_D}{\partial Dig} > 0 \qquad\qquad (4-18)$$

可见，随着数字化水平的提升，可以通过提高生产效率以及降低国内投入品价格等途径提升全球价值链分工地位。

（二）不同投入来源的制造业数字化对全球价值链分工地位的影响

在国际竞争环境的条件下，一国制造业在参与全球价值链时所投入的数字化资源并不只局限于一国国内。在整体层面笼统地谈制造业数字化，并不有利于寻找价值链攀升的可行途径。忽略"他国"数字要素，不区分数字投入的国别来源会导致结论的局限和偏误（张晴和于津平，2021）。基于投入来源的数字化研究能够更好地评价国内、国外要素在价值链中的主导能力，因此，正确评估一国制造业全球价值链分工地位所受到的不同数字化投入来源的影响就显得非常必要。

根据前文的分析，由 $DVAR$ 衡量的全球价值链分工地位的表达式为：

$$DVAR = 1 - \frac{1}{1 + \left(\frac{P_F}{P_D}\right)^{\sigma-1}} \times \gamma \times \frac{1}{P \times A(Dig,\ L(Dig))} \left(\frac{r}{\alpha}\right)^{\alpha} \left(\frac{\omega}{\beta}\right)^{\beta} \left(\frac{P_M}{\gamma}\right)^{\gamma}$$

$$(4-19)$$

由式（4-19）可知，$\dfrac{\partial DVAR}{\partial \frac{P_F}{P_D}} > 0$，$\dfrac{\partial DVAR}{\partial A(Dig,\ L(Dig))} > 0$，$\dfrac{\partial DVAR}{\partial P_M} < 0$。

借鉴 Aghion 等（2017）的研究，建立数字化投入对生产率 A 影响的理论模型：

$$A = \left(\int_0^1 X_i^{\theta} di\right)^{1/\theta} \qquad\qquad (4-20)$$

其中，X 表示提升生产率水平 A 的要素投入；θ 表示要素的替代参数，$\theta \leqslant 1$ 且 $\theta \neq 0$。X 可以分为数字化投入和非数字化投入，当生产率水平的提升来自数字技术投入时，取 $X = Dig$，代表实现了数字化生产和服务；否则，令 $X = U$。进一步地，令 Dig_D 表示来自国内的数字化投入，Dig_F 表示来自国外的数字化投入。

那么：

$$X = \begin{cases} U, & \text{非数字化投入} \\ Dig\_D, & \text{国内数字化投入} \\ Dig\_F, & \text{国外数字化投入} \end{cases}$$

A 可表示为国内数字化投入、国外数字化投入和非数字化投入的函数：

$$A = \left[\gamma_D \left(\frac{Dig\_D}{\gamma_D} \right)^{\theta} + \gamma_F \left(\frac{Dig\_F}{\gamma_F} \right)^{\theta} + (1 - \gamma_U) \left(\frac{U}{1 - \gamma_U} \right)^{\theta} \right]^{1/\theta} \quad (4-21)$$

其中，$0 < \gamma_D < 1$，$0 < \gamma_F < 1$，$0 < \gamma_U < 1$。

令国内数字化投入在数字化总投入中的占比为 STR_D，国外数字化投入在数字化总投入中的占比为 STR_F。

下面分析国内和国外数字化投入比例的不同对全球价值链分工地位的影响：

首先，进行国内数字化的影响分析。本书认为，产业数字化转型对全球价值链分工地位提升的促进作用更多地体现在对于国内数字要素的投入上。基于以下两个因素考虑：第一，当产品生产的很多环节在国内完成时，距离国内数字技术更近，能够更加及时、高效地享受国内数字技术服务。同时，本国数字服务商对本国产业的需求特征理解得更充分，在提供服务时也会较国外资源更加匹配需求（王彬等，2021）。第二，本国人才对本国数字技术的吸收会更加充分，因此，本国数字技术应用的积极效应更容易释放。进行国外数字化投入的影响分析：虽然进口贸易可以获取相应的国际技术外溢，企业可以通过吸收其中隐含的知识和技术来进行模仿，提高本企业的数字化应用水平，但这种知识溢出取决于两个因素：一是国外数字产业资源输出的技术含量。当国外的核心数字技术有所保留时，本国无法获取国外先进的数字技术。二是本国人力资源对国际数字产业技术的吸收能力。当前数字化应用基本处于初级阶段，且企业数字化转型缺乏既熟悉业务又精通数字技术的复合型人才，数字化应用能力尚未充分体现，因此，本国产业对国外数字产业资源的技术吸收也存在一定的困难。

基于上述分析，考虑产业数字化过程中数字要素投入来源结构的影响：

（1）令 ΔP_D 代表国外数字化投入未提升时数字化投入带来的国内中间品价格下降幅度，令 $\Delta P_D'$ 代表国外数字化投入提升后的国内中间品价格下降幅度。当国外数字化投入比例 STR_F 提高时，如果国外数字产业资源的技术有所保留，或者国内企业没有足够的能力通过进口贸易吸收国外先进技术并应用，那么，将不能提高本土企业的劳动生产率，从而不利于国内中间品价格的下降。所以，有 $\Delta P_D' - \Delta P_D > 0$，$\Delta \dfrac{P_F}{P_D'} - \Delta \dfrac{P_F}{P_D} < 0$，会使得 $\dfrac{\partial^2 \frac{P_F}{P_D}}{\partial Dig \partial STR\_F} < 0$。又由于 $\dfrac{\partial DVAR}{\partial \frac{P_F}{P_D}} > 0$，因而，$\dfrac{\partial^2 DVAR}{\partial Dig \partial STR\_F} < 0$，即国外数字化投入比例的提高不利于企业全球价值链分工地位的提升。

（2）令 ΔP_M 代表国外数字化投入未提升时数字化投入带来的中间品价格下降幅度，令 $\Delta P_M'$ 代表国外数字化投入提升后的中间品价格下降幅度，随着 $\Delta P_D' < \Delta P_D$，有 $\Delta P_M' < \Delta P_M$，$\dfrac{\partial^2 P_M}{\partial Dig \partial STR\_F} > 0$，由于 $\dfrac{\partial DVAR}{\partial P_M} < 0$，因而，$\dfrac{\partial^2 DVAR}{\partial Dig \partial STR\_F} < 0$。

（3）假设对进口国外数字资源带来的生产效率提高程度低于应用国内数字资源带来的生产效率提高程度，那么国外数字化投入比例的提高将使生产率提高的程度有所减弱，即 $\Delta A' < \Delta A$，$\dfrac{\partial^2 A}{\partial Dig \partial STR\_F} < 0$。由于

$\dfrac{\partial DVAR}{\partial A(Dig, L(Dig))} > 0$，因而，$\dfrac{\partial^2 DVAR}{\partial Dig \partial STR_F} < 0$。

综上所述，本部分认为，如果国外数字产业资源的技术有所保留，或是本土产业对国外数字产业技术的吸收和模仿能力有限，那么对国外数字产业资源投入的提高将不利于本国产业全球价值链分工地位的提升。

（三）不同投入类型的制造业数字化对全球价值链分工地位的影响

目前市场上普遍存在着数字化投入"重硬件、轻软件"的问题。本书认为，出现此问题的原因既包括部分企业对数字化转型理解不到位，也包括部分企业盲目跟风数字化、停留于形式。数字化改造升级已成为产业发展的新动能，但基于数字硬件制造业（以下简称数字硬件产业）的投入和基于数字软件服务业（以下简称数字软件产业）的投入的影响效果是否是不同的？如果不对数字硬件投入和数字软件投入进行分类分析，则将会造成对数字化影响效应解读的偏误。

参考徐映梅和张雯婷（2021）、李言和毛丰付（2022）的做法，本书所分析的对数字硬件产业的投入主要体现为对计算机、电子元器件、光学设备、智能设备等数字基础设施的投入；对数字软件产业的投入主要体现为对移动操作系统、电信运营商、软件和信息服务业等业务的投入。具体地，数字硬件产业包括 ISIC Rev. 4 中的 C26（计算机、电子和光学设备的制造），数字软件产业包括 J61（电信业）和 J62_J63（IT 和其他信息服务业）。

1. 数字硬件产业的影响效应

数字硬件的主要作用在于：①获得数据。随着传感器、无线通信等硬件设备的升级改进，不仅可以将实物资产数字化，而且可以利用物体传感器来获取产品的运行数据，通过内嵌在硬件设备中的软件系统获得交易、行为数据，可以利用可视化技术获得更多的数据等。因此，通过嵌入诸如通信、存储、感知等数字功能，数字化使实体产品可编程、可寻址、可感

知、可传播、可记忆、可追踪、可联想（Yoo等，2010）。②数字硬件为数字软件产业的发展提供了很好的支撑。随着存储能力不断提高，传输速度更快，以及数据处理能力不断增强，使得信息技术解决方案成为可能。③数字基础设施的发展使流程更加标准化（Holmström和Partanen，2014），是"大规模定制"这种商业模式的基础（Pine，1999），为实现个性化的产品和服务提供了条件。

2. 数字软件产业的影响效应

数字硬件产业为数字软件产业提供了设备支撑，数字软件产业有利于实现价值创造（李言和毛丰付，2022）。数据的价值在利用中实现，利用的前提是获取、访问数据。基于数字硬件如计算机、传感器、智能设备所产生的数据，如果不能访问就像尚未开采的矿藏，潜藏着极大价值。同时，生产环境中数据量和速度的增加意味着需要开发持续的过程来收集、分析和解释数据（Davenport等，2012）。对数据的处理需要IT系统，软件技术能够增强硬件设备的功能，扩大硬件设备的应用范畴。数字服务进一步地可以放大软件系统数据的价值和应用范畴。设计师和工程师可以识别用户购买行为和产品功能之间的关系（Urbinati等，2019）。企业通过对数据进行开发，既可以将数据作为一种新的"产品"进行销售，也可以对数据进行再利用来增加数据的价值（Zhu和Madnick，2009），这都需要软件行业来进行（Opresnik和Taisch，2015）。另外，大型公司业务的增长主要是由客户数据推动的，有关客户活动、位置和行为的实时数据为企业了解客户的愿望和需求提供了重要线索，对数据的积累、维护和分析成为了大型科技公司的一项关键能力，是数字企业（尤其是面向消费者的企业）的特定竞争优势的关键（Teece，2020）。

由于数字硬件产业和数字软件产业的性质不同，可能对制造业造成不同影响。数字硬件产业侧重数字基础设施的提供，而数字软件产业侧重对数字技术的应用。随着数字技术在生产各阶段的不断渗透，可以挖掘更多数据资源的价值，提供更多的增值服务。数字化水平越高，数据加工处理能力、知识代码化以及软件化复用能力就越强，从而对用户的需求能够做出快速的反应，并提高价值链掌控力（李晓华，2022），因此，预期数字软件产业的影响效应要高于数字硬件产业。

综合以上分析，本书提出如下假设：

假设 1a：基于投入来源。数字化有利于促进全球价值链分工地位提升，但区分不同投入来源，即依托国内、国外数字化投入所实现的制造业数字化对全球价值链分工地位提升的影响是不同的。依托国内投入的制造业数字化对全球价值链分工地位提升有促进作用，依托国外投入的制造业数字化对全球价值链分工地位提升起到抑制作用。

假设 1b：基于投入类型。依托数字软件、数字硬件产业投入的制造业数字化水平提升对全球价值链分工地位提升的影响是不同的。

假设 1 背后的经济学解释：制造业数字化水平的提升可以扩大市场范围、促进分工深化、提高资源配置效率，成本降低可以使更多的资源用于研发创新和数字化运营，从而提升产品的价值链分工地位。从价值创造来看，基于数字化的价值创造，有利于改变传统的以供给为导向的商业模式为以消费者需求为导向，形成以柔性化生产来有效满足消费者个性化定制，通过挖掘数据信息来提高服务的附加值（吕铁，2019）。通过数字赋能，制造企业能够提高其资产有效性、生产灵活性和人均生产效率（陈一华等，2021）。但来自国内和国外的数字化投入将对制造业全球价值链分工地位的提升产生不同的影响。另外，由于数字技术可以提高研发、生产和服务等环节的生产效率，助力云上研发和制造、柔性化生产、精准营销和个性化服务，数字软件产业的影响效应与数字硬件产业的影响效应也将不同。

三、产业内效应异质性分析

由于所考虑的样本在行业技术类别、时期、国家类型以及距离技术前沿程度上存在不同，制造业数字化对全球价值链分工地位的影响作用也有可能不同，因此，有必要进行异质性分析。

（一）制造业技术类别异质性分析

从制造业的各细分产业来看，各产业的要素需求、技术属性和知识水平是不同的，对数字技术的应用和数据资源的挖掘也不同，因而比较优势也将不同。由于知识密集度较高行业的资本、技术的密集度也会更高，因此更容易实现行业数字化并提升生产效率（吴友群等，2022）。但与此同时，低技术制造业在数字化应用上也存在优势。由于低技术制造业本身的技术水平较低、生产程序繁琐、人工消耗大，因而数字技术在低技术制造业发挥的空间更大。数字技术与低技术制造业更容易融合，对劳动力的能力进行补充，因此，数字技术在低技术制造业发挥效应的弹性更大。另外，王岚（2014）通过对中国制造业的国内价值增值占比进行测算，得出低技术制造业和中高技术制造业存在异质性的结论，即低技术制造业能够实现国际分工地位提升，而中高技术制造业的"锁定"效应明显。从以上分析得出，各制造业由于技术类别不同，数字化的影响效应可能不同。

（二）时期异质性分析

随着数字技术的不断提高及其在各行业的不断渗透，数字化的影响效应随时期变化可能呈现不同的特点。2008 年国际金融危机是国际经贸环境和经济发展的一个转折点。2000~2007 年，世界经济增长相对较快。在金融危机后，全球价值链占全球贸易的比重从 2008 年的 52% 的巅峰值开始向下波动（史丹和余菁，2021），各国经济增长乏力，发达国家的再工业化战略导致制造业回流，国际经济环境的不稳定性有所增加。同时，金融危机后世界各国也将发展数字经济作为刺激经济复苏的重要举措（杨晓霞和陈晓东，2022），从而可能会表现出制造业数字化对全球价值链分工地位提升影响的时期差异。

（三）国家异质性分析

禀赋是参与全球价值链的前提条件，且随着各国的积累不断增加（林毅夫和付才辉，2019），根据要素禀赋结构决定的比较优势来选择最优的产业结构和技术水平，禀赋结构升级也最快（付才辉等，2021）。首先，随着数据日益成为关键的生产要素，传统生产要素在生产投入中的比重减少，生产函数的组合随之发生改变，投入要素的改变意味着各经济体的要素禀赋优势发生改变，拥有高级生产要素的地区的产业竞争力更强（李晓华，2021b），不同经济体的现有比较优势将会受到正向或负向的冲击（李雯轩，2019）。不同经济体在数据资源和应用能力上的差异会导致在全球价值链分工地位上变动的差异。发达经济体在数字产业发展方面占据着绝对主导的优势地位，发展中经济体的数字产业发展则较为滞后。不同国家所处的发展阶段不同，所具备的比较优势和产业竞争力也是不同的。其次，Acemoglu 和 Zilibotti（2001）指出，由于发达国家所开发和使用的新技术更适合于发达国家技能相对丰富的熟练劳动力，这些技术与发展中国家低技能工人一起使用会降低生产力，即使发展中国家可以不花钱获得最新的技术，它们的生产率也会受到影响。劳动力技能水平和引进技术之间的不匹配导致了发展中国家和发达国家之间巨大的人均产出和收入的差异。新技术使较贫穷的经济体更难抓住更先进的产品，也削弱了它们在较老的、更传统的行业中的比较优势。新技术使发展中国家不得不雇佣高技能劳动力，而减少其富有优势的低技能劳动力的需求，而发达国家的高工资劣势则得到弥补（李晓华，2022）。最后，自 2000 年以来，世界各国在全球价值链网络中的贸易强度均有明显提升，但发展中国家的参与度仍然低于发达国家（吕越等，2022）。全球价值链在大宗商品、服装、电子产品、旅游和商业服务外包等不同部门的演变对发展中国家如何融入全球经济具有重大影响（Gereffi 和 Fernandez-Stark，2016）。由于全球价值链参与程度的不同也会导致价值链竞争力的不同，因此，制造业数字化对全球价值链分工地位的影响在不同国家间也可能存在差异。

（四）与技术前沿距离异质性分析

数字化、网络化、智能化大大拓展了生产、组织和消费的模块化，从而使得数字经济时代的创新范式由果实类创新转向重组式创新的主导范式，这为后发国家打开了丰富的"机会窗口"，能够大大提升产业链升级的可能性（张其仔和贺俊，2021）。黄先海和宋学印（2017）按技术维度划分世界各经济体距离前沿的程度，并指出当距离技术前沿远时，追赶型技术进步有利于收敛技术差距，而当差距进入一定范围后，扩大竞争可以加快向技术前沿收敛。"后发优势"的观点表明，落后经济体吸收前沿技术，可获得与技术差距成正比的技术增速（Nelson 和 Phelps，1965）。王勇等（2022）研究发现，产业技术与前沿距离越远，自主研发创新越少。那么距离技术前沿不同是否会带来数字化影响效应的不同呢？本书认为，制造业数字化对全球价值链分工地位的影响可能存在与技术前沿距离异质性。

由上述分析可知，制造业数字化对全球价值链分工地位的影响效应可能存在制造业技术类别异质性、时期异质性、国家异质性以及与技术前沿距离异质性。由此，提出如下假设：

假设 2a：依托不同投入来源的制造业数字化水平提升对全球价值链分工地位提升的影响存在制造业技术类别异质性、时期异质性、国家异质性和与技术前沿距离异质性。

假设 2b：依托不同投入类型的制造业数字化水平提升对全球价值链分工地位提升的影响也存在制造业技术类别异质性、时期异质性、国家异质性和与技术前沿距离异质性。

四、产业内效应传导机制分析

（一）生产效率提升效应分析

一方面，数字化能够通过以下几方面来直接促进生产效率提升：

第一，成本节约效应。数字经济可以降低企业的交易成本，帮助企业节约运输、渠道与品牌建立等费用，并且数字环境中的搜索成本较低，数字验证更容易减少信息不对称，从而扩大了搜索的潜在范围和质量（Goldfarb 和 Tucker，2019）。同时，在国际贸易中，空间限制使得交易成本较高，限制了中间投入要素的流动。信息技术的发展打破了国际贸易各环节的时间和空间限制，能够对全球价值链进行远距离的协调和沟通，大大提升了生产效率。

第二，资源配置效应。数字经济的发展已从纯粹的数字技术层面拓展成为调整经济结构、转变发展方式等具有阶段性特征的综合体，能够将无限多的供给与需求对接、将生产要素与市场对接（戚聿东和褚席，2022）。数字技术可以显著增强企业生产要素的流动性，提高信息的透明程度，使物质资源、信息资源能够以更低的成本和更高的效率实现供需精准配置，降低信息不对称风险，提高企业生产效率。互联网发展能够通过提高资源配置效率机制促进企业生产效率的提升（黄群慧等，2019）。

第三，生产能力提升效应。首先，信息技术能够使生产设备实现高水平的数控化，生产流程、工艺也日益科学化；其次，自动化技术允许更灵活的任务分配，提高了资本和劳动力在现有任务中的生产率（Acemoglu和Restrepo，2019）；最后，随着企业数字化能力的加强，在生产过程中有利于降低失误、犯错的概率，进而提高经营效率（戚聿东和肖旭，2020）。因此，随着数字技术与实体经济的融合不断深入，研发、组织、生产、销售以及服务等环节的自动化能力得以提升，生产任务分配更加科学，经营效率逐步提高，这些均有利于提高生产效率。

另一方面，数字化还能通过以下间接效应来促进生产效率提升：

第一，创新能力提升效应。数字技术对创新过程产生颠覆性改变（Nambisan等，2017），创新主体、创新投入、参与过程以及参与结果都发生了变化（Nambisan等，2019）。企业获取数据、从中产生见解并据此采取行动的能力对提高企业的创新能力至关重要（Janssen等，2017），访问和利用不同来源的大数据有助于企业提取新的想法，更好地了解消费者的需求（Anderson等，2014）。数字技术辅助新产品设计、改进原有产品设计，还能更好地帮助新产品开发预测、辅助研发决策。

第二，人力资本提升效应。人力资本质量偏低可能会影响多数发展中国家实现价值链地位提升（Caselli和Coleman，2006）。数字经济能够促进知识传递与信息共享、拓展劳动力提升技能的渠道，使得高素质人力资本的质量和规模有所提升（齐俊妍和任奕达，2022）。既往研究表明，数字技术与高技能人力资本间还表现出互补效应（Bresnahan等，2002；Autor 等，2003)，因此，数字技术可以通过提高人力资本水平来间接促进生产效率提升。

综上所述，数字化可以通过成本节约效应、资源配置效应、生产能力提升效应、创新能力提升效应和人力资本提升效应来促进生产效率提升。同时，由于劳动生产率的明显进步能够快速提高国际分工地位（黄先海和杨高举，2010)，因此，数字化能够通过生产效率提升中介机制促进全球价值链分工地位的提升，如图 4-2 所示。

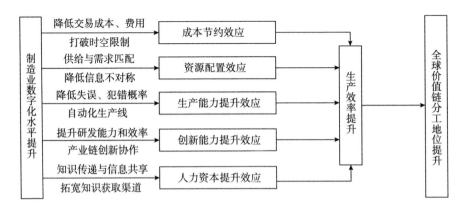

图 4-2 制造业数字化促进全球价值链分工地位提升的生产效率提升效应

资料来源：笔者整理。

(二) 产业服务化水平提升效应分析

数字化能够通过以下几方面来促进产业服务化水平提升：

第一，专业化服务企业支持效应。数字技术通过促进提供高技术服务的第三方专业服务公司的发展，提升企业生产中对服务类产品的投入。Miroudot 和 Cadestin (2017) 指出，在价值链的两端（研发设计、市场营销和分销等其他服务）都需要大量的服务投入，这些投入不仅是生产关键阶段的重要投入，也能够支持价值链功能的发挥，以提高生产率或降低生产成本。一方面，数字技术有助于提高第三方专业服务公司的经营管理水平和对客户的服务能力，同时，数字技术应用还能提高信息沟通效率、降低信息不对称水平，从而促进企业与第三方服务公司之间的业务公平合作和高效开展。另一方面，大数据、云计算、人工智能等新一代信息技术的不断发展，促进了提供研发设计、数据咨询服务、客户管理服务等类型服务的第三方公司的诞生和发展。由于第三方公司的服务效率更高，企业将这些活动"外包"出去不仅能够减轻企业的财务负担，还能使企业专注于核心业务。

第二，产品服务化效应。越来越多的制造业企业加大了对服务要素的投入，从单纯提供产品和设备向提供"产品+服务"一体化解决方案的服务型制造转变。服务型制造既有利于改进上游的技术和研发设计质量，也有利于增加下游服务环节给用户带来的价值、提高产品附加值，这些均有助于企业向价值链中高端升级（李晓华，2017）。工业互联网平台为制造业企业升级产品和服务提供了必要的技术支撑，可以为用户提供基于产品全生命周期的服务（刘祎，2021）。另外，服务升级必不可少，关键还要带来新的价值（戚聿东和肖旭，2020）。信息技术能力作为制造业企业内部存在的一种服务化，是一种增加价值策略，能够加强公司创新能力、提高竞争优势（Miroudot和Cadestin，2017）。

第三，用户价值创造效应。在数字技术背景下，用户在市场中的地位得以增强，企业创造价值的核心理念转变为用户价值主导（戚聿东和肖旭，2020）。数字化为一系列有能力进行数字创新的公司创造了必要的条件，并为客户创造了新的价值（Yoo等，2010）。数字科技的发展加强了价值链中的数据流动，使制造业在万物互联、数据规模、算法和算力等方面显著增强（李晓华，2021a），不断增强的数字技术应用能力能够协助企业提高对数据资源的利用水平和数据价值挖掘水平。在数字化的过程中产生了大量的用户信息、浏览及购买行为、产品评价等数据，通过应用机器学习、人工智能等方式对数据进行分析，可以挖掘隐藏在数据背后的规律，不仅能够为客户提供专属的个性化服务，还能提高企业的精准营销能力，为不同的客户提供与之相匹配的产品。

第四，数字服务化效应。商业模式创新也是经济效率提升的主要原因（江小涓和靳景，2022）。在当今数字化和服务化的双重变革下，数字化与服务化的耦合诞生了数字服务化，是企业从数字化中创造服务价值的关键（张振刚等，2022）。数字服务化被理解为数字化和服务化之间的相互作用，利用物联网、大数据、人工智能等数字技术来创造、交付和捕获服务价值（Kohtamäki 等，2020）。当企业具有较高的数字化水平时，企业将有机会向客户提供个性化解决方案、基于产品生命周期的服务、智能服务等基于数字化的高级服务（张振刚等，2022）。数字技术使企业间出现新的交易内容，如利用数字资源并将其部署为产品和服务（Bharadwaj 等，2013），以及数据交易、标准化流程交易、软件系统交易、大数据管理交易等。

综上所述，数字化可以通过促进产业服务化水平提升的中介机制促进全球价值链分工地位提升，如图 4-3 所示。

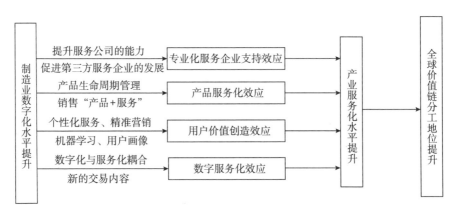

图 4-3　制造业数字化促进全球价值链分工地位提升的产业服务化水平提升效应

资料来源：笔者整理。

综合以上分析，提出如下假设：

假设 3：制造业数字化水平的提升通过生产效率提升效应和产业服务化水平提升效应间接促进全球价值链分工地位提升。

五、产业内效应约束机制分析

（一）制造业数字化效果的发挥受到技术创新水平的影响

以数字技术为代表的技术创新推动着本次"技术—经济"变革，随着数字产业化和产业数字化的发展，几乎所有产业都正在经历由数字技术引发的剧烈变动过程。企业能否构建长期的国际竞争优势，取决于创新能力是否强大。一方面，数字技术的应用和数据价值的挖掘能够带动企业技术进步，提高企业的生产效率，增强企业的盈利能力，但企业要在此条件下创造出市场需求的创新成果，有赖于强大的创新能力。同时，数字技术能够提高信息交互的频率，在数据汇集之处不断挖掘新的数据价值有利于新思想的产生，促进创新创造。另一方面，从数字化的需求驱动效应来看，数字化能够帮助企业更好地挖掘数据价值，识别个性化的消费者需求，但企业想要满足多样化、个性化的消费需求，还需要有创造个性化产品的能力。与此同时，高质量、个性化的生产性需求的扩张同样引发对高质量、个性化的中间品需求的扩张，而能否满足这样的需求同样取决于上游企业创新能力是否强大。当创新水平较低时，数字化的效果将难以发挥，随着创新水平的不断提升，数字化促进全球价值链分工地位提升的效应将会得到逐步释放。

（二）制造业数字化效果的发挥受到产业服务化水平的影响

数字技术经济范式能够对传统制造业在生产、经营、管理和服务等多方面进行改造，加快了生产性服务业与制造业的协同发展（戚聿东和褚席，2022）。在全球范围内几乎所有行业都在发生"服务化"。受放松管制、技术进步、全球化和竞争压力的影响，越来越多的企业正在以更大的力度进入服务业，通过服务为其核心产品增加价值（Vandermerwe 和 Rada，1988）。同时，智能制造打通了要素间的配置壁垒，使得制造业与服务业不断融合（戚聿东和徐凯歌，2022）。随着大数据、云计算及人工智能等新一代信息技术的不断应用，智能化产品的出现有助于让更多用户参与产品设计、反馈产品需求，"众包设计"得以实现。

制造业的服务化和数字化相互交织，是企业创造价值方式更广泛转型的一部分（Miroudot 和 Cadestin，2017），越来越多的公司转向"服务化"全球价值链。服务型制造的发展是由先进技术驱动的（Boehmer 等，2020），而同时，服务型制造又促进新技术的不断发展。制造业在服务化过程中对数字技术和应用产生了大量需求，随着产业服务化水平的不断提升，对数字化的需求也越来越多，从而越有利于数字化积极效应的发挥。数字化和服务化之间需要有效的相互作用，如果没有这种相互作用，制造企业可能会面临数字化的悖论（Kohtamäki 等，2020）。因此，当产业的服务化水平较低时，数字化促进全球价值链分工地位提升的积极效应较难发挥，而当产业服务化水平逐步提高后，数字化的积极作用将会逐步释放。

（三）制造业数字化效果的发挥受到贸易开放度的影响

随着一国贸易开放水平的提升，一方面，来自国外的多样化产品需求以及激烈的国际市场竞争环境，会刺激国内企业提高研发创新能力以保持国际市场竞争力。在上述过程中，国内企业会有提升自身数字化水平的需求。因为数字技术的应用不仅能够帮助企业跨越时空障碍，深度挖掘来自国外客户对产品的需求，还能帮助企业提高研发和创新能力，更好地提升产品的竞争力。另一方面，通过进口国外产品，国内企业能够学习到国外优质的产品设计、生产技术和营销模式，有助于不断提高产品种类和产品质量，为客户提供高质量的服务，增加产品附加值。贸易开放的门槛越低，国内企业面临的竞争环境越激烈、对国外先进技术学习的需求也越强烈，也更有利于吸收国外先进的技术和生产模式，有利于推动产业数字化转型并提升数字技术应用的广度和深度。因此，产业数字化转型的效应会受到贸易开放度的影响，随着贸易开放度的提高，数字化影响全球价值链分工地位提升的积极作用也会越大。但需要注意的是，当贸易开放度提高到一定水平后，可能会形成对国际产业资源的过度依赖，不利于技术吸收、创新能力提升和产业竞争力的提升，从而对全球价值链分工地位提升的影响会有所降低。

对门槛效应的理论分析表明，数字化虽然在促进全球价值链分工地位提升上发挥着重要作用，但其作用大小可能是非线性的，会受到创新水平、产业服务化水平以及贸易开放度的约束，当创新水平、产业服务化水平以及贸易开放度达到一定水平后，数字化对全球价值链分工地位提升的积极效应才能逐步释放。同时，结合假设1中所提出的国内数字化能够促进全球价值链分工地位提升，本书针对国内数字化的积极效应提出如下假设：

假设4：国内数字化对全球价值链分工地位的促进作用具有门槛效应，当创新水平、产业服务化水平以及贸易开放度跨越一定门槛值并在合理的区间内，国内数字化对全球价值链分工地位提升的促进作用越大。

第二节 产业关联溢出效应分析

一、产业关联溢出效应理论分析

随着大数据、云计算、人工智能等新一代信息技术的广泛应用，信息流动更加迅速，产业链上各产业主体的关联性逐渐增强。某一产业的活动与前向、后向关联产业的活动有着密不可分的关系，仅考虑某产业自身数字化对全球价值链分工地位提升的影响可能存在局限性。那么，产业数字化是否能够通过产业关联关系在产业间发挥溢出效应？回答此问题，一方面，有利于推进产业数字化转型，为促进产业链数字化协同发展提供经验证据；另一方面，为加强产业链供应链现代化建设、推进大中小企业融通发展提供理论依据和经验参考。

（一）产业关联概念

里昂惕夫在前人研究基础上提出并编制了投入产出表，正式确定了产业关联分析框架。20世纪50年代末，"不平衡增长"理论的创立者——经济学家赫希曼在其《经济发展战略》一书中提出了前向联系、后向联系的概念和"关联效应"理论。所谓关联效应，是指某一产业投入产出关系的变动对其他产业产生的影响。赫希曼基于"不平衡增长"理论提出了以"关联效应"识别关键性部门的观点，从而进一步制定经济发展战略。张耀辉（2002）指出，产业关联代表着产业链中各产业间的上下游技术关系，下游拉动和上游推动都是产业联系的动力。周振华（2004）认为，产业关联是在产业体系大框架下的各产业部门之间的投入产出关系的集合，产业关联中的要素一般可以抽象为物质流与信息流两大类，传统理论对信息要素较为忽视，随着信息在经济运行过程中的作用逐渐增加，产业关联以物质流为主导地位的传统格局正在改变。产业关联的内容包括：产品或劳务联系、生产技术联系、价格联系、劳动就业联系和投资联系（史忠良，2005）。产业关联是产业间以各种投入品和产出品为连接纽带的技术经济联系（苏东水，2006；刘志彪，2015）产业联系分析既可以研究产业间在生产、分配、交换上的相互关系，以及上下游产业间的供给推动和需求拉动相互影响，还可以解释产业结构的内在特征、分析投入产出关系变动对产出的影响（刘志彪等，2015）。

（二）产业关联与产业研究

产业研究的基本领域包括三个方面，分别是产业组织、产业关联和产业结构（刘志彪和安同良，2009），产业关联和产业结构均是对产业间关系的研究。产业关联在产业研究中发挥承上启下的作用，向上关系到国民经济，向下关系到企业发展。

1. 产业关联与国民经济

金子敬生和陈耀甲（1986）从产业视角将产业看作企业组成的"群"，并将经济看作和人体一样是"有生命的东西"，家庭经济和产业群作为国民经济的主体，劳动和货币相当于国民经济的"血液"，劳动和货币在产业间、产业和家庭之间的流动就形成了类似人体血液循环的经济循环，只有经济循环畅通，整个国民经济才能健康发展。分析以产业间循环为主轴的经济体系被称作产业关联论。

产业关联深化是在一定投入产出关系的基础上产业间生产技术和经济利益联系程度的紧密化，是产业结构高级化的一部分，产业关联深化不足会阻碍经济的增长（周振华，1991）。新结构经济学认为，产业间的关联关系是区域经济的一类新型的无形资源，也是区域经济竞争力的重要源泉

（林毅夫，2012），可以为制定区域战略的重要依据。我国产业发展面临改造传统产业、培育战略性新兴产业的"双重任务"，通过"双轮驱动"实现两类型产业的融合发展是实现我国经济增长方式转变的关键，随着传统产业与新兴产业间的联系日益紧密、逐渐融合甚至深度融合，可以通过产业链延伸、技术链对接以及上下游产业带动发展等多方面做强传统产业和做大战略性新兴产业，构建新的竞争优势（陆立军和于斌斌，2012）。新兴产业在发展过程中应充分遵循产业关联原则，通过产业间的横纵向联系和影响对其他产业起到带动和推动作用（黄鲁成等，2017）。当前我国正在逐步构建以国内大循环为主体、国内国际双循环相互促进的新发展格局，如何畅通国民经济循环是加快形成新发展格局的关键（黄群慧，2020），由此，产业作为国民经济的主体之一，产业间关联关系与国民经济有着非常重要的联系。

2. 产业关联与企业发展

在战略层面，企业联盟及一体化战略的本质是产业链的搜索和优化，企业在产业复杂网络中寻找竞争优势、打造产业链的战略行为实际上是网络中的最优路径的选择问题（赵炳新等，2011）。

在研发、生产和服务层面，信息技术的应用促使产业关联关系不断加深。面对个性化、多样化、智能化的消费需求，对企业的数字技术应用能力要求越来越高，企业之间的竞争将变为创新能力和市场响应能力的竞争，在产品定制化、生产柔性化、服务个性化和响应快速化上不断升级。随着技术的不断进步，企业间的链接能力也在逐渐增强，网络状的产业链供应链正在逐渐形成。数字化研发、企业间的数字化研发和制造还可以通过产业关联关系进行共享、整合，进行云上研发和制造，提高研发创新能力和生产能力，同时进一步加深企业间的关联关系。

在风险控制层面，产业间的关联关系的深化有助于提升数字化风控的能力，各产业通过与信息产业的关联，可以更加便捷高效地获取更加丰富的数字信息，共享黑白名单，在销售前把控好客户风险；数字化的信息共享可以使企业通过关联关系及时发现影响产业链供应链的不稳定因素，防止风险通过产业网络进一步扩散，有助于减少断链的发生风险。

3. 数字经济下的产业关联再认识

周振华（2004）认为产业关联中的要素一般可以抽象为物质流与信息流两大类。传统理论对信息要素较为忽视，主要也是由于信息在经济运行中的作用较小，随着数字化、信息化、网络化进程的加快，信息在经济运行过程中的作用逐渐增大，产业关联的以物质流为主导地位的传统格局正在改变。产业关联技术矩阵、产业联结方式以及产业关联深化在以信息流为基础的产业关联过程中都发生了变化（见表4-1）。

表4-1　产业关联基础变化的影响

产业关联	物质流为基础	信息流为基础
产业关联技术矩阵	物耗形式的效益，信息量设为既定的	技术矩阵总体水平提高（各部门技术水平提高、先进技术水平权重增加） 应计算社会总效益（物耗形式+非物耗形式）
产业关联方式	"上游—中游—下游"固定轨道	"上游—中游—下游"不固定，纵向为主—横向交叉 开辟新的关联路径，产业融合
产业关联深化	分工细化，产业迂回	打破时空限制 无形信息产品交易扩大 数字神经系统关联

资料来源：根据周振华的《论信息化进程中的产业关联变化》（2004）资料，由笔者整理。

（1）产业关联技术矩阵。直接消耗系数的总合技术矩阵水平的提高既包括各部门技术水平提高，也包括先进技术水平权重的提高。在以信息流为基础的产业关联中，由于信息技术强大的渗透力，产业关联的技术矩阵水平将会提高。信息技术还产生了非物耗形式的效益（节约时间、减少成本、增加产出等）。所以，不能简单地用物耗水平来衡量，而要看总体的效益水平。

（2）产业联结方式。以物质流为基础的产业关联是按照中间产品依次传递的轨迹进行的，产业间的投入产出关系在"上游—中游—下游"产业链中是相对固定的，从而形成了产品价值链。以信息流为基础的产业关联中，信息成为了产业间投入产出的主要交易关系，产业联结以数字网络为主。传统的相对固定的"上游—中游—下游"的纵向传递轨道将会改变，网络化分布式产业运作模式得以建立，产业链更多进行横向交叉传递。信息流一方面可以引导和加速产业关联中的物质流，另一方面可以开辟新的产业关联传递路径。通过信息提供全方位延伸的"价值网"，各产业联系更加紧密，产业边界模糊以及产业融合出现，产业流程改变，产业关联倾向于多向循环联结。

（3）产业关联深化。以物质流为基础的产业关联关系是一种有形网络，且产业的分布会受到时间和空间的限制。以信息流为基础的产业关联中，形成了网络化的产业环境，产业关联深化表现在部门间信息、服务等无形产品交易规模扩大；时空距离"消失"，减少了中间环节的物耗，中间投入比重趋于减少；信息充当了产业关联的主要媒介，产业关联演变为数字神经系统的产业关联（周振华，2004）。

总之，技术进步为人类提供了社会与经济发展新的技术范式。随着信息产业逐步发展成为主导产业，带动了一系列关联产业的产生与变化，用信息技术改造传统产业，改变了生产函数、生产组织方式和经营模式等，催生并推动了各个领域的现代化和信息化（刘真，2009）。Kim 和 Park（2009）指出，信息和通信技术（ICT）产业对于产业间的知识流动起着关键作用，技术知识的创造、积累和传播在产业间互动学习的模式可以描述为一个网络。近年来，数字产业异军突起并成为了我国国民经济重要产业。数字经济不仅是经济进行转型升级的驱动力和经济增长的源泉，而且是全球新一轮产业竞争的制高点，数字经济作为驱动力（张于喆，2018），已成为我国产业结构持续升级的动力源泉，促进产业结构升级的作用逐渐显现（陈晓东和杨晓霞，2021）。

（三）数字化的产业关联溢出效应分析

曾有研究探讨了包括产业智能化、人工智能或数字赋能等内容在内的产业关联溢出效应（钞小静等，2022；杨飞，2022；戴翔和杨双至，2022；Autor 和 Salomons，2018），也有部分研究探讨了产业关联溢出效应对出口国内附加值率的影响。江小敏等（2020）研究发现，基于一般贸易的进口产品质量提高，不仅能够对其自身的出口附加值率提升产生影响，而且还能通过产业关联效应促进其上下游产业的出口附加值率提升。但鲜有文献研究数字化对全球价值链分工地位影响的产业关联溢出效应。数字化正在改变制造企业的生态系统和价值链，改变这些企业之间的互动方式（Kohtamäki 等，2020）。那么，产业数字化的影响效应向产业链上的其他产业传播，能给其他产业带来影响并进一步提高全球价值链分工地位吗？

本书认为，数字技术作为一种冲击，能够对产业链上下游及产业链整体产生影响。

第一，资源配置效应。数字技术应用有助于上下游企业之间资源配置更加优化。数字技术的快速发展使大量的数据信息流快速在企业之间传递、打破时空限制，信息传递效率更高、信息传播量更大、信息更加透明，有利于资源的高效配置。数据在网络上快速传递，能够打破企业组织的边界，从而构建起相互连通的商业网络（戚聿东和肖旭，2020）。线上虚拟空间使供应链的成员之间有更加频繁的交互，企业也更容易接触到新的交易伙伴（陈剑等，2020）。数字化能够提升企业间的信息共享和传达效率，大幅提高产业链的运行效率（陈晓东等，2022）。第二，知识共享和协同创新效应。数字技术应用有助于产业间技术知识流动和共享，促进企业创新和升级。产业之间的纵向联系同时也是企业获得技术和知识的重要渠道（陈爱贞等，2021）。技术知识的创造、积累和传播在产业间互动学习的模式可以描述为一个网络，信息和通信技术（ICT）产业对于产业间的知识流动起着关键作用（Kim 和 Park，2009）。因此，数字技术有助于促进知识的激活和流动，在增加企业之间的沟通与协作的同时，有利于知识的共享和溢出。同时，区块链与物联网、大数据和人工智能的融合有助于实现全产业链协同发展，既增强了产业链内部的协作和信息共享，有助于建立产业链上的多方信任协作模式，也有利于产业链协同创新（张路，2019）。第三，数字化协同效应。上下游产业数字化还可以通过前向关联和后向关联为本产业提供数字技术支持、传递技术应用经验，从而带动本产业数字技术和应用水平的提升。产业间密切的协作关系也迫使数字技术低的产业提高技术水平。第四，产业链协同效应。从价值创造来看，单个企业的价值在某些时候取决于产品所在的产业关联网络价值，只有整个产业链上的各企业共同协调和安排好各自的产品，才能共同在网络中创造价值。信息技术的进步可以使产业链上各企业更加有效地协同创造价值。

结合上述讨论，本书认为数字化对全球价值链分工地位的影响存在产业关联溢出效应，某产业数字化带来的影响将通过产业关联向其他产业进行传导。

进一步地，产业关联溢出效应包括前向、后向关联溢出效应。

赫希曼于1958年提出了"后向关联"和"前向关联"概念，并将其用于判断主导产业，被称为"赫希曼基准"。将投入产出表中的中间产品流量矩阵转换为消耗系数矩阵和分配系数矩阵，消耗系数矩阵的纵向维度和分配系数矩阵的横向维度分别是基于被动视角的后向关联和前向关联的测量，而消耗系数矩阵的横向维度和分配系数矩阵的纵向维度分别是基于主动视角的前向关联和后向关联的测量（Rasmussen，1956；Chenery 和 Watanabe，1958；Alauddin，1986；赵炳新等，2011）。特定产业顺着产业链方向识别其直接下游产业，形成前向关联网，是从供给角度反映该产业对其下游产业的推动作用。特定产业逆着产业链方向识别其直接上游产业，形成后向关联网，是从需求角度反映该产业对其上游产业的拉动作用。类似地，还可以通过分析前向 k 阶关联网和后向 k 阶关联网，来识别该产业对下游产业的供给推动作用和对上游产业的需求拉动作用。

曾有研究表明，前向、后向关联溢出效应存在不同：王苍峰（2008）验证了制造业外资技术溢出的行业间纵向溢出效应，研究表明，后向联系效应的影响显著，而前向联系效应的影响不显著。赵春明等（2019）从产业关联的视角验证了对外直接投资能够通过产业关联垂直溢出对行业间的工资水平产生影响，前向溢出效应使下游行业员工的工资水平有所提升，但后向溢出效应使上游行业员工的工资水平有所降低。那么，数字化对全球价值链分工地位影响的前向关联溢出效应和后向关联溢出效应是否也存在不同呢？本书认为，数字化的前向关联溢出效应和后向关联溢出效应包括如下方面：

1. 前向关联溢出效应

前向关联溢出效应指上游产业数字化通过前向关联促进了那些以其产出作为投入品的下游产业的全球价值链分工地位提升。前向关联溢出效应主要在于：首先，产业数字化水平提升可带来生产率的提高，产品价格下降，从而使下游产业的中间投入品价格下降，带来生产成本降低、生产效率和附加值率提高。其次，上游产业通过产业数字化转型所带来的产品种类增加和产品质量提高也可以通过前向关联使下游产业获得种类多、质量高的中间投入品，从而提高产业竞争力。最后，在"匹配效应"影响下，数字赋能所促进的生产率提高和产品质量提升还有利于推动下游行业的技术创新和生产方式变革（戴翔和杨双至，2022），进而有利于推动下游产业的全球价值链分工地位提升。

2. 后向关联溢出效应

后向关联溢出效应指下游产业数字化通过后向关联促进了为其提供中间投入的上游产业的全球价值链分工地位提升。后向关联溢出效应主要在于：首先，下游产业的数字化水平提升通过提高劳动生产率从而增加了产品收益，扩大了生产规模，提高了对上游产业产品的需求，但同时也会因为产品相对价格的降低进而减少对上游产业的需求，这两方面的正负作用机制共同影响。其次，下游产业还可以通过后向联系对上游产业产品提出更高的要求（如高质量地提供零部件），从而促使上游产业改进生产方式、提升技术水平，进而带来生产率水平的提升，间接影响全球价值链分工地位提升。最后，下游企业通过数字化能够反馈上游企业产品的质量及满意度等信息，促进上游企业更好地改进产品研发质量、提高服务水平。

综合以上分析，全球价值链分工地位的提升不仅受到本产业数字化水平的影响，也受到产业关联溢出效应影响（见图4-4），且前向关联溢出效应和后向关联溢出效应的影响是不同的。

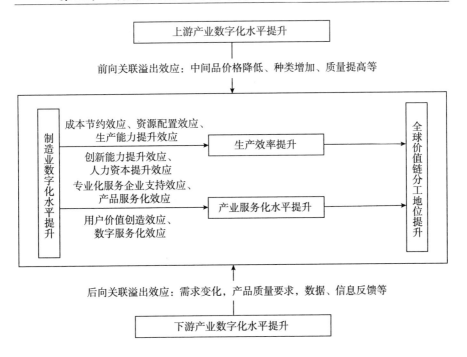

图 4-4 产业数字化水平提升对全球价值链分工地位

提升影响的产业关联溢出效应

资料来源：笔者整理。

二、产业关联溢出效应异质性分析

制造业技术类别异质性。由于不同技术类别的制造业存在技术属性差异，上下游产业数字化对本产业全球价值链分工地位的产业关联效应也有可能不同。一方面，技术类别较高产业的产业关联较多，也更容易受到前向和后向关联产业的影响；另一方面，由于自身的技术优势，技术类别较高的产业较技术类别低的产业对上下游产业的数字技术溢出吸收更好。因此，技术类别较高的制造业较技术类别较低的制造业而言更容易受到产业关联溢出效应的影响。张皓等（2022）研究空间集聚与产业关联对企业创新的影响，研究发现产业关联效应存在制造业技术类别异质性，高技术和中技术行业在产业后向关联下影响显著且高技术行业的估计系数更大，而低技术行业的产业关联效应不显著。

时期异质性。2008年国际金融危机后，国际经济环境和企业自身发生的改变均会导致产业关联关系发生变化。一方面，产业链整体容易受到外部环境的影响。由于各国经济的经济结构有所调整，经济增速持续放缓，失业率增加，由此对整个产业链的需求和供给产生影响。再加上融资环境收紧、社会资金链条断裂等金融环境的变化，使全球产业链格局发生改变。另一方面，产业链内部的关联结构也有可能发生变化。受金融危机影响，各国经济疲软，企业发展受到不同程度的影响，上下游产业相互之间的产业关联关系及关联强度均可能有所改变。因此，受金融危机影响，宏观上外部环境和微观上企业自身均可能发生较大改变，产业关联关系相应发生变化，前向关联溢出效应和后向关联溢出效应因而也将会不同。

综合以上分析，提出如下假设：

假设5：本产业全球价值链分工地位提升受到上下游产业数字化的产业关联溢出效应影响，但前向关联溢出效应和后向关联溢出效应是不同的，且产业关联溢出效应存在制造业技术类别异质性和时期异质性。

三、产业关联溢出效应传导机制分析

在上下游产业数字化影响本产业全球价值链分工地位提升的过程中，还有可能存在中介变量影响这一过程（见图4-5）。

首先，上下游产业数字化水平提升会对本产业数字化水平产生影响：①在数字经济时代，产业间网络沟通效率不断提升，信息作为产业关联的主要媒介，产业关联演变为数字神经系统的产业关联（周振华，2004）。信息媒介不仅扩大了产业关联的范围和深度，而且能够促进上下游的数字化协同。当上下游产业在生产、经营以及管理中提升数字技术应用水平时，作为与之关联的产业，同样需要提高自身的数字化应用水平以提高产业间的合作和协同能力。②共享的制造平台、丰富的数据资源、智能化的

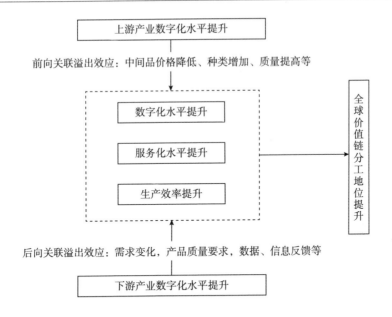

图4-5 产业关联溢出效应的中介机制

资料来源：笔者整理。

生产、高效的运营网络和共享管理等生产和服务，构成了整个产业链上的数字生态，使数字技术应用能力和对数据资源的价值挖掘能力在产业链上各环节扩散，整个产业链上各环节产业都在逐步提高自身的数字化水平。③随着数字化程度的提高，产品发布需要在网络中与互补的产品和服务进行协调（Bharadwaj 等，2013）。当上游或下游随着数字化水平提升而提高了研发、需求或服务的速度时，就需要本产业与上下游产业同步，倒逼本产业提升数字化水平，从而间接提升与关联产业的同步速度。因此，上下游产业数字化水平的提升能够通过产业关联带动本产业数字化水平的提升，从而间接影响本产业全球价值链分工地位的提升。

其次，上下游产业数字化水平提升会对本产业服务化水平产生影响。新一代信息技术的发展会带来生产方式创新，并优化生产经营、管理和服务流程，提高企业间信息传递能力，消除阻隔。通过企业间的信息共享、知识传递、经验借鉴，优秀的生产经营和管理经验能够沿着产业链传递，从而推动上下游企业进行生产方式和管理方式的变革。并且，随着产品和用户数据的爆炸式增长，以及数据价值挖掘能力的提升，企业能够越来越精准地了解用户的需求和产品的全生命周期状态，这有助于企业提升研发能力和服务水平。数字经济时代企业服务化水平的提升有助于向价值链上下游延伸，进一步促进上下游企业提高研发效率，改进生产经营方式，提升服务能力。

最后，上下游产业数字化水平提升会对本产业的生产效率产生影响。Autor 和 Salomons（2018）指出，一个行业的生产率增长的影响不太可能局限于它产生的部门，供应商的价格较低或质量较高可能会影响下游行业采购，同样，下游产业生产率提高可能会影响需求。本书认为，一方面，上游产业的数字化水平提升可带来生产率提高、产品种类增加和产品质量提高，不仅可以让下游产业享受成本更低的中间投入品，而且也有利于推动下游产业提升技术、变革生产和管理方式，从而推动下游产业提升生产效率。另一方面，下游产业的数字化水平提升会对上游产业的需求产生影响，同时，下游产业还通过后向联系对上游产业产品提出更高的要求，促使上游产业改进生产方式、提升技术水平，从而提高生产效率。另外，数字化所带来的水平竞争加剧，也会沿着上下游方向传导，导致垂直分工竞争不断加剧，进而促进整个产业链技术水平和生产效率提升。因此，上下游产业数字化水平的提升能够通过带动本产业生产效率提升，从而间接影响全球价值链分工地位的提升。

综合以上分析，提出如下假设：

假设6：上下游产业数字化水平的提升能够通过促进本产业数字化水平提升、服务化水平提升以及生产效率提升来间接影响本产业全球价值链分工地位提升。

四、产业关联溢出效应制约因素分析

产业关联溢出效应的发挥还有可能受到其他因素的制约。本书认为，产业关联溢出效应的发挥与产业之间的数字化水平差距有关。一方面，由

前面的机制分析可知，上下游产业数字化水平的提升能够通过影响本产业数字化水平进而间接带动本产业全球价值链分工地位的提升。因此，如果上下游产业与本产业之间的数字化程度相对接近，则更容易发挥中介机制，间接促进本产业全球价值链分工地位提升。另一方面，以信息流为基础的产业关联，助力数字化效应在产业间纵向溢出。由于产业数字化技术和应用水平能够通过前向产业和后向产业关联传递，当上下游产业的数字化水平与本产业数字化水平较接近时，有助于产业之间的数字化协同发展和知识溢出，促进整个产业链的生产效率提高。反之，当上下游产业的数字化水平与本产业数字化水平差距较大时，则不利于中介机制的传导和产业间的数字化协同，影响产业关联溢出效应的发挥（见图4-6）。

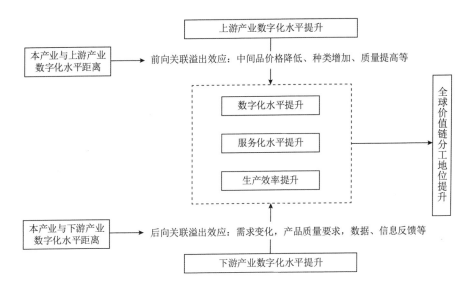

图4-6 产业关联溢出效应的制约因素

资料来源：笔者整理。

综合以上分析，提出如下假设：

假设7：数字化的产业关联溢出效应受到本产业与上下游产业数字化水平差距的影响，数字化水平越接近越有利于产业关联溢出效应的发挥，数字化水平差距越大越不利于产业关联溢出效应的发挥。

第三节 本章小结

本章通过构建数理模型阐释了数字化对全球价值链分工地位影响的微观机制，并对数字化影响全球价值链分工地位的异质性、传导机制、约束机制和产业关联溢出效应进行了理论探讨，主要结论如下：

第一，数字技术能够促进分工深化、比较优势重塑，推动"技术—经济"变革，提升企业依赖于服务化创造价值的能力以及生产各阶段的价值增值能力。制造业数字化水平的提高可以促进其全球价值链分工地位的提升。但从细分投入来源和投入类型来看，源于国内和国外的数字化对全球价值链分工地位的影响效果是不同的，同时，基于数字硬件投入和数字软件投入的数字化的影响效果也是不同的。

第二，由于制造业各行业的技术类别差异，国际金融危机后的金融和贸易环境发生变化，全球经济体经济发展的不平衡以及发展中经济体距离技术前沿程度的不同，数字化对全球价值链分工地位的影响效应可能存在制造业技术类别异质性、时期异质性、国家异质性以及与技术前沿距离异质性。

第三，从传导机制来看，制造业数字化能够通过生产效率提升和产业服务化水平提升效应间接影响全球价值链分工地位提升。从外部约束机制来看，数字化对全球价值链分工地位提升的正向促进作用大小受到该经济体创新水平、产业服务化水平和贸易开放度等条件的约束，只有当创新水平、产业服务化水平和贸易开放度跨越一定的门槛值并处于合理区间时，国内数字化对全球价值链分工地位提升的积极效应才能更有效地发挥。

第四，数字化对全球价值链分工地位的影响具有产业关联溢出效应。本产业的数字化水平提升与上下游产业的数字化水平提升共同促进全球价值链分工地位的提升，但前向关联溢出效应和后向关联溢出效应的影响是不同的。同时，上下游产业数字化水平的提升能够通过提升本产业数字化水平、服务化水平以及生产效率水平的中介效应间接影响本产业全球价值链分工地位提升。另外，产业间的数字化水平越接近越有利于产业关联溢出效应的发挥。

第五章　基于不同投入来源的
制造业数字化对全球价值链
分工地位的影响分析

第四章的理论分析表明，数字化有利于促进全球价值链分工地位提升，但源于国内、国外的制造业数字化投入对促进全球价值链分工地位提升可能会表现出不同的影响，国内数字化对全球价值链分工地位提升有促进作用，而国外数字化对全球价值链分工地位提升起到抑制作用。本章将建立相应的计量模型实证检验数字化对全球价值链分工地位提升的影响。主要研究如下问题：基于不同投入来源的数字化对全球价值链分工地位的影响是否不同？是否存在异质性？制造业数字化是通过何种机制对全球价值链分工地位提升产生影响的？是否存在门槛效应？对这些问题的研究有助于深入剖析两者之间的内在联系。本章的结构安排如下：第一节检验数字化对全球价值链分工地位的影响，以及源于国内、国外的数字化投入对全球价值链分工地位提升的影响，对假设1a进行检验，并进行稳健性检验和内生性检验；第二节进行异质性分析，在不同层面深入了解制造业数字化影响全球价值链分工地位的异质性，探寻提升全球价值链分工地位的差异化条件和政策，对假设2a进行检验；第三节建立中介效应模型来揭示制造业数字化影响全球价值链分工地位的传导机制，对假设3进行检验；第四节建立面板门槛模型，检验制造业国内数字化促进全球价值链分工地位提升的门槛效应，深入剖析制造业数字化积极效应的释放与全球价值链分工地位提升的约束机制，对假设 4 进行检验。通过本章的实证检验，希望所得的结论能够为制定促进全球价值链分工地位提升的政策提供经验支撑。

第一节　基准回归分析

一、模型设定

以往文献均肯定了数字化对全球价值链攀升的重要作用，并进行了理论分析和实证检验，且大部分实证文献均是在整体层面对制造业数字化与全球价值链攀升的关系进行检验。近年来，有学者开始关注国内、国外投入来源的影响差异，但鲜有文献从全球、行业层面进行探讨。本节将使用 2000~2019 年全球 42 个经济体 17 个制造业面板数据，从全球及行业层面进行实证分析。首先从整体上实证分析制造业数字化对全球价值链分工地位的影响，然后分析不同投入来源的数字化对全球价值链分工地位提升的影响。

根据假设 1a，设定基准回归模型如下：

$$GVC_{it} = \theta_0 + \theta_1 LDig_{it} + \theta_2 CON_{it} + \tau_i + \mu_t + \sigma_{it} \qquad (5-1)$$

$$GVC_{it} = \alpha_0 + \alpha_1 LDig\_d_{it} + \alpha_2 LDig\_f_{it} + \alpha_3 CON_{it} + \tau_i + \mu_t + \varepsilon_{it} \qquad (5-2)$$

其中，i 表示国家—产业；t 表示时间；θ_0、α_0 表示截距项；GVC 表示制造业全球价值链分工地位，下文将分别用出口国内附加值率（$DVAR$）、上游度指数（$GVCpt\_pos$）、GVC 分工地位综合指数（GVC_inx）三个变量衡量；$LDig$ 表示制造业数字化，反映了该产业对数字产业的相对依赖度；$LDig\_d$ 表示源于国内数字要素投入的制造业数字化，反映了该产业对国内数字产业的相对依赖度（以下简称国内数字化）；$LDig\_f$ 表示源于国外数字要素投入的制造业数字化，反映了代表该产业对国外数字产业的相对依赖度（以下简称国外数字化）；CON 表示控制变量，包括人力资本水平、对外开放水平、产业出口规模、经济发展水平、产业国际竞争力、产业服务化水平、自然资源禀赋和研发投入强度；τ_i 表示国家—产业个体固定效应；μ_t 表示时间固定效应，以控制随国家—产业变化或随时间变化的因素的影响；σ_{it}、ε_{it} 表示残差项。

根据假设 1a，回归模型（5-1）中 $\theta_1 > 0$，回归模型（5-2）中 $\alpha_1 > 0$，$\alpha_2 < 0$。

二、变量选取与数据说明

（一）变量选取

被解释变量全球价值链分工地位，分别采用出口国内附加值率（$DVAR$）、上游度指数（$GVCpt\_pos$）和 GVC 分工地位综合指数（GVC_inx）三个变量衡量，测算方法同第三章。实证中对偏度较大的上游度指数取自然对数处理以减轻数据的不均衡分布。

回归模型（5-1）的核心解释变量为数字化（$LDig\_d$），回归模型（5-2）的核心解释变量为国内数字化（$LDig\_d$）和国外数字化（$LDig\_f$）。国家 h 产业 j 的数字化水平在实证中取自然对数处理，测算公式为：

$$LDig_{hj} = \ln\left[\sum_{l=1}^{m} \sum_{k=1}^{D} b_{lkhj} \Big/ \left(\sum_{l=1}^{m} \sum_{i=1}^{n} b_{lihj} - \sum_{l=1}^{m} \sum_{k=1}^{D} b_{lkhj} \right) \right]$$

$$(5-3)$$

$$LDig\_d_{hj} = \ln\left[\sum_{l=1,\, l=h}^{m} \sum_{k=1}^{D} b_{lkhj} \Big/ \left(\sum_{l=1}^{m} \sum_{i=1}^{n} b_{lihj} - \sum_{l=1}^{m} \sum_{k=1}^{D} b_{lkhj} \right) \right]$$

$$(5-4)$$

$$LDig\_f_{hj} = \ln\left[\sum_{l=1,\, l \neq h}^{m} \sum_{k=1}^{D} b_{lkhj} \Big/ \left(\sum_{l=1}^{m} \sum_{i=1}^{n} b_{lihj} - \sum_{l=1}^{m} \sum_{k=1}^{D} b_{lkhj} \right) \right]$$

$$(5-5)$$

其中，b_{lkhj} 表示国家 h 产业 j 对国家 l 数字产业 k 的直接消耗系数，b_{lihj} 表示国家 h 产业 j 对国家 l 产业 i 的直接消耗系数，m 表示经济体个数，n 表示产业个数，k 表示数字产业所包含的子产业，D 表示数字产业所包含的子产业个数。

为了克服遗漏变量问题，在模型中加入了以下控制变量：

（1）人力资本水平（HR）。义务教育年限的提升有助于提升劳动年龄人口的平均受教育年限，进而可以影响一国的人力资源水平。本书用一个国家的义务教育年限作为该国人力资本水平的代理变量。

（2）贸易开放度（$Open$）。本书用商品贸易与 GDP 之比来反映一个国家的贸易开放度。

（3）产业出口规模（$EXOW$）。本书用一国某产业出口占全球该产业总出口比重来反映产业出口规模相对水平。

（4）经济发展水平（$LNPG$）。本书用人均 GDP 水平来反映一个国家的经济水平（2015 年不变价美元）。

（5）产业国际竞争力（RCA_f）。基于对出口贸易流分解得到的出口国内增加值，可以计算基于出口国内增加值的一国某产业的显性比较优势，该指数是对传统 RCA 指数的修正，是衡量产业 GVC 竞争力（优势）的重要指标之一（谭人友等，2016；吴友群等，2022）。本书采用这一修订后的显性比较优势来衡量一国某产业的国际竞争力。

（6）产业服务化水平（$Serv$）。借鉴杨飞和范从来（2020）的做法，将产业服务化作为控制变量，本书采用对服务业的中间投入与对其他产业的中间投入之比来衡量产业的服务化水平，反映了该国家该产业对服务业的依赖程度。

（7）自然资源禀赋（$Melt$）。自然资源中初级资源品占比的多少也会影响国际分工地位（李俊久和蔡琬琳，2018），本书选取矿石和金属出口占该国总出口的比重进行衡量。

（8）研发投入强度（RD）。研发投入也常作为控制变量，本文选取研发支出占 GDP 的比重作为研发投入的代理变量。

（二）数据说明

核心解释变量和被解释变量的数据来源已在第三章进行了说明，这里不再赘述。控制变量中，人力资本水平、贸易开放度、经济发展水平、自然资源禀赋数据来源于世界银行世界发展指标（WDI）；产业国际竞争力用基于国内增加值的显示性比较优势（RCA）指数来衡量，数据来源于对外经济贸易大学全球价值链研究院（UIBEGVC）数据库；产业出口规模、产业服务化水平根据 WIOD 和 ADB 数据库中的数据计算得到；研发投入强度数据来源于联合国数据库。其中，人力资本水平、经济发展水平、产业服务化水平和研发投入强度取自然对数处理。相关变量的描述性统计如表 5-1 所示。

表 5-1　各变量描述性统计

变量	样本数	平均值	标准差	最小值	最大值
出口国内附加值率（DVAR）	14100	0.654	0.150	0.052	0.999
上游度指数（GVCpt_pos）	14100	−0.159	0.714	−4.128	4.722
GVC 分工地位综合指数（GVC_inx）	14100	−0.100	0.504	−3.156	4.120
数字化（LDig）	14100	−4.038	1.018	−13.742	−0.033
国内数字化（LDig_d）	14100	−4.601	0.998	−14.049	−0.352
国外数字化（LDig_f）	14100	−5.340	1.444	−15.071	−0.083
研发投入强度（RD）	14100	−4.410	0.765	−7.651	−3.073
贸易开放度（Open）	14100	0.705	0.381	0.172	1.813
产业国际竞争力（RCA_f）	14100	1.173	1.224	−0.358	18.823
产业出口规模（EXOW）	14100	0.021	0.035	0.000	0.380
经济发展水平（LNPG）	14100	9.928	0.947	6.630	11.630
人力资本水平（HR）	14100	2.308	0.142	1.792	2.639
产业服务化水平（Serv）	14100	−0.806	0.606	−5.475	2.837
自然资源禀赋（Melt）	14100	0.045	0.050	0.002	0.382

各解释变量之间的相关性如表 5-2 和表 5-3 所示，各解释变量之间的相关系数均低于多重共线性存在的门槛值 0.7。同时，测算各解释变量的方差膨胀因子，结果如表 5-4 所示，各变量的方差膨胀因子均低于 10，说明模型不存在严重的多重共线性问题。

表 5-2　各解释变量间相关系数

	LDig	RD	Open	RCA_f	EXOW	LNPG	HR	Serv	Melt
LDig	1.000								

续表

	LDig	RD	Open	RCA_f	EXOW	LNPG	HR	Serv	Melt
RD	0.134	1.000							
Open	−0.044	0.006	1.000						
RCA_f	−0.069	0.013	0.080	1.000					
EXOW	0.081	0.298	−0.236	0.323	1.000				
LNPG	0.152	0.677	0.041	−0.072	0.113	1.000			
HR	0.068	0.108	0.227	−0.048	0.168	0.354	1.000		
Serv	0.220	0.030	−0.077	−0.057	−0.087	0.208	0.100	1.000	
Melt	−0.054	−0.084	−0.245	−0.125	−0.158	−0.024	−0.083	0.079	1.000

表5-3 各解释变量间相关系数（区分投入来源）

	LDig_d	LDig_f	RD	Open	RCA_f	EXOW	LNPG	HR	Serv	Melt
LDig_d	1.000									
LDig_f	0.468	1.000								
RD	0.204	0.064	1.000							
Open	−0.230	0.191	0.006	1.000						
RCA_f	−0.043	−0.074	0.013	0.080	1.000					
EXOW	0.160	−0.029	0.298	−0.236	0.323	1.000				
LNPG	0.098	0.195	0.677	0.041	−0.072	0.113	1.000			
HR	−0.041	0.164	0.108	0.227	−0.048	0.168	0.354	1.000		
Serv	0.246	0.136	0.030	−0.077	−0.057	−0.087	0.208	0.100	1.000	
Melt	0.018	−0.138	−0.084	−0.245	−0.125	−0.158	−0.024	−0.083	0.079	1.000

表5-4 各解释变量的方差膨胀因子

变量	方差膨胀因子（VIF）	方差膨胀因子（VIF）
LDig	1.09	—
LDig_d	—	1.72
LDig_f	—	1.61
HR	1.39	1.39
Open	1.34	1.49
EXOW	1.58	1.59

续表

变量	方差膨胀因子（VIF）	方差膨胀因子（VIF）
LNPG	2.39	2.54
RCA_f	1.21	1.21
Serv	1.14	1.18
Melt	1.13	1.14
RD	2.24	2.42
平均值	1.50	1.63

三、基准回归结果与分析

首先，验证数字化对全球价值链分工地位的影响。IPS 检验显示不存在面板单位根，Hausman 检验显示模型选择固定效应模型较为合适。因此，本节采用时间和个体双向固定效应模型，并采用聚类稳健标准误来消除异方差的影响。对回归模型（5-1）的回归结果如表 5-5 所示。其中，列（1）考察了制造业数字化对出口国内附加值率的影响，列（2）为加入控制变量后的结果，结果均显示制造业数字化对出口国内附加值率具有显著的正向影响。列（3）、列（4）考察了制造业数字化对上游度指数的影响，结果显示，制造业数字化对上游度指数的影响均显著为正。列（5）、列（6）考察了制造业数字化对 GVC 分工地位综合指数的影响，数字化的系数仍显著为正。以上结果均验证了制造业数字化能够促进全球价值链分工地位提升。

表 5-5　基准回归模型回归结果

	DVAR	*DVAR*	*GVCpt_pos*	*GVCpt_pos*	*GVC_inx*	*GVC_inx*
	（1）	（2）	（3）	（4）	（5）	（6）
LDig	0.015 ***	0.009 **	0.067 ***	0.049 **	0.041 ***	0.033 **
	（3.510）	（2.557）	（3.005）	（2.217）	（2.868）	（2.245）
HR	—	0.022 **	—	0.178 **	—	0.121 **
		（2.446）		（2.559）		（2.490）

续表

	DVAR	DVAR	GVCpt_pos	GVCpt_pos	GVC_inx	GVC_inx
	(1)	(2)	(3)	(4)	(5)	(6)
Open	—	−0.083***	—	0.130**	—	0.086**
		(−9.444)		(2.345)		(2.485)
EXOW	—	−0.219**	—	1.716***	—	1.595***
		(−2.257)		(2.933)		(3.639)
LNPG	—	0.067***	—	−0.026	—	−0.044
		(8.177)		(−0.340)		(−0.835)
RCA_f	—	0.020***	—	0.159***	—	0.105***
		(6.066)		(7.518)		(7.645)
Serv	—	0.052***	—	0.113***	—	0.051**
		(9.674)		(3.346)		(2.369)
Melt	—	0.078*	—	0.008	—	−0.017
		(1.855)		(0.022)		(−0.065)
RD	—	0.007	—	0.180***	—	0.114***
		(1.310)		(4.703)		(4.889)
Constant	0.755***	0.135	−0.002	0.389	−0.012	0.465
	(41.850)	(1.527)	(−0.026)	(0.456)	(−0.208)	(0.782)
N	14100	14100	14100	14100	14100	14100
R^2	0.266	0.413	0.060	0.140	0.064	0.141
F	74.04	89.21	17.44	20.56	17.63	19.07
控制变量	否	是	否	是	否	是
时间	控制	控制	控制	控制	控制	控制
国家—产业	控制	控制	控制	控制	控制	控制

注：（　）中为 t 值，根据聚类稳健标准误计算；***、** 和 * 分别代表 1%、5% 和 10% 的显著性水平。

其次，验证不同投入来源的数字化影响，回归模型（5-2）的回归结果如表 5-6 所示。其中，列（1）为国内和国外数字化对出口国内附加值率的影响，结果显示，国内数字化的系数显著为正，国外数字化的系数显著为负。列（2）为加入控制变量后的回归结果，可以看出，加入控制变量后并没有改变制造业国内、国外数字化对出口国内附加值率影响的方向及其显著性。列（3）为国内和国外数字化对上游度指数的影响，列（4）为加入控制变量后的结果。结果显示，国内和国外数字化对上游度指数的影响均在1%水平上显著，且国内数字化的系数显著为正，国外数字化的系数显著为负。第（5）列和第（6）列为国内和国外数字化对 GVC 分工地位综合指数的影响，国内数字化的系数仍显著为正，国外数字化的系数仍显著为负。

表5-6　基准回归模型回归结果（区分投入来源）

	DVAR	*DVAR*	*GVCpt_pos*	*GVCpt_pos*	*GVC_inx*	*GVC_inx*
	（1）	（2）	（3）	（4）	（5）	（6）
LDig_d	0.036 ***	0.026 ***	0.098 ***	0.084 ***	0.060 ***	0.054 ***
	（10.272）	（8.725）	（5.621）	（4.486）	（5.408）	（4.568）
LDig_f	−0.026 ***	−0.020 ***	−0.042 ***	−0.039 ***	−0.026 **	−0.024 **
	（−8.973）	（−7.375）	（−2.706）	（−2.590）	（−2.532）	（−2.429）
HR	—	0.027 ***	—	0.190 ***	—	0.128 ***
		（3.008）		（2.698）		（2.610）
Open	—	−0.069 ***	—	0.166 ***	—	0.108 ***
		（−7.591）		（2.945）		（3.119）
EXOW	—	−0.276 ***	—	1.592 ***	—	1.517 ***
		（−3.114）		（2.724）		（3.479）
LNPG	—	0.061 ***	—	−0.041	—	−0.054
		（7.684）		（−0.543）		（−1.011）
RCA_f	—	0.020 ***	—	0.160 ***	—	0.106 ***
		（6.074）		（7.505）		（7.603）
Serv	—	0.046 ***	—	0.097 ***	—	0.041 *
		（9.159）		（2.941）		（1.951）
Melt	—	0.129 ***	—	0.129	—	0.059
		（3.020）		（0.332）		（0.227）
RD	—	0.007	—	0.178 ***	—	0.112 ***
		（1.314）		（4.677）		（4.908）

	DVAR	DVAR	GVCpt_pos	GVCpt_pos	GVC_inx	GVC_inx
	(1)	(2)	(3)	(4)	(5)	(6)
Constant	0.713***	0.148*	-0.058	0.432	-0.044	0.494
	(35.822)	(1.797)	(-0.524)	(0.514)	(-0.635)	(0.842)
N	14100	14100	14100	14100	14100	14100
R^2	0.336	0.448	0.070	0.148	0.072	0.148
F	86.01	98.83	17.70	20.19	17.42	18.86
控制变量	否	是	否	是	否	是
时间	控制	控制	控制	控制	控制	控制
国家—产业	控制	控制	控制	控制	控制	控制

注：（　）中为 t 值，根据聚类稳健标准误计算；***、**和*分别代表1%、5%和10%的显著性水平。

以下讨论表5-6中关于控制变量的影响：列（2）的结果显示，人力资本、经济发展水平、产业国际竞争力、产业服务化水平和自然资源禀赋的系数显著为正，研发强度的系数为正但不显著。反映出人力资本、经济水平越高，越有利于提高出口中的国内增加值含量；产业国际竞争力、产业服务化水平和自然资源禀赋的系数显著为正，与已有研究结论一致。贸易开放度和行业出口规模对出口国内附加值率的影响显著为负，显示一个国家的开放度越高或某国家—行业出口在全球该行业出口的占比越高，出口中的国内附加值占比相对会降低，这也从侧面反映了国内增加值含量提升与贸易总量提升是不同步的。随着贸易总量占比的上升，各行业会较多地利用国外的增加值含量。这也侧面验证了跨国分工的重要性，意味着更加开放的国家在生产出口品时会对进口中间品依赖更多，因此 DVAR 更低（苏庆义，2016）。另外，这也与既往研究结论一致，对外依存度的系数为负可能是由于对外依存度的提高对参与 GVC 分工的消极影响超过了积极影响（余海燕和沈桂龙，2020）。列（4）的结果显示，人力资本、贸易开放度、产业出口规模、产业国际竞争力、产业服务化水平和研发强度的系数显著为正，经济发展水平和自然资源禀赋的影响不显著。与影响出口国内附加值率不同，研发支出对上游度指数有显著的正向影响，贸易开放度和产业出口规模也有显著的促进作用。

以上结果验证了制造业数字化能够促进全球价值链分工地位提升。同时，也验证了不同投入来源的制造业数字化对全球价值链分工地位提升的影响是不同的，且源自国内的制造业数字化水平提升对全球价值链分工地位提升有显著的正向促进作用、源自国外的制造业数字化水平提升对全球价值链分工地位提升有显著的负向抑制作用，从而验证了假设 1a。以上结果也反映出，重视不同数字化投入来源的影响是探索提升全球价值链分工地位的有效路径。依赖国际数字产业资源既不利于数字经济背景下制造业高质量发展，也不利于本国数字产业核心技术的快速发展。只有掌握核心技术、实现数字产业链供应链的"自主可控"，才能把握数字创新驱动经济发展的主动权，为经济高质量发展赋能。

四、稳健性检验及内生性检验

为了检验数字化以及区分投入来源的数字化对全球价值链分工地位影响结论的可靠性，以下将在基准回归模型的基础上做稳健性检验和内生性检验。

（一）稳健性检验

1. 缩尾处理异常值

参考范兆娟和艾玮炜（2022）的做法，为防止异常值影响研究结果，本部分对所有连续型变量进行了上下 5% 的 winsor2 缩尾处理，回归结果如表 5-7 中的列（1）至列（6）所示。

表 5-7 中列（1）至列（3）为以数字化作为解释变量，分别以出口国内附加值率、上游度指数、GVC 分工地位综合指数为被解释变量的回归结果。研究结果表明，对连续型变量进行 5% 缩尾处理后数字化对全球价值链分工地位提升仍具有显著的促进作用。列（4）至列（6）为区分数字化投入来源，以国内数字化和国外数字化为解释变量，并以出口国内附加值率、上游度指数、GVC 分工地位综合指数为被解释变量的回归结果。

表 5-7　基准回归模型稳健性检验回归结果

	缩尾处理异常值						替换被解释变量			
	(1)	(2)	(3)	(4)	(5)	(6)	(7)	(8)	(9)	(10)
LDig	0.011***	0.054***	0.038***	—	—	—	0.009**	0.013***	—	—
	(2.806)	(2.780)	(3.218)				(1.988)	(2.993)		
LDig_d	—	—	—	0.027***	0.067***	0.039***	—	—	0.012***	0.023***
				(8.262)	(4.086)	(3.719)			(3.283)	(6.515)
LDig_f	—	—	—	-0.019***	-0.013	-0.005	—	—	-0.003	-0.015***
				(-6.457)	(-0.911)	(-0.538)			(-0.910)	(-4.758)
HR	0.024**	0.101	0.057	0.026***	0.102	0.057	0.022*	0.013	0.023*	0.015
	(2.396)	(1.553)	(1.313)	(2.650)	(1.558)	(1.295)	(1.706)	(1.309)	(1.726)	(1.487)
Open	-0.078***	0.097*	0.059*	-0.065***	0.119**	0.070**	0.020*	-0.087***	0.025**	-0.076***
	(-8.813)	(1.893)	(1.874)	(-7.011)	(2.279)	(2.212)	(1.757)	(-9.558)	(2.061)	(-7.911)
EXOW	-0.125	2.346**	2.173**	-0.241*	2.235**	2.128***	0.388**	-0.863***	0.365*	-0.952***
	(-0.909)	(2.647)	(3.485)	(-1.814)	(2.513)	(3.411)	(1.981)	(-4.567)	(1.844)	(-5.130)
LNPG	0.040***	0.066	0.027	0.039***	0.067	0.026	0.019	0.055***	0.019	0.053***
	(4.680)	(1.005)	(0.605)	(4.770)	(1.023)	(0.594)	(1.408)	(5.179)	(1.429)	(5.115)
RCA_f	0.022***	0.195***	0.116***	0.021***	0.194***	0.115***	0.044***	0.009**	0.044***	0.009**
	(5.906)	(7.497)	(6.808)	(5.875)	(7.480)	(6.779)	(8.482)	(2.207)	(8.468)	(2.158)

续表

| | 缩尾处理异常值 | | | | | | 替换被解释变量 | | | |
	(1)	(2)	(3)	(4)	(5)	(6)	(7)	(8)	(9)	(10)
Serv	0.054***	0.134***	0.071***	0.048***	0.125***	0.067***	0.038***	0.045***	0.037***	0.041***
	(10.495)	(5.155)	(4.123)	(9.851)	(4.893)	(3.947)	(6.952)	(9.145)	(6.711)	(8.384)
Melt	−0.082	0.032	0.046	−0.007	0.131	0.093	−0.052	−0.080	−0.032	−0.022
	(−1.377)	(0.069)	(0.144)	(−0.127)	(0.274)	(0.290)	(−0.565)	(−0.884)	(−0.353)	(−0.241)
RD	−0.012**	0.125***	0.077***	−0.013**	0.122***	0.075***	0.025***	−0.004	0.024***	−0.005
	(−2.207)	(3.469)	(3.275)	(−2.482)	(3.384)	(3.205)	(3.044)	(−0.737)	(2.967)	(−0.903)
Constant	0.322***	−0.527	−0.194	0.281***	−0.562	−0.210	−0.139	0.244**	−0.147	0.212*
	(3.514)	(−0.722)	(−0.394)	(3.200)	(−0.775)	(−0.429)	(−0.943)	(2.181)	(−0.996)	(1.927)
N	14100	14100	14100	14100	14100	14100	14100	14100	14100	14100
R^2	0.392	0.149	0.143	0.424	0.152	0.144	0.144	0.390	0.147	0.405
F	71.69	22.63	19.11	73.89	22.70	18.82	23.09	76.75	22.77	76.55
控制变量	是	是	是	是	是	是	是	是	是	是
时间	控制	控制	控制	控制	控制	控制	控制	控制	控制	控制
国家—行业	控制	控制	控制	控制	控制	控制	控制	控制	控制	控制

注：（ ）中为 t 值，根据聚类稳健标准误计算；***、** 和 * 分别代表 1%、5% 和 10% 的显著性水平。

研究结果表明，对连续型变量进行5%缩尾处理后不会影响国内数字化对全球价值链分工地位提升的显著促进作用和国外数字化的抑制作用，进一步表明了基准回归结果的稳健性。

2. 替换被解释变量

（1）构建新的上游度指数。借鉴 Koopman 等（2010）构建的 GVC 分工位置指数的表达方式，参照徐小锋（2021）的表达，构建新的上游度指数如下：

$$GVCpt\_pos1 = Ln(1+GVCPt\_f) - Ln(1+GVCPt\_b) \qquad (5-6)$$

（2）构建新的 GVC 分工地位综合指数。Wang 等（2017b）提出全球价值链中的平均生产线位置可以定义为两个生产长度的比值：

$$GVC\_pos = \frac{PLv\_GVC}{[PLy\_GVC]} = \frac{Xv\_GVC}{V\_GVC} \bigg/ \frac{Xy\_GVC}{Y\_GVC}$$

$$= \frac{\hat{V}LLA^{F}BY + \hat{V}LA^{F}BBY}{\hat{V}LA^{F}BY} \bigg/ \frac{VLLA^{F}B\hat{Y} + VLA^{F}BB\hat{Y}}{VLA^{F}B\hat{Y}} \qquad (5-7)$$

其中，假设有 G 个国家和 N 个产业，V_a 为增加值矩阵（$1 \times GN$ 行向量）；X 为总产出矩阵（$GN \times 1$ 列向量）；$V = V_a\hat{X}$ 为增加值系数矩阵（$1 \times GN$ 行向量）；$\hat{V}$ 为对角阵（$GN \times GN$ 矩阵，向量 V 的各元素在对角线上）；$L = (I-A^D)^{-1}$ 为局部 Leontief 逆矩阵（$GN \times GN$ 矩阵）；A^D 为局部投入产出系数，A^F 为跨国投入产出系数，A 为全球投入产出系数，$A^D + A^F = A$；$B = (I-A)^{-1}$ 为全球 Leontief 逆矩阵（$GN \times GN$ 矩阵）；Y 为最终产品需求矩阵（$GN \times 1$ 列向量）；$\hat{Y}$ 为对角阵（$GN \times GN$ 矩阵，产出向量 Y 的各元素在对角线上）；PLv_GVC 为基于前向关联（到链条末端）的平均生产长度，是全球价值链相关的国内增加值与其诱导的总产值之比；PLy_GVC 为基于后向关联（到链条起点）的平均生产长度，是全球价值链相关的国外增加值与其诱导的总产出之比，它衡量了中间进口所包含的外国增值的平均生产时间，从它们第一次作为主要投入使用，直到它们最终被吸收为某一国家的最终产品生产（供国内使用或出口）。

该 GVC_pos 指数是一种相对测度，能够反映该国家—部门在全球价值链中的相对上游度。这个指标的优点是：①基于 GVC 生产长度而不是总生产长度来测算生产中的相对位置。因为基于总生产长度的位置指数衡量一个国家作为一个整体的生产，其中纯国内生产活动大多会占主导地位，而全球价值链位置指数只关注跨国生产活动。②仅使用基于向后或向前连接的生产长度并不能说明国家/部门在生产线中的相对位置，因为在生产过程的中间阶段，其到生产线两端的向前和向后长度可能相对较短或更长（Wang 等，2017b）。

采用 *GVC_pos* 来代替本部分计算的 *GVCpt_pos* 从而构建新的 GVC 分工地位综合指数 *GVC_inx*1：

$$GVC\_inx1 = DVAR \times GVC\_pos = DVAR \times \frac{PLv\_GVC}{[PLy\_GVC]}, \qquad (5-8)$$

在对连续变量进行缩尾处理的基础上，替换回归模式（5-1）、回归模式（5-2）中的被解释变量为新的上游度指数（*GVCpt_pos*1）和新的 GVC 分工地位综合指数（*GVC_inx*1），回归结果如表 5-7 中的列（7）至列（10）所示。其中，列（7）、列（9）的被解释变量为新的上游度指数（*GVCpt_pos*1），列（8）、列（10）的被解释变量为新的 GVC 分工地位综合指数（*GVC_inx*1）。结果表明，数字化对全球价值链分工地位提升仍表现出显著的促进作用，其中，国内数字化同样表现出显著的促进作用，国外数字化表现出抑制作用，从而验证了回归结果的稳健性。

（二）内生性检验

"内生性"（Endogeneity）是实证研究中的常见问题，主要来源于遗漏重要解释变量偏差、主要解释变量同被解释变量之间的双向因果关系和测量误差偏差。对于第一个来源，本书在基准回归模型中尽可能控制了影响全球价值链分工地位的各种因素，并且使用了双向固定效应模型，控制了个体与时间趋势，在一定程度上可以缓解由于遗漏变量引起的内生性问题。但制造业数字化与全球价值链分工地位之间可能存在双向的因果关系，全球价值链分工地位提升可以增强产业的国际竞争力，从而也可能会加速产业数字化进程。当模型中一些变量是内生变量时，普通面板回归结果是有偏的。文献中常用工具变量法来解决内生性的问题。本文参考范兆娟和艾玮炜（2022）的做法，采用国内数字化、国外数字化的滞后一期分别作为工具变量，运用两阶段最小二乘法进一步检验国内数字化和国外数字化对全球价值链分工地位的影响。估计结果如表5-8所示。

表5-8　内生性检验回归结果（区分投入来源）

变量	2SLS 1st−stage	2SLS 2nd−stage	2SLS 2nd−stage	2SLS 2nd−stage	2SLS 1st−stage	2SLS 2nd−stage	2SLS 2nd−stage	2SLS 2nd−stage
	（1）	（2）	（3）	（4）	（5）	（6）	（7）	（8）
l. LDig_d	0.628*** (12.632)	—	—	—	—	—	—	—
l. LDig_f	—	—	—	—	0.672*** (13.239)	—	—	—
LDig_d	—	0.029*** (7.263)	0.109*** (4.117)	0.078*** (4.713)	0.204*** (3.596)	0.024*** (7.999)	0.087*** (4.634)	0.055*** (4.525)
LDig_f	0.168*** (3.193)	−0.020*** (−7.572)	−0.047*** (−3.099)	−0.032*** (−3.120)	—	−0.015*** (−4.299)	−0.037 (−1.601)	−0.021 (−1.413)
HR	−0.096*** (−2.859)	0.029*** (3.167)	0.195*** (2.711)	0.129** (2.556)	0.103** (2.452)	0.027*** (2.981)	0.190*** (2.648)	0.123** (2.446)
Open	−0.188*** (−3.628)	−0.069*** (−7.268)	0.168*** (3.031)	0.109*** (3.140)	0.199*** (4.427)	−0.072*** (−7.439)	0.158*** (2.839)	0.098*** (2.796)
EXOW	0.237 (0.686)	−0.319*** (−3.631)	1.734*** (2.961)	1.605*** (3.647)	−0.892** (−2.458)	−0.306*** (−3.442)	1.756*** (3.018)	1.630*** (3.747)
LNPG	0.034 (0.684)	0.069*** (8.358)	−0.075 (−0.977)	−0.080 (−1.471)	−0.149*** (−3.769)	0.070*** (8.427)	−0.073 (−0.939)	−0.078 (−1.408)
RCA_f	−0.006 (−0.388)	0.022*** (6.351)	0.156*** (7.471)	0.102*** (7.309)	0.000 (0.010)	0.022*** (6.395)	0.156*** (7.470)	0.102*** (7.350)
Serv	0.202*** (6.692)	0.045*** (8.616)	0.093*** (2.716)	0.036* (1.647)	−0.066*** (−2.162)	0.047*** (9.415)	0.100*** (3.023)	0.043** (2.044)
Melt	−1.015*** (−4.199)	0.121*** (2.875)	0.104 (0.268)	0.045 (0.173)	1.180*** (4.836)	0.107** (2.533)	0.061 (0.158)	−0.001 (−0.005)
RD	0.001 (0.065)	0.008 (1.508)	0.154*** (4.072)	0.099*** (4.162)	−0.014 (−0.795)	0.008 (1.548)	0.157*** (4.149)	0.102*** (4.254)
Kleibergen− Paap rk LM		137.042 [0.000]	137.042 [0.000]	137.042 [0.000]	—	144.891 [0.000]	144.891 [0.000]	144.891 [0.000]

变量	2SLS	2SLS	2SLS	2SLS	2SLS	2SLS	2SLS	2SLS
	1st–stage	2nd–stage	2nd–stage	2nd–stage	1st–stage	2nd–stage	2nd–stage	2nd–stage
	(1)	(2)	(3)	(4)	(5)	(6)	(7)	(8)
Kleibergen–Paap Wald rk F	159. 574 {16. 38}	159. 574 {16. 38}	159. 574 {16. 38}		—	175. 260 {16. 38}	175. 260 {16. 38}	175. 260 {16. 38}
Endogeneity test		1. 836 [0. 175]	2. 263 [0. 133]	6. 504 [0. 011]	—	6. 285 [0. 012]	0. 131 [0. 717]	0. 369 [0. 544]
R^2		0. 264	0. 096	0. 089	—	0. 264	0. 097	0. 090

注：（ ）中为 t 值，根据聚类稳健标准误计算；［ ］中为 P 值；{ } 中为 Stock–Yogo 检验 10%水平上的临界值；***、**和*分别代表 1%、5%和 10%的显著性水平。

表 5-8 中列（1）至列（4）为检验国内数字化的内生性并进行处理的结果。其中，列（1）为将国内数字化的滞后一期作为其工具变量的第一阶段最小二乘法的结果。结果显示，国内数字化的滞后一期对当期有显著的正向影响，且在 1%水平上显著为正，表明国内数字化一阶滞后项与当期国内数字化水平正相关。列（2）至列（4）分别为以出口国内附加值率、上游度指数和 GVC 分工地位综合指数为被解释变量的两阶段最小二乘法的结果。Endogeneity test 结果显示，国内数字化不是出口国内附加值率和上游度指数的内生变量，是 GVC 分工地位综合指数的内生变量。

表 5-8 中列（5）至列（8）为检验国外数字化的内生性并进行处理的结果。其中，列（5）为将国外数字化的滞后一期作为其工具变量的第一阶段最小二乘法的结果。结果显示，国外数字化的滞后一期对当期有显著的正向影响，且在 1%水平上显著为正，表明国外数字化一阶滞后项与当期国外数字化水平正相关。列（6）至列（8）分别为以出口国内附加值率、上游度指数、GVC 分工地位综合指数为被解释变量的两阶段最小二乘法的结果。Endogeneity test 结果显示，国外数字化不是上游度指数和 GVC 分工地位综合指数的内生变量，是出口国内附加值率的内生变量。

为验证工具变量的有效性，本部分对工具变量分别进行识别不足和弱工具变量检验。Kleibergen-Paap rk LM 统计量在 1%水平上显著，从而拒绝了"工具变量识别不足"的原假设；Kleibergen-Paap Wald rk F 统计量均大于 Stock-Yogo weak ID test 10%水平上的工具变量临界值，拒绝"存在弱工具变量"的假设，充分表明选取的工具变量是合理有效的。内生性处理结果表明，国内数字化和国外数字化的系数符号均没有发生改变且都是显著的。因此，在考虑了模型潜在的内生性后，进一步证实了前述研究结论。

第二节 异质性分析

一、制造业技术类别异质性

基于总体样本的检验有可能会掩盖技术特性带来的差异。各行业的技术特征不同，会导致其在数字资源积累、开发利用路径、可交易性上存在明显差异，从而使产业链上各环节的数字化转型速度不同（杨丹辉，2022）。因此，本节参照尹伟华（2017）的做法，根据经济合作与发展组织（OECD）按照《欧盟经济活动分类统计标准（第一版）》（NACE1）进行的统计分类，将 WIOD 中的制造业划分为高技术、中高技术、中低技术和低技术制造业四大类。本章样本中的制造业仅涉及中高技术、中低技术和低技术[①]，考察各不同技术类别制造业数字化对全球价值链分工地位的影响，结果如表 5-9 所示。

---

① 低技术制造业包括：C10_C12 食品制造、饮料和烟草业；C13_C15 纺织、服装、皮革和鞋类制品的制造；C16 木材、木材制品和软木制品的制造；C17 纸和纸制品的制造；C18 记录媒介物的印制及复制。中低技术制造业包括：C19 焦炭和精炼石油产品的制造；C22 橡胶和塑料制品的制造；C23 其他非金属矿物制品的制造；C24 基本金属的制造；C25 金属制品的制造。中高技术制造业包括：C20 化学及化学制品的制造；C21 医药、药用化学和植物产品；C27 电力设备的制造；C28 未另分类的机械和设备的制造；C29 汽车、拖车和半挂车的制造；C30 其他运输设备的制造；C31_C32 家具及其他制造业。

制造业数字化对全球价值链分工地位的影响研究

表 5-9 制造业技术类别异质性影响回归结果

		DVAR			GVCpt_pos			GVC_inx		
		(1)	(2)	(3)	(4)	(5)	(6)	(7)	(8)	(9)
中高技术制造业	LDig_d	0.017*** (3.956)	—	—	0.071** (2.355)	—	—	0.048** (2.580)	—	—
	LDig_f	-0.016*** (-3.959)	—	—	-0.050** (-2.187)	—	—	-0.028* (-1.878)	—	—
中低技术制造业	LDig_d	—	0.033*** (5.522)	—	—	0.075*** (3.376)	—	—	0.042*** (2.937)	—
	LDig_f	—	-0.016*** (-3.168)	—	—	0.008 (0.268)	—	—	-0.005 (-0.243)	—
低技术制造业	LDig_d	—	—	0.033*** (8.600)	—	—	0.100*** (3.170)	—	—	0.067*** (2.872)
	LDig_f	—	—	-0.032*** (-9.669)	—	—	-0.085*** (-3.212)	—	—	-0.045*** (-2.625)
HR		0.010 (0.772)	0.036 (1.775)	0.040*** (4.344)	0.287** (2.238)	0.044 (0.378)	0.184* (1.718)	0.180* (1.965)	0.038 (0.521)	0.141* (1.789)
Open		-0.082*** (-5.132)	-0.066*** (-3.997)	-0.064*** (-5.029)	0.129 (1.421)	0.167* (1.696)	0.215** (2.236)	0.082 (1.567)	0.111* (1.861)	0.141** (2.140)
EXOW		-0.334** (-2.324)	-0.536*** (-2.780)	-0.081 (-0.770)	0.814 (0.884)	2.126 (1.600)	1.720* (1.944)	1.051 (1.426)	1.885* (1.928)	1.535** (2.403)

续表

	DVAR			GVCpt_pos			GVC_inx		
	(1)	(2)	(3)	(4)	(5)	(6)	(7)	(8)	(9)
$LNPG$	0.051***	0.087***	0.048***	-0.068	-0.115	0.085	-0.067	-0.099	0.021
	(3.901)	(5.389)	(4.599)	(-0.516)	(-0.869)	(0.671)	(-0.739)	(-1.084)	(0.220)
RCA_f	0.029***	0.028***	0.007**	0.162***	0.187***	0.157***	0.106***	0.106***	0.121***
	(7.803)	(3.602)	(2.289)	(4.647)	(4.908)	(4.368)	(4.407)	(4.486)	(4.698)
$Serv$	0.046***	0.052***	0.031***	0.054	0.102**	0.139***	0.015	0.048	0.063*
	(5.026)	(5.068)	(4.744)	(0.929)	(2.142)	(2.932)	(0.415)	(1.515)	(1.943)
$Melt$	0.009	0.221***	0.231***	0.550	-0.502	0.265	0.321	-0.402	0.181
	(0.149)	(2.715)	(3.446)	(0.786)	(-0.783)	(0.440)	(0.669)	(-1.031)	(0.441)
RD	0.010	0.024**	-0.014*	0.193***	0.228***	0.113*	0.125***	0.124***	0.088**
	(1.148)	(2.456)	(-1.963)	(2.986)	(3.425)	(1.842)	(3.245)	(3.151)	(2.215)
$Constant$	0.279**	-0.027	0.129	0.376	2.189	-1.466	0.470	1.468	-0.624
	(2.017)	(-0.159)	(1.219)	(0.253)	(1.512)	(-1.037)	(0.463)	(1.507)	(-0.593)
N	5800	4140	4160	5800	4140	4160	5800	4140	4160
R^2	0.407	0.507	0.529	0.104	0.204	0.227	0.113	0.148	0.246
F	47.85	34.80	43.04	8.69	12.35	11.95	7.85	8.88	12.09
控制变量	是	是	是	是	是	是	是	是	是
时间	控制	控制	控制	控制	控制	控制	控制	控制	控制
国家—行业	控制	控制	控制	控制	控制	控制	控制	控制	控制

注：（ ）中为 t 值，根据聚类稳健标准误计算；***，**和*分别代表 1%、5%和 10%的显著性水平。

表5-9中列（1）至列（3）为各不同技术类别制造业数字化对出口国内附加值率的影响，国内数字化的影响均在1%水平上显著为正，国外数字化的影响均在1%水平上显著为负。但回归系数存在一定差异，中低技术制造业和低技术制造业国内数字化的系数为0.033，中高技术制造业国内数字化的系数为0.017，小于中低技术制造业和低技术制造业的系数，反映出中低及低技术制造业应用数字化的边际效应更大；国外数字化的影响程度也不同，低技术制造业国外数字化的抑制作用最大（-0.032），高于中低和中高技术制造业国外数字化的抑制作用（-0.016）。以上结果均表明，低技术制造业应用数字技术来提高出口国内附加值率的边际效应较大。

表5-9中列（4）至列（6）为各不同技术类别制造业数字化对上游度指数的影响。从国内数字化的系数来看，低技术制造业国内数字化的系数最大（0.100），中低技术制造业的系数次之（0.075），中高技术制造业的国内数字化系数最小（0.071）；同时，低技术制造业国外数字化的系数绝对值最大（0.085），中高技术制造业的绝对值次之（0.050），中低技术制造业国外数字化对上游度指数的影响不显著。列（7）至列（9）为各不同技术类别制造业的数字化对GVC分工地位综合指数的影响，同样显示出低技术制造业数字化的边际效应最强。

以上结果表明，低技术制造业的数字化促进全球价值链分工地位提升的积极效应大于中低技术和中高技术制造业。主要原因可能包括：一方面，由于数字技术的应用，使原本效率较低的生产环节由于生产效率提升而获得更多的收益分配，因此低技术制造业能够获得更多的收益分配。另一方面，低技术制造业由于技术简单，技术门槛和数字化成本较低，在研发、生产过程中更容易与数字技术融合，通过生产自动化、数据收集、存储和诊断来降低生产成本、提高劳动生产率，从而对GVC分工地位产生促进作用。但同时，以上结果也从侧面反映出技术能力相对较高的制造业并没有发挥其创新能力和人力资本的优势，对数字技术的应用、数据资源价值的挖掘能力优势未能显现出来，从而数字化转型促进GVC分工地位提升的效果不如低技术制造业。上述实证分析结果提示，各国制造业在重视国内数字化应用过程的同时，一方面，要加大对低技术制造业的数字技术供给和数字化支持力度，在满足低技术制造业数字化需求的同时加速提高全球价值链分工地位；另一方面，要重视中高技术和中低技术制造业数字化效应的发挥，充分利用本行业的技术优势和人力资源优势，提升对数字技术的应用能力和对数据资源的价值挖掘能力。Ozawa（2005）指出，产业发展阶段包括资源禀赋驱动阶段、规模经济驱动阶段、流水线驱动阶段、研发驱动阶段和互联网驱动阶段，不同的发展阶段所需的要素水平和结构是不同的，只有重视人力资本的作用，塑造与技术匹配的高端人力资本的竞争优势，是符合产业结构内生变迁的需要。因此，在数字经济时代，更要重视与技术匹配的既熟悉业务又精通数字技术应用的复合型人才的培养，通过更好地发挥人力资本的作用来提升产业竞争力。

二、时期异质性

受金融危机的影响，全球的贸易环境发生了巨大变化。为了考察制造业数字化对全球价值链分工地位的影响是否在金融危机前后有所变化，本章以 2008 年为分界点，把样本分为 2000~2007 年及 2008~2019 年两个时间段，考察制造业数字化对全球价值链分工地位影响的时期异质性，回归结果如表 5-10 所示。

表 5-10　时期异质性影响回归结果

		DVAR		GVCpt_pos		GVC_inx	
		（1）	（2）	（3）	（4）	（5）	（6）
2000~ 2007 年	LDig_d	0.021 ***	—	0.004	—	0.001	—
		（5.249）		（0.144）		（0.029）	
	LDig_f	-0.018 ***	—	0.018	—	0.005	—
		（-3.619）		（0.612）		（0.258）	
2008~ 2019 年	LDig_d	—	0.028 ***	—	0.087 ***	—	0.049 ***
			（8.376）		（4.858）		（4.298）
	LDig_f	—	-0.018 ***	—	-0.037 **	—	-0.024 *
			（-6.894）		（-2.001）		（-1.772）

续表

	DVAR		GVCpt_pos		GVC_inx	
	（1）	（2）	（3）	（4）	（5）	（6）
N	5640	8460	5640	8460	5640	8460
R^2	0.455	0.338	0.112	0.119	0.122	0.111
F	71.38	91.42	11.06	17.62	11.58	15.12
控制变量	是	是	是	是	是	是
时间	控制	控制	控制	控制	控制	控制
国家—行业	控制	控制	控制	控制	控制	控制

注：（　）中为 t 值，根据聚类稳健标准误计算；＊＊＊、＊＊和＊分别代表1%、5%和10%的显著性水平。

表5-10中列（1）和列（2）为以出口国内附加值率为被解释变量的结果，列（3）和列（4）为以上游度指数为被解释变量的结果，列（5）和列（6）为以 GVC 分工地位综合指数为被解释变量的结果。通过观察以上回归结果，可以看出：①在源自国内数字化的影响方面。明显看出，2008 年后国内数字化对提升全球价值链分工地位的作用有显著增强，对出口国内附加值率的影响由 0.021 上升至 0.028，且均在 1% 水平上显著；对上游度指数的影响由 2008 年之前的不显著（0.004），变为 2008 年之后在 1% 水平上显著的促进作用（0.087）；对 GVC 分工地位综合指数的影响由 2008 年之前的不显著（0.001），变为 2008 年之后在 1% 水平上显著的促进作用（0.049）。②在源自国外数字化的影响方面。国外数字化对出口国内附加值率的影响在 2008 年之前和 2008 年之后相同。国外数字化对上游度指数和 GVC 分工地位综合指数均表现为在 2008 年之前没有显著影响（0.018 和 0.005），2008 年后在 1% 水平上有显著的抑制作用（-0.037 和-0.024）。以上结果反映出，在国际金融市场及贸易环境不稳定的情况下，随着新一代信息技术的发展、全球化的不断推进，各行业国内数字化对全球价值链分工地位提升的积极影响逐步显现。但同时，随着国际化的逐步推进，各国对国际数字产业资源的依赖程度逐步提高，国外数字化对全球价值链分工地位的抑制作用也逐渐显著。全球价值链重构是价值和经

济利益在价值链中的各环节进行重新分配的过程，同时还伴随着竞争格局发生结构性的变化（毛蕴诗等，2015）。各产业应抓住新一轮科技革命和产业变革所带来的机遇，努力在竞争格局变化中进行升级，提高价值增值能力。

三、国家异质性

不同国家的资源条件和财富差异不同，对数字技术的应用和数据资源价值挖掘的能力不同，都可能会影响数字化应用的效果，进而表现为不同国家制造业数字化对全球价值链分工地位影响的差异。世界银行根据人均国民收入对国家收入类别进行了划分①，其中人均国民收入在 1086~4255 美元的国家为中低等收入国家，人均国民收入在 4256~13205 美元的国家为中高等收入国家，人均国民收入大于 13205 美元的国家为高等收入国家。根据世界银行的数据，本书所研究的 42 个国家包括 34 个高收入国家和 8 个中等（中高、中低）收入国家，8 个中等收入国家分别是土耳其、中国、俄罗斯、墨西哥、巴西、保加利亚、印度尼西亚、印度。以下分别对高等收入国家和中等收入国家进行回归分析，具体结果如表 5-11所示。

表 5-11　国家异质性影响回归结果

		DVAR		GVCpt_pos		GVC_inx	
		(1)	(2)	(3)	(4)	(5)	(6)
高等收入国家	LDig_d	0.025 ***	—	0.103 ***	—	0.067 ***	—
		(6.947)		(4.438)		(4.633)	
	LDig_f	-0.021 ***	—	-0.041 **	—	-0.026 **	—
		(-6.720)		(-2.282)		(-2.252)	

①　资料来源：https://datahelpdesk.worldbank.org/knowledgebase/articles/906519 - world - bank-country-and-lending-groups? continueFlag = 27eba7be4bc4cfa6dd535e605d6ed422。

续表

		DVAR		GVCpt_pos		GVC_inx	
		(1)	(2)	(3)	(4)	(5)	(6)
中等收入国家	LDig_d	—	0.017***	—	0.037	—	0.016
			(3.871)		(1.179)		(0.783)
	LDig_f	—	-0.011***	—	0.000	—	0.007
			(-2.807)		(-0.010)		(0.349)
N		11500	2600	11500	2600	11500	2600
R^2		0.466	0.485	0.142	0.290	0.139	0.289
F		88.42	64.30	16.51	17.29	14.59	17.48
控制变量		是	是	是	是	是	是
时间		控制	控制	控制	控制	控制	控制
国家—行业		控制	控制	控制	控制	控制	控制

注:( )中为 t 值,根据聚类稳健标准误计算;***、**和*分别代表1%、5%和10%的显著性水平。

表5-11中列(1)和列(2)为以出口国内附加值率为被解释变量的结果,列(3)和列(4)为以上游度指数为被解释变量的结果,列(5)和列(6)为以 GVC 分工地位综合指数为被解释变量的结果。以上回归结果显示:①在源自国内数字化的影响方面。高等收入国家和中等收入国家的国内数字化对出口国内附加值率、上游度指数和 GVC 分工地位综合指数的影响系数均为正,且高等收入国家的系数要大于中等收入国家的系数,同时,中等收入国家国内数字化对上游度指数和 GVC 分工地位综合指数的影响不显著。②在源自国外数字化的影响方面。高等收入国家国外数字化对出口国内附加值率、上游度指数和 GVC 分工地位综合指数的影响系数均显著为负,且高等收入国家国外数字化的影响(系数的绝对值)要大于中等收入国家。

上述结果反映出高等收入国家制造业数字化的影响效应要高于中等收入国家。主要原因在于:首先,随着数据日益成为关键的生产要素,传统生产要素在生产投入中的比重减少,生产函数的组合随之发生改变,投入要素的改变意味着各经济体的要素禀赋优势发生改变,拥有高级生产要素的地区的产业竞争力更强（李晓华，2021a）。高等收入国家由于经济水平较高、数字技术先进、人力资源丰富，拥有的高级生产要素较多，获取数据和应用数据的能力较强，从而能充分发挥数字技术改变国家比较优势。禀赋结构与生产结构之间相辅相成能够推动劳动生产率不断提高（付才辉，2017）。因此，对数据要素禀赋较多的国家和行业更能发挥其比较优势逐步实现自身的快速发展。而一些不发达国家实现数字化转型困难重重，基础设施的落后、数字鸿沟的存在，导致发展中国家的实体经济难以发生革命性的变化，在国际分工中被边缘化的风险增加。其次，数字产品嵌入全球价值链，改变了全球价值创造模式和收入分配格局，由于数字经济带来的增加值利润向上游和下游集聚（徐金海和夏杰长，2020），价值链中低端生产制造环节的企业受到来自上下游的挤压效应，增值空间被不断压缩。最后，"逆全球化"对全球价值链的分工范式和贸易的稳定性都构成了严峻挑战，尤其是在新工业革命初期，技术对全球化产生的"反噬效应"明显（渠慎宁和杨丹辉，2022）。

在中等收入国家中，为了防止中国超大规模市场对回归结果的影响，以下不考虑中国的数据重新进行回归，结果如表5-12所示。中等收入国家的回归系数并没有发生明显变化，且高等收入国家和中等收入国家的异质性也未发生明显改变，之前的结果仍然成立。

表5-12　国家异质性影响回归结果（不含中国数据）

		DVAR		GVCpt_pos		GVC_inx	
		（1）	（2）	（3）	（4）	（5）	（6）
高等收入国家	LDig_d	0.025*** (6.947)	—	0.103*** (4.438)	—	0.067*** (4.633)	—
	LDig_f	-0.021*** (-6.720)	—	-0.041** (-2.282)	—	-0.026** (-2.252)	—
中等收入国家	LDig_d	—	0.016*** (3.243)	—	0.028 (0.786)	—	0.015 (0.623)
	LDig_f	—	-0.012*** (-2.723)	—	0.010 (0.333)	—	0.017 (0.825)

	DVAR		GVCpt_pos		GVC_inx	
	（1）	（2）	（3）	（4）	（5）	（6）
N	11500	2260	11500	2260	11500	2260
R^2	0.466	0.487	0.142	0.320	0.139	0.321
F	88.42	54.29	16.51	16.86	14.59	17.06
控制变量	是	是	是	是	是	是
时间	控制	控制	控制	控制	控制	控制
国家—行业	控制	控制	控制	控制	控制	控制

注：（ ）中为 t 值，根据聚类稳健标准误计算；＊＊＊、＊＊和＊分别代表1%、5%和10%的显著性水平。

四、与技术前沿距离异质性

虽然科技革命给发展中国家带来了一些不利影响，但全球价值链同时也为发展中国家参与全球经济提供了一块跳板。得益于数字技术的渗透，原材料、生产、销售及服务等网络将逐步完善，全球辐射能力逐步增强，有利于全面推动发展中国家开放新格局的形成。在对外部干扰的自适应过程中，发展中国家应把握好有利的机遇，充分应用数字化技术驱动产业升级，打破低端锁定困局，实现向高端跃迁的目标。发展中国家还可以利用"后来者优势"，使技术创新、产业升级以及经济发展的速度快于发达国家（林毅夫和付才辉，2019）。

而与技术前沿的差距不同也有可能带来数字化影响效应的不同。"巨型技术企业"在市场中形成了技术垄断格局，技术能力低的国家在参与分工时将面临更大挑战（孙志燕和郑江淮，2021）。本节将考察中等收入水平国家中各行业与技术前沿距离不同所带来的制造业数字化的异质性影响。参照 Aghion 等（2017）、陈爱贞等（2021）的做法，将美国制造业的技术水平视为世界前沿的技术水平，并用各中等收入国家制造业技术水平到美国制造业技术水平之间的距离来衡量各行业与技术前沿之间的距离。根据 WIOD 中的 SEA 社会经济账户数据，计算调整后的增加值（经过汇率转换和价格平减）与雇佣人员的比值来表示劳动生产率，进而计算各中等收入国家制造业细分行业与美国制造业细分行业劳动生产率的比值，比值越大表示该行业越接近技术前沿水平。根据计算的结果，将样本划分成距离技术前沿近、距离技术前沿中等和距离技术前沿远 3 组。

以出口国内附加值率（$DVAR$）为被解释变量的回归结果如表 5-13 所示。

表 5-13　与技术前沿距离异质性影响回归结果（$DVAR$）

		2000~2007 年	2008~2019 年	2000~2007 年	2008~2019 年	2000~2007 年	2008~2019 年
		(1)	(2)	(3)	(4)	(5)	(6)
距离技术前沿近	$LDig\_d$	0.001	0.026**	—	—	—	—
		(0.084)	(2.071)				
	$LDig\_f$	-0.017***	-0.012	—	—	—	—
		(-3.021)	(-1.195)				
距离技术前沿中等	$LDig\_d$	—	—	0.026**	0.021***	—	—
				(2.701)	(3.155)		
	$LDig\_f$	—	—	-0.005	-0.018**	—	—
				(-0.782)	(-2.405)		
距离技术前沿远	$LDig\_d$	—	—	—	—	0.001	0.033***
						(0.057)	(4.310)
	$LDig\_f$	—	—	—	—	-0.014	-0.034***
						(-0.998)	(-4.453)
N		344	516	256	384	304	456
R^2		0.556	0.569	0.682	0.498	0.713	0.702
F		105.20	46.63	42.50	35.47	27.44	29.93
控制变量		是	是	是	是	是	是
时间		控制	控制	控制	控制	控制	控制
国家—行业		控制	控制	控制	控制	控制	控制

注：（　）中为 t 值，根据聚类稳健标准误计算；***、** 和 * 分别代表 1%、5% 和 10% 的显著性水平。

由表 5-13 结果可知：①距离技术前沿近的国家—行业：在 2000~2007 年主要表现为国外数字化对出口国内附加值率的显著抑制作用，在 2008~2019 年主要表现为国内数字化对出口国内附加值率的显著促进作用，国外数字化的抑制作用有所下降。主要原因在于，随着科技的不断进步，这些与技术前沿距离较近的行业能够不断吸收先进技术并提升自身的技术水平，从而提升国内数字化应用的积极效果，逐步由依靠国外数字化转变为依靠国内数字化来促进出口国内附加值率的提升。②距离技术前沿中等的国家—行业：国内数字化一直表现为显著的正影响，但在 2008 年后积极作用有所下降，与此同时，国外数字化在 2008 年之后表现出显著的负影响。随着国外数字化负向抑制作用的增强，整体数字化的正向影响效果减弱。主要原因在于，由于与技术前沿有一定的距离，在吸收先进技术上存在一些障碍，此时，若大量依赖国际数字产业资源将会抑制国内技术水平的提高，表现为国内数字化影响效果的减弱和国外数字化影响效果的增强。③距离技术前沿远的国家—行业：在 2008 年之前，国内、国外数字化对出口国内附加值率的影响均不显著；在 2008 年之后，国内数字化的系数则显著为正且积极作用要高于与技术前沿距离近以及与技术前沿距离中等的国家—行业。同时，源自国内数字化的正向影响（0.033）与国外数字化的负向影响（-0.034）基本一致。距离技术前沿远的国家—行业数字化对国内附加值率的影响最高，可能原因在于这些行业技术水平较低，更容易与数字技术融合，数字化应用中所体现的边际效应越高。"后发优势"的观点也表明，落后经济体吸收前沿技术，可获得与技术差距成正比的技术增速（Nelson 和 Phelps，1966）。但与此同时，由于这些行业的技术水平较低，因而对国际数字产业的依赖度较高，从而国外数字化的抑制作用也较强。

以上游度指数（*GVCpt_pos*）为被解释变量的回归结果如表 5-14 所示。

表5-14 与技术前沿距离异质性影响回归结果（*GVCpt_pos*）

| | | 2000~
2007年 | 2008~
2019年 | 2000~
2007年 | 2008~
2019年 | 2000~
2007年 | 2008~
2019年 |
		（1）	（2）	（3）	（4）	（5）	（6）
距离技术 前沿近	*LDig_d*	-0.001 （-0.020）	0.156*** （4.874）	—	—	—	—
	LDig_f	0.038 （0.509）	-0.016 （-0.307）	—	—	—	—
距离技术 前沿中等	*LDig_d*	—	—	0.001 （0.006）	0.004 （0.077）	—	—
	LDig_f	—	—	0.030 （0.351）	-0.030 （-0.580）	—	—
距离技术 前沿远	*LDig_d*	—	—	—	—	-0.175 （-1.302）	0.158*** （4.186）
	LDig_f	—	—	—	—	0.512*** （3.514）	-0.233*** （-6.287）
N		344	516	256	384	304	456
R^2		0.254	0.439	0.366	0.323	0.590	0.532
F		4.73	82.18	25.34	34.29	19.36	32.85
控制变量		是	是	是	是	是	是
时间		控制	控制	控制	控制	控制	控制
国家—行业		控制	控制	控制	控制	控制	控制

注：（ ）中为t值，根据聚类稳健标准误计算；***、**和*分别代表1%、5%和10%的显著性水平。

由表5-14结果可知：①距离技术前沿近的国家—行业：在2000~2007年数字化对上游度指数无显著影响，在2008~2019年主要表现为国内数字化对上游度指数的显著促进作用。主要原因在于，这些行业由于距离技术前沿较近，更容易追赶和吸收技术前沿，在2008年后随着科技水平的不断提高，能够逐步发挥国内数字化的积极效应，由依靠国外数字化转变为依靠国内数字化来促进上游度的提升。②距离技术前沿中等的国家—行业：国内、国外数字化对上游度指数均无显著的影响。主要原因在于，这些行业与技术前沿有一定的距离，在国际跨国生产分工中，向上游攀升存在一定难度，且更容易受到上游产业的排挤，国内数字化影响上游度指数的积极作用较难发挥。③距离技术前沿远的国家—行业：在 2008 年之前，国内数字化对上游度指数的影响均不显著，国外数字化表现出显著的促进作用；在 2008 年之后，国内数字化的系数则显著为正，国外数字化的系数显著为负，国内数字化的促进作用（0.158）小于国外数字化的抑制作用（-0.233）。主要原因在于，一方面，距离技术前沿远的国家—行业本身的上游度指数较低，更容易攀升；另一方面，这些行业技术水平较低，越容易与数字技术融合，数字化应用中所体现的边际效应越高。随着技术革命的扩散，这些距离技术前沿远的国家—行业能够充分利用数字技术来提升在全球价值链中的相对上游度。但与此同时，由于距离技术前沿较远的国家—行业更多依赖国际数字产业资源，从而国外数字化的抑制作用也更大。

与技术前沿距离异质性的分析结果表明：随着新一代信息技术的快速发展，距离技术前沿近和距离技术前沿远的国家—行业都越来越依靠国内的数字化来提高全球价值链分工地位。距离技术前沿远的国家—行业国内数字化对全球价值链分工地位的促进作用最高，但同时也由于距离技术前沿较远的国家—行业更多依赖国际数字产业资源，从而国外数字化的抑制作用也较大，全球价值链分工地位上升受到影响。

以上对异质性的分析验证了源自国内、国外投入的制造业数字化对全球价值链分工地位的影响效应存在制造业技术类别异质性、时期异质性、国家异质性以及与技术前沿距离异质性，从而验证了假设 2a。

第三节　中介机制检验

一、模型设定

第四章的理论分析表明，数字化可能会通过生产效率提升效应和产业服务化水平提升效应来间接促进全球价值链分工地位的提升。以下将构建中介效应模型来检验中介效应是否存在，揭示制造业数字化影响全球价值链分工地位的"黑箱"。

可用下列模型描述被解释变量 Y、解释变量 X 及中介变量 M 之间的关系：

$$Y = cX + e_1 \tag{5-9}$$

$$M = aX + e_2 \tag{5-10}$$

$$Y = c'X + bM + e_3 \tag{5-11}$$

如图 5-1 所示，a 与 b 的乘积 ab 为解释变量 X 通过中介变量 M 对被解释变量 Y 产生的中介效应，c' 为 X 对 Y 的直接效应，中介效应 $ab = c - c'$（MacKinnon 等，1995）。

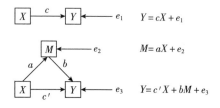

图 5-1　中介模型示意图

资料来源：温忠麟，叶宝娟. 中介效应分析：方法和模型发展［J］. 心理科学进展，2014，22（05）：731-745.

中介效应的检验步骤如下（温忠麟和叶宝娟，2014）：

第一步，检验方程 $Y = cX + e_1$ 的系数 c 是否显著。

第二步，依次检验方程 $M = aX + e_2$ 的系数 a 和方程 $Y = c'X + bM + e_3$ 的系数 b，如果 a 和 b 都显著，则表明间接效应显著，进行第四步检验；如果 a 和 b 至少有一个不显著，则进行第三步检验。

第三步，用 Bootstrap 法检验原假设"$H_0: ab = 0$"，如果显著，则认为间接效应显著，进行第四步检验；否则，认为间接效应不显著，停止分析。

第四步，检验方程 $Y=c'X+bM+e_3$ 的系数 c'，如果不显著，说明只有中介效应；如果显著，则进行第五步。

第五步，观察 ab 和 c' 的符号，同号则表示属于部分中介效应，中介效应占总效应的比例为 ab/c；异号则属于遮掩效应，报告间接效应 ab 与直接效应 c' 之比的绝对值 $\mid ab/c' \mid$。

基于以上中介效应检验方法，本部分构建中介效应检验模型：

$$GVC_{it}=\alpha_0+\alpha_1 LDig\_d_{it}+\alpha_2 LDig\_f_{it}+\alpha_3 CON_{it}+\tau_i+\mu_t+\varepsilon_{it} \qquad (5-12)$$

$$M_{it}=\omega_0+\omega_1 LDig\_d_{it}+\omega_2 LDig\_f_{it}+\omega_3 CON_{it}+\tau_i+\mu_t+\delta_{it} \qquad (5-13)$$

$$GVC_{it}=\rho_0+\rho_1 LDig\_d_{it}+\rho_2 LDig\_f_{it}+\rho_3 M_{it}+\rho_4 CON_{it}+\tau_i+\mu_t+\gamma_{it} \qquad (5-14)$$

其中，i 表示国家—产业；t 表示年份；$LDig\_d_{it}$ 表示国内数字化投入；$LDig\_f_{it}$ 表示国外数字化投入；M 表示中介变量；CON_{it} 表示其他影响全球价值链分工地位的控制变量；τ_i 表示国家—产业固定效应；μ_t 表示时间固定效应；ε_{it}、δ_{it}、γ_{it} 表示随机扰动项。

前文已经证实了国内、国外数字化对全球价值链分工地位的影响，且国内数字化对全球价值链分工地位提升有显著的促进作用。因此，以下将从国内数字化的角度考察提升全球价值链分工地位的中介机制。已知 $\alpha_1>0$，预期 $\omega_1>0$，并检验 ω_1、ρ_1、ρ_3 的显著性以验证中介效应。

根据温忠麟和叶宝娟（2014）的中介效应检验程序：

第一步，检验模型（5-12）中系数 α_1 的显著性。

第二步，检验模型（5-13）中的 ω_1 和检验模型（5-14）中的 ρ_3 是否都显著，如果是，则进行第四步检验；如果 ω_1 和 ρ_3 至少有一个不显著，则进行第三步。

第三步，用 Bootstrap 法检验原假设 "H_0：$\omega_1\rho_3=0$"，如果显著则进行第四步；否则，认为间接效应不显著，停止分析。

第四步，检验模型（5-14）中的 ρ_1，如果不显著，则说明数字化对 GVC 分工地位的影响是完全依靠中介变量 M_{it} 来实现的；如果显著，则说明存在部分中介效应，进行下一步检验。

第五步，如果 $\omega_1\rho_3$ 和 α_1 同号，则属于部分中介效应，中介效应占总效应的比例为 $\omega_1\rho_3/\alpha_1$；如果 $\omega_1\rho_3$ 和 α_1 异号，则属于遮掩效应，报告间接效应 $\omega_1\rho_3$ 与直接效应 α_1 之比的绝对值 $|\omega_1\rho_3/\alpha_1|$。

二、变量选取与数据说明

模型的核心解释变量、被解释变量以及控制变量在上文中已经进行了说明。生产效率提升中介机制检验中，借鉴谢靖和王少红（2022）的做法，采用劳动生产率作为各产业生产效率的衡量指标。本部分采用各行业的单位小时 GDP 衡量劳动生产率，即各行业增加值与总工作时长的比值来表示，并取自然对数处理。数据来源于 WIOD 的 SEA 账户，增加值经过汇率和价格指数平减。由于 WIOD 的 SEA 账户数据仅更新至 2014 年，所以本书的生产效率提升中介效应检验的时间范围为 2000~2014 年。产业服务化水平提升中介效应检验中，采用产业服务化水平作为中介变量，计算方法和数据来源在上文已经进行了说明。

中介变量的描述性统计如表 5-15 所示。

表 5-15 中介变量描述性统计

变量	样本数	平均	标准差	最小值	最大值
劳动生产率（Eff）	10051	3.216	1.198	-1.678	8.268
产业服务化水平（$Serv$）	14100	-0.806	0.606	-5.475	2.837

三、实证结果与分析

（一）生产效率提升中介效应检验

由本章第一节的检验结果可知，国内数字化提升有助于促进全球价值链分工地位提升，而国外数字化对全球价值链分工地位提升则起到了抑制作用。因此，以下将检验国内数字化促进全球价值链分工地位提升的中介效应。

分别以出口国内附加值率（*DVAR*）、上游度指数（*GVCpt_pos*）和 *GVC* 分工地位综合指数（*GVC_inx*）作为全球价值链分工地位的衡量指标，以劳动生产率（*Eff*）作为中介变量，对模型（5-12）至模型（5-14）进行检验，回归结果如表 5-16 所示。

表 5-16　生产效率提升中介效应检验

	Eff	*DVAR*	*DVAR*	*GVCpt_pos*	*GVCpt_pos*	*GVC_inx*	*GVC_inx*
	（1）	（2）	（3）	（4）	（5）	（6）	（7）
LDig_d	0.126***	0.025***	0.022***	0.074***	0.066***	0.049***	0.045***
	（3.054）	（6.472）	（5.762）	（3.241）	（2.949）	（3.258）	（2.968）
LDig_f	0.006	−0.013***	−0.013***	−0.007	−0.007	−0.009	−0.009
	（0.165）	（−3.761）	（−4.165）	（−0.338）	（−0.357）	（−0.701）	（−0.717）
Eff	—	—	0.028***	—	0.062***	—	0.036***
			（10.960）		（3.538）		（2.794）
HR	−0.059	0.009	0.011	0.154**	0.158**	0.110**	0.113**
	（−0.588）	（1.022）	（1.239）	（2.226）	（2.272）	（2.306）	（2.341）
Open	−0.457***	−0.069***	−0.056***	0.153***	0.181***	0.107***	0.124***
	（−5.025）	（−7.484）	（−6.303）	（2.593）	（3.090）	（2.799）	（3.211）
EXOW	3.616**	−0.555***	−0.657***	3.982***	3.757***	3.331***	3.200***
	（2.329）	（−3.943）	（−5.120）	（5.229）	（4.944）	（5.572）	（5.359）
LNPG	2.111***	0.040***	−0.019*	0.021	−0.111	−0.006	−0.083
	（16.175）	（3.752）	（−1.804）	（0.211）	（−1.171）	（−0.094）	（−1.255）
RCA_f	0.199***	0.016***	0.011***	0.149***	0.137***	0.101***	0.094***
	（4.168）	（4.265）	（3.571）	（6.254）	（6.008）	（6.563）	（6.264）
Serv	−0.029	0.057***	0.058***	0.108***	0.110***	0.048*	0.050**
	（−0.481）	（7.600）	（8.179）	（3.058）	（3.149）	（1.959）	（2.019）
Melt	0.330	0.113**	0.104**	0.671	0.651	0.375	0.363
	（0.715）	（2.489）	（2.319）	（1.479）	（1.418）	（1.267）	（1.215）
RD	0.119*	−0.006	−0.009	0.194***	0.187***	0.117***	0.112***
	（1.919）	（−0.930）	（−1.553）	（4.319）	（4.193）	（4.807）	（4.649）
Constant	−16.966***	0.377***	0.852***	0.076	1.134	0.115	0.732
	（−11.928）	（3.345）	（7.998）	（0.073）	（1.133）	（0.160）	（1.057）

续表

	Eff	DVAR	DVAR	GVCpt_pos	GVCpt_pos	GVC_inx	GVC_inx
	(1)	(2)	(3)	(4)	(5)	(6)	(7)
N	10051	10051	10051	10051	10051	10051	10051
R^2	0.672	0.487	0.530	0.143	0.150	0.140	0.145
F	167.00	87.80	95.34	18.16	18.48	17.00	16.99
时间	控制	控制	控制	控制	控制	控制	控制
国家—行业	控制	控制	控制	控制	控制	控制	控制
中介效应	—	0.004	—	0.008	—	0.005	
中介效应占总效应比重		14.00%		10.54%		9.18%	

注：（　）中为 t 值，根据聚类稳健标准误计算；***、** 和 * 分别代表 1%、5% 和 10% 的显著性水平。

首先，考察数字化对全球价值链分工地位的影响。表 5-16 中列（2）、列（4）、列（6）分别是以出口国内附加值、上游度指数和 GVC 分工地位综合指数为被解释变量对模型（5-12）进行检验的估计结果。结果显示，源自国内的制造业数字化对三个全球价值链分工地位指标均有显著的正向促进作用。其次，考察国内数字化对中介变量劳动生产率的影响。列（1）为以劳动生产率为被解释变量对模型（5-13）进行检验的估计结果。结果显示，国内数字化的估计系数在 1% 水平上显著为正（0.126），表明国内数字化的推进对提高劳动生产率起到显著的促进作用。列（3）、列（5）、列（7）分别是以出口国内附加值、上游度指数和 GVC 分工地位综合指数为被解释变量对模型（5-14）进行检验的估计结果。列（3）、列（5）、列（7）的结果显示，劳动生产率（中介变量）的估计系数在 1% 水平上显著为正。由于检验模型（5-14）的 ω_1 和检验模型（5-14）的 ρ_3 同时显著，上述结果证明了间接效应显著。再次，检验模型（5-14）的系数 ρ_1 的显著性。列（3）、列（5）、列（7）的结果显示，加入劳动生产率（中介变量）后，国内数字化对全球价值链分工地位的影响仍然显著，说明存在部分中介效应，即国内数字化对 GVC 分工地位提升的促进作用中有一部分是依靠提高劳动生产率实现的。最后，检

验 $\omega_1\rho_3$ 和 α_1 的符号是否同号。列（1）、列（3）、列（5）、列（7）的结果显示，$\omega_1\rho_3$ 的符号为正。列（2）、列（4）、列（6）的结果显示，α_1 的符号也为正。因此，属于部分中介效应，中介效应占总效应的比例分别为 14.00%、10.54% 和 9.18%。

以上结果表明，国内数字化对全球价值链分工地位提升的促进作用有一部分是依靠提高劳动生产率来实现的。主要原因在于数字化不仅能够产生成本节约效应和资源配置效应（Goldfarb 和 Tucker，2019；黄群慧等，2019；戚聿东和褚席，2022），而且可以通过自动化和标准化生产流程、优化生产能力、提高资产使用效率等途径提高劳动生产率。同时，数字化还能降低在生产过程中的犯错和失误的概率（戚聿东和肖旭，2020）。另外，数字经济时代企业的创新水平和劳动力的技术知识水平也有更多的提升途径。因此，国内数字化对全球价值链分工地位的促进作用有一部分是通过促进劳动生产率水平提升来间接实现的，与理论预期一致。

（二）产业服务化水平提升中介效应检验

以出口国内附加值率（DVAR）、上游度指数（GVCpt_pos）和 GVC 分工地位综合指数（GVC_inx）作为全球价值链分工地位的衡量指标，以产业服务化（Serv）作为中介变量，对模型（5-12）至模型（5-14）进行检验，回归结果如表 5-17 所示。

表 5-17　产业服务化水平提升中介效应检验

	Serv	DVAR	DVAR	GVCpt_pos	GVCpt_pos	GVC_inx	GVC_inx
	(1)	(2)	(3)	(4)	(5)	(6)	(7)
LDig_d	0.134***	0.032***	0.026***	0.097***	0.084***	0.060***	0.054***
	(5.358)	(9.547)	(8.725)	(5.780)	(4.486)	(5.546)	(4.568)
LDig_f	−0.050***	−0.022***	−0.020***	−0.044***	−0.039***	−0.026**	−0.024**
	(−2.623)	(−7.703)	(−7.375)	(−2.745)	(−2.590)	(−2.549)	(−2.429)
Serv	—	—	0.046***	—	0.097***	—	0.041*
			(9.159)		(2.941)		(1.951)

续表

	Serv	DVAR	DVAR	GVCpt_pos	GVCpt_pos	GVC_inx	GVC_inx
	(1)	(2)	(3)	(4)	(5)	(6)	(7)
HR	0.150***	0.034***	0.027***	0.204***	0.190***	0.135***	0.128***
	(3.138)	(3.542)	(3.008)	(2.900)	(2.698)	(2.734)	(2.610)
Open	−0.276***	−0.082***	−0.069***	0.139**	0.166***	0.097***	0.108***
	(−5.282)	(−8.789)	(−7.591)	(2.479)	(2.945)	(2.833)	(3.119)
EXOW	0.633	−0.247***	−0.276***	1.653***	1.592***	1.544***	1.517***
	(1.221)	(−3.039)	(−3.114)	(2.743)	(2.724)	(3.484)	(3.479)
LNPG	0.011	0.061***	0.061***	−0.040	−0.041	−0.054	−0.054
	(0.188)	(7.278)	(7.684)	(−0.530)	(−0.543)	(−1.005)	(−1.011)
RCA_f	0.032**	0.021***	0.020***	0.163***	0.160***	0.107***	0.106***
	(2.497)	(6.289)	(6.074)	(7.627)	(7.505)	(7.698)	(7.603)
Melt	−0.004	0.128***	0.129***	0.128	0.129	0.059	0.059
	(−0.015)	(2.993)	(3.020)	(0.333)	(0.332)	(0.227)	(0.227)
RD	−0.112***	0.002	0.007	0.167***	0.178***	0.108***	0.112***
	(−3.832)	(0.298)	(1.314)	(4.445)	(4.677)	(4.748)	(4.908)
Constant	−1.388**	0.084	0.148*	0.297	0.432	0.436	0.494
	(−2.267)	(0.952)	(1.797)	(0.359)	(0.514)	(0.751)	(0.842)
N	14100	14100	14100	14100	14100	14100	14100
R²	0.190	0.404	0.448	0.142	0.148	0.145	0.148
F	47.10	91.14	98.83	19.64	20.19	18.91	18.86
时间	控制	控制	控制	控制	控制	控制	控制
国家—行业	控制	控制	控制	控制	控制	控制	控制
中介效应	—	0.006	—	0.013	—	0.005	
中介效应占总效应比重	—	19.26%	—	13.40%	—	9.16%	

注:( )中为 t 值,根据聚类稳健标准误计算;***、** 和 * 分别代表 1%、5% 和 10% 的显著性水平。

表 5-17 中列(1)的结果显示,国内数字化的估计系数在 1% 水平上显著为正(0.134),表明国内数字化的推进对产业服务化提升起到了显著的促进作用。列(3)、列(5)、列(7)的结果显示,国内数字化和

中介变量（产业服务化水平）的估计系数均在1%水平上显著为正，说明存在部分中介效应。最后，根据列（1）至列（7）中的结果，验证可得$\omega_1\rho_3$和α_1同号，说明属于部分中介效应。经计算，中介效应占总效应的比例分别为19.26%、13.40%和9.16%。

以上结果表明，国内数字化对全球价值链分工地位的显著促进作用有一部分是通过促进产业服务化水平提升来间接实现的。主要原因在于，数字经济时代，随着专业化服务企业能力的提升，将部分服务进行"外包"可以在减轻企业财务负担的同时提升企业对自身核心业务的专注力。而且服务型制造也有利于企业改进技术和服务环节的价值增值，有利于企业向价值链中高端升级（李晓华，2017）。另外，随着数字化水平的不断提升，企业还可能将数据资源部署为产品和服务，提供基于数字化的高级服务（Bharadwaj等，2013；张振刚等，2022）。

以上检验结果表明，国内数字化对全球价值链分工地位提升的促进作用有一部分是通过提高生产效率和产业服务化水平来间接实现的，与理论预期一致，从而验证了假设3。以上结果验证了国内数字化在促进生产效率提升以及在促进制造业与服务业融合中的重要作用。同时，也说明了加大生产性服务业的发展有利于发挥数字化促进全球价值链分工地位提升的影响效应，产业融合是塑造制造业新的竞争优势、增强国际竞争力，推动经济高质量发展的重要途径。

第四节　门槛效应分析

本章第一节的实证结果表明，国内数字化提升能够显著促进全球价值链分工地位提升，国外数字化提升则对全球价值链分工地位提升起到抑制作用。同时，第二节的异质性分析表明，数字化影响全球价值链分工地位存在制造业技术类别、时期、国家以及与技术前沿距离上的异质性。以时期异质性为例，国内数字化对全球价值链分工地位的促进作用在 2008 年之后逐步显现。国内数字化对出口国内附加值率的影响从 2008 年之前的 0.021 提升至 2008 年之后的 0.028，对上游度指数的影响从 2008 年之前的不显著（0.004）提升至 2008 年之后在 1% 水平上显著（0.087），对 GVC 分工地位综合指数从 2008 年之前的不显著（0.001）提升至 2008 年之后在 1% 水平上显著（0.049）。国内数字化对全球价值链分工地位影响的异质性可能源于两者之间的非线性关系。根据第四章对门槛效应的理论分析，国内数字化虽然在促进全球价值链分工地位提升上发挥着重要作用，但其作用大小可能是非线性的，会受到创新水平、产业服务化水平以及贸易开放度的约束。因此，以下将更加细致地考察国内数字化对全球价值链分工地位影响的复杂关系，剖析两者之间的门槛效应，从而为制定更具有针对性的政策措施提供参考依据。

一、模型设定

在分析样本间的非线性相关关系上，本节采用 Hansen（1999）提出的面板门槛回归模型，根据数据本身的特点来识别相应变量的门槛值并划分区间，实证考察国内数字化与出口国内附加值率和上游度指数之间在相关变量约束下的非线性关系，以验证假设 4。

单一门槛模型设定如下：

$$GVC_{it} = \alpha_0 + \alpha_1 Ldig\_d_{it} \times I(q_{it} \leq \gamma) + \alpha_2 Ldig\_d_{it} \times I(q_{it} > \gamma) +$$
$$\alpha_3 Ldig\_f_{it} + \alpha_4 CON_{it} + \tau_i + \mu_t + \varepsilon_{it} \qquad (5-15)$$

其中，i 表示国家—产业；t 表示年份；GVC_{it} 表示全球价值链分工地位；$Ldig\_d_{it}$ 表示制造业源自国内的数字化水平；$Ldig\_f_{it}$ 表示制造业源自国内的数字化水平；q_{it} 表示门槛变量；γ 表示特定的门槛值；α_1 和 α_2 表示门槛变量 $q_{it} \leq \gamma$ 和 $q_{it} > \gamma$ 时国内数字化对全球价值链分工地位的影响系数；$I(\cdot)$ 表示示性函数，若括号内条件成立时，取值为 1，反之取值为 0；CON_{it} 表示其他影响全球价值链分工地位的控制变量；ε_{it} 表示随机扰动项。

双重门槛模型设定为：

$$GVC_{it} = \alpha_0 + \alpha_1 Ldig\_d_{it} \times I(q_{it} \leq \gamma_1) + \alpha_2 Ldig\_d_{it} \times I(\gamma_1 < q_{it} \leq \gamma_2) +$$

$$\alpha_3 Ldig\_d_{it} \times I(q_{it} > \gamma_2) + \alpha_4 Ldig\_f_{it} + \alpha_5 CON_{it} + \tau_i + \mu_t + \varepsilon_{it} \qquad (5-16)$$

二、变量选取与数据说明

模型的核心解释变量、被解释变量以及控制变量在前文中已经进行了说明。根据第四章的理论分析，门槛变量包括创新水平、产业服务化和贸易开放度三个变量。创新水平选取本产业所在国家的科技期刊文章数量作为代理变量。产业服务化和贸易开放度沿用前文的数据。

门槛变量的描述性统计如表 5-18 所示。

表 5-18 门槛变量描述性统计

变量	样本数	平均值	标准差	最小值	最大值
创新水平（LSPA）	14100	9.351	1.781	3.764	13.263
产业服务化水平（Serv）	14100	-0.806	0.606	-5.475	2.837
贸易开放度（Open）	14100	0.705	0.381	0.172	1.813

三、实证结果与分析

（一）门槛效应检验

对门槛变量（创新水平、产业服务化水平、贸易开放度）分别进行检验，结果如表 5-19 所示。

表 5-19 门槛效应检验

门槛变量	被解释变量	模型	F 值	P 值	BS 次数	临界值			门槛值
						10%	5%	1%	
创新水平	DVAR	Single	291.78***	0.000	300	91.050	100.315	136.722	5.505
		Double	262.32***	0.007	300	80.578	98.405	220.102	9.182
		Triple	211.53	0.820	300	436.073	477.491	551.946	
	GVCpt_pos	Single	276.72***	0.000	300	59.616	68.575	85.219	5.964
		Double	246.44***	0.000	300	57.002	64.478	85.356	7.645
		Triple	124.45	0.617	300	214.597	234.283	292.630	

续表

门槛变量	被解释变量	模型	F 值	P 值	BS次数	临界值			门槛值
						10%	5%	1%	
产业服务化水平	DVAR	Single	44.59**	0.037	300	35.475	43.264	61.237	-0.841
		Double	32.21	0.107	300	32.930	37.941	53.446	
	GVCpt_pos	Single	384.99***	0.000	300	37.986	46.205	58.257	0.093
		Double	280.38***	0.000	300	34.028	40.434	55.458	0.390
		Triple	118.12	0.423	300	176.040	225.549	269.691	
贸易开放度	DVAR	Single	300.79***	0.000	300	54.503	60.499	76.791	0.361
		Double	225.81***	0.000	300	43.535	49.301	64.239	0.857
		Triple	138.54	0.843	300	261.902	282.384	317.385	
	GVCpt_pos	Single	204.7***	0.000	300	41.470	48.408	75.971	0.481
		Double	182.34***	0.000	300	44.144	52.181	65.241	0.907
		Triple	126.66	0.520	300	193.245	215.681	278.759	

注：***、**和*分别代表1%、5%和10%的显著性水平。

　　门槛效应检验结果显示：①以创新水平为门槛变量的模型。当以出口国内附加值率为被解释变量时，在1%水平上通过单一门槛和双重门槛检验，门槛值分别为5.505和9.182；以上游度指数为被解释变量时，同样在1%水平上通过单一门槛和双重门槛检验，门槛值分别为5.964和7.645。②以产业服务化为门槛变量的模型。当以出口国内附加值率为被解释变量时，在5%水平上通过单一门槛，门槛值为-0.841；以上游度指数为被解释变量时，在1%水平上通过单一门槛和双重门槛检验，门槛值分别为0.093和0.390。③以贸易开放度为门槛变量的模型。当以出口国内附加值率为被解释变量时，在1%水平上通过单一门槛和双重门槛检验，门槛值分别为0.361和0.857；以上游度指数为被解释变量时，在1%水平上通过单一门槛和双重门槛检验，门槛值分别为0.481和0.907。

　　（二）稳健性检验

　　1.基于创新水平的门槛模型稳健性检验

　　依据创新水平（LSPA）的门槛值将样本分组并分别进行回归，以检验门槛模型结果的稳健性。基于创新水平的门槛模型稳健性检验结果如表 5-20 所示。

表 5-20　基于创新水平的门槛模型稳健性检验

	DVAR			GVCpt_pos		
	LSPA≤ 5.505	5.505<LSPA ≤9.182	LSPA>9.182	LSPA≤ 5.964	5.964<LSPA ≤7.645	LSPA>7.645
	(1)	(2)	(3)	(4)	(5)	(6)
LDig_d	0.002	0.021***	0.033***	−0.033	0.067	0.090***
	(0.176)	(5.155)	(7.362)	(−0.398)	(1.047)	(5.970)
LDig_f	0.016	−0.017***	−0.020***	0.057	0.021	−0.060***
	(0.681)	(−3.772)	(−5.968)	(0.726)	(0.303)	(−4.129)
HR	—	0.032*	0.020**	2.417**	—	0.159**
		(1.708)	(2.222)	(2.050)		(2.520)
Open	−0.066***	−0.069***	−0.107***	−0.415	0.611***	0.089
	(−4.396)	(−5.543)	(−8.153)	(−1.613)	(3.925)	(1.574)
EXOW	−34.089***	−1.330***	−0.234***	−4.747	23.147***	2.586***
	(−3.217)	(−3.756)	(−2.625)	(−0.474)	(3.434)	(4.825)
LNPG	0.144	0.052***	0.063***	0.182	−0.851**	−0.275***
	(0.728)	(3.733)	(6.223)	(0.634)	(−2.247)	(−4.410)
RCA_f	0.030*	0.022***	0.022***	0.144*	0.142**	0.127***
	(1.914)	(4.690)	(6.184)	(1.742)	(2.329)	(7.277)
Serv	−0.007	0.030***	0.061***	−0.060	−0.048	0.115***
	(−0.333)	(4.097)	(9.427)	(−0.467)	(−0.415)	(4.564)
Melt	−0.859	−0.108	0.109*	−4.203**	−1.457	−0.840***
	(−1.559)	(−1.635)	(1.874)	(−2.394)	(−1.336)	(−2.783)
RD	−0.023	0.005	−0.008	0.065	−0.238	0.148***
	(−1.369)	(0.690)	(−1.151)	(0.624)	(−1.498)	(4.477)
Constant	−0.916	0.173	0.152	−7.336**	5.735*	2.746***
	(−0.466)	(1.274)	(1.294)	(−2.042)	(1.890)	(3.991)
N	404	5263	8433	689	1546	11865
控制变量	是	是	是	是	是	是

续表

	DVAR			GVCpt_pos		
	$LSPA \leq$ 5.505	$5.505<LSPA$ ≤9.182	$LSPA>9.182$	$LSPA \leq$ 5.964	$5.964<LSPA$ ≤7.645	$LSPA>7.645$
	(1)	(2)	(3)	(4)	(5)	(6)
时间	控制	控制	控制	控制	控制	控制
国家—行业	控制	控制	控制	控制	控制	控制
R^2	0.330	0.391	0.553	0.096	0.146	0.178
F	9.74	49.85	80.13	4.63	5.93	21.96

注：（ ）中为 t 值，根据聚类稳健标准误计算；***、**和*分别代表1%、5%和10%的显著性水平。

表5-20中列（1）至列（3）报告了以出口国内附加值率为被解释变量的关于创新水平门槛值的分组回归结果。结果显示，当创新水平小于等于门槛值5.505时，制造业国内数字化对出口国内附加值率的影响不显著；当创新水平跨越门槛值5.505后，国内数字化和国外数字化的影响均在1%水平上显著。当创新水平小于门槛值9.182时，国内数字化对出口国内附加值率的影响在1%水平上显著为正（0.021）；当创新水平大于门槛值9.182时，国内数字化的影响系数更大（0.033）。因此，国内数字化对出口国内附加值率的影响随着创新水平跨越不同的门槛值，影响作用也越来越明显。

表5-20中列（4）至列（6）报告了以上游度指数为被解释变量的关于创新水平门槛值的分组回归结果。结果显示，当创新水平小于等于门槛值5.964时，制造业国内数字化对上游度指数的影响为负且不显著；当创新水平大于门槛值5.964时且小于等于门槛值7.645时，国内数字化对上游度指数的影响虽为正但仍不显著；当创新水平跨越门槛值7.645后，国内数字化对上游度指数的影响在1%水平上显著为正，且系数更大（0.090）。

以上结果表明：①只有在创新水平跨越一定门槛值后，源自国内的数字化才能对出口国内附加值率和上游度指数的提升发挥积极影响。②创新水平的门槛值在促进国内数字化对出口国内附加值率和上游度的影响上是不同的，创新水平在（5.505，7.645］区间内时，国内数字化开始对出口国内附加值率产生显著正影响，在创新水平跨越门槛值 7.645 后，国内数字化对出口国内附加值率和上游度的影响均显著。以上分析结果表明，国内数字化对全球价值链分工地位的提升受到创新水平的约束，创新水平只有在跨过一定门槛后才能有效增强国内数字化对全球价值链分工地位的促进作用。

2. 基于产业服务化的门槛模型稳健性检验

依据产业服务化（Serv）的门槛值将样本分组并分别进行回归，以检验门槛模型结果的稳健性。基于产业服务化的门槛模型稳健性检验结果如表 5-21 所示。其中，列（1）和列（2）报告了以出口国内附加值率为被解释变量的关于产业服务化门槛值的分组回归结果。结果显示，当产业服务化水平跨越门槛值-0.841 后，国内数字化的系数明显增加，由 0.021 提高到 0.030，反映出产业服务化水平在跨越一定的门槛值后能够有效增强制造业国内数字化对出口国内附加值率的影响。列（3）至列（5）报告了以上游度指数为被解释变量的关于产业服务化门槛值的分组回归结果。结果显示，当产业服务化水平小于等于门槛值 0.093 时，制造业国内数字化对上游度指数的促进作用显著，而当产业服务化水平大于门槛值 0.093 后，制造业国内数字化对上游度的影响开始不显著。以上结果表明，制造业国内数字化提升全球价值链分工地位的作用受到产业服务化水平的约束，只有在一定的产业服务化水平内才能发挥作用，而当产业服务化水平过高时则不利于国内数字化正向影响效应的发挥。产业服务化水平越高，国内数字化对出口国内附加值率的促进作用越大，这印证了制造企业越来越依赖服务化来创造价值（Kelle，2013），也印证了制造业的服务化是生产各个阶段的资源向数字技术的转移。而当产业服务化水平达到一定程度后，国内数字化将较难发挥对上游度的显著促进作用，可能原因在于，服务化与数字化的融合随着服务化水平的提升有所下降。因此，还应当重视数字化与服务化的共同作用，更好发挥国内数字化对全球价值链分工地位的促进作用。

表 5-21 基于产业服务化的门槛模型稳健性检验

	DVAR		GVCpt_pos		
	Serv≤-0.841	Serv>-0.841	Serv≤0.093	0.093<Serv≤0.39	Serv>0.39
	(1)	(2)	(3)	(4)	(5)
LDig_d	0.021 ***	0.030 ***	0.062 ***	0.089	-0.021
	(5.717)	(7.218)	(3.830)	(1.048)	(-0.392)
LDig_f	-0.015 ***	-0.022 ***	-0.034 **	0.058	-0.023
	(-4.986)	(-5.190)	(-2.350)	(1.233)	(-0.187)
HR	0.005	0.029 ***	0.178 **	2.431 ***	-0.467
	(0.408)	(3.101)	(2.523)	(6.570)	(-1.199)
Open	-0.087 ***	-0.041 ***	0.155 ***	0.195	0.318
	(-7.749)	(-2.933)	(2.728)	(0.896)	(1.289)
EXOW	-0.134	-0.669 ***	1.402 **	-1.155	4.439
	(-1.556)	(-4.679)	(2.375)	(-0.402)	(1.157)
LNPG	0.061 ***	0.071 ***	0.005	-0.193	-0.146
	(6.118)	(6.076)	(0.068)	(-0.582)	(-0.397)
RCA_f	0.014 ***	0.029 ***	0.170 ***	0.127	0.139 *
	(3.185)	(7.778)	(7.216)	(1.161)	(1.915)
Serv	0.048 ***	0.052 ***	0.111 ***	0.476 *	-0.203
	(4.828)	(8.391)	(4.010)	(1.932)	(-1.098)
Melt	0.236 ***	0.05	0.315	-4.006 ***	2.702
	(3.508)	(0.809)	(0.804)	(-3.114)	(0.532)
RD	0.019 ***	-0.012	0.165 ***	0.019	0.601 *
	(2.753)	(-1.586)	(4.612)	(0.112)	(1.876)
Constant	0.273 ***	-0.049	-0.098	-3.411	4.196
	(2.609)	(-0.413)	(-0.115)	(-0.915)	(1.447)
N	6863	7237	13188	426	486
控制变量	是	是	是	是	是
时间	控制	控制	控制	控制	控制
国家—行业	控制	控制	控制	控制	控制
R^2	0.498	0.408	0.160	0.384	0.221
F	56.10	43.85	20.77	11.75	5.63

注：（ ）中为 t 值，根据聚类稳健标准误计算；***、** 和 * 分别代表 1%、5% 和 10% 的显著性水平。

3. 基于贸易开放度的门槛模型稳健性检验

依据贸易开放度（Open）的门槛值将样本分组并分别进行回归，以检验门槛模型结果的稳健性。基于贸易开放度的门槛模型稳健性检验结果如表 5-22 所示。其中，列（1）至列（3）报告了以出口国内附加值率为被解释变量的关于贸易开放度门槛值的分组回归结果。结果显示，当贸易开放水平小于等于门槛值 0.361 时，国内数字化对出口国内附加值率的影响不显著；当开放水平依次大于门槛值 0.361 和 0.857 后，国内数字化对出口国内附加值率的影响愈加显著，促进作用更强。这反映了贸易开放水平的提高有利于更好发挥国内数字化对出口国内附加值提升的促进作用。列（4）至列（6）报告了以上游度指数为被解释变量的关于贸易开放度门槛值的分组回归结果。结果显示，当贸易开放度跨越 0.481 门槛值之后，国内数字化对上游度指数的促进作用有所下降；当开放度跨越 0.907 门槛后，国内数字化与国外数字化系数的绝对值大小相同，国内数字化对上游度指数的正向作用与国外数字化的负向抑制作用抵消。以上结果表明，制造业数字化对全球价值链分工地位的提升受到贸易开放水平的约束，最佳贸易开放度区间为（0.361，0.907]，在此区间内，国内数字化对出口国内附加值率和上游度指数的影响力均较为显著。其中，贸易开放度在区间（0.361，0.481]内时，国内数字化对上游度指数的促进作用更强；在区间（0.857，0.907]内时，国内数字化对出口国内附加值率的促进作用更强；当开放度大于 0.907 后，由于源自国外数字化的抑制作用增强，导致数字化对上游度指数的整体影响减弱。

表 5-22　基于贸易开放度的门槛模型稳健性检验

	DVAR			GVCpt_pos		
	$Open \leq 0.361$	$0.361 < Open \leq 0.857$	$Open > 0.857$	$Open \leq 0.481$	$0.481 < Open \leq 0.907$	$Open > 0.907$
	（1）	（2）	（3）	（4）	（5）	（6）
$LDig\_d$	0.008	0.022***	0.030***	0.122***	0.069***	0.064***
	(1.002)	(5.464)	(8.327)	(3.708)	(4.032)	(3.239)

续表

	DVAR			GVCpt_pos		
	$Open \leqslant 0.361$	$0.361 < Open$ $\leqslant 0.857$	$Open > 0.857$	$Open \leqslant 0.481$	$0.481 < Open$ $\leqslant 0.907$	$Open > 0.907$
	(1)	(2)	(3)	(4)	(5)	(6)
LDig_f	−0.011*	−0.016***	−0.020***	−0.092***	−0.003	−0.064***
	(−1.827)	(−4.505)	(−5.520)	(−3.583)	(−0.129)	(−2.890)
HR	−0.021**	0.033***	0.111***	−0.067	0.359***	1.444***
	(−2.015)	(2.710)	(3.678)	(−0.945)	(3.729)	(5.154)
Open	−0.405***	−0.144***	−0.016	−0.102	0.097	0.025
	(−6.837)	(−8.580)	(−1.508)	(−0.483)	(1.046)	(0.243)
EXOW	−0.043	−0.386***	−0.973*	2.452***	2.622***	3.864**
	(−0.480)	(−2.946)	(−1.916)	(3.473)	(3.540)	(1.972)
LNPG	0.052**	0.063***	0.046**	−0.373***	0.055	0.266
	(2.201)	(5.533)	(2.480)	(−4.529)	(0.580)	(1.467)
RCA_f	0.008*	0.020***	0.023***	0.216***	0.105***	0.100***
	(1.752)	(4.794)	(5.414)	(6.665)	(4.540)	(3.574)
Serv	0.046**	0.040***	0.053***	0.148***	0.095***	0.022
	(2.478)	(6.373)	(7.809)	(2.947)	(2.714)	(0.505)
Melt	−0.085	−0.021	−0.280***	−0.153	1.714*	0.665
	(−1.358)	(−0.361)	(−3.164)	(−0.386)	(1.924)	(0.798)
RD	0.034**	0.004	0.015*	0.205***	0.094*	0.153**
	(2.536)	(0.675)	(1.786)	(4.279)	(1.780)	(2.360)
Constant	0.635***	0.129	0.077	4.178***	−1.050	−5.635***
	(2.849)	(1.044)	(0.412)	(4.639)	(−0.981)	(−3.154)
N	2121	8274	3705	4585	6082	3433
控制变量	是	是	是	是	是	是
时间	控制	控制	控制	控制	控制	控制
国家—行业	控制	控制	控制	控制	控制	控制
R^2	0.474	0.370	0.627	0.227	0.130	0.138
F	26.58	41.56	89.94	12.97	11.23	11.25

注：（ ）中为 t 值，根据聚类稳健标准误计算；***、** 和 * 分别代表 1%、5% 和 10% 的显著性水平。

对表 5-22 的结果分析表明，在适度的贸易开放度下，国外多样化的需求和国外技术的溢出效应，能够刺激本国创新能力提升、数字应用水平和能力的提升，从而促进出口国内附加值率和上游度指数的提升。而在贸易开放度达到一定水平后，一方面，由于贸易体量增加速度较快，而数字化对上游度指数的影响效用无法跟上贸易量的增长速度，导致数字化对上游度指数的积极作用在贸易开放度到达一定水平后开始减弱。另一方面，随着对外开放水平不断提升，各制造业对国际数字产业资源的依赖度也逐步提高，国外数字化抑制作用逐渐增强，从而对全球价值链分工地位提升的抑制作用也越来越强。因此，在不断提高贸易开放水平的过程中，既要加大对国内数字产业的支持力度，注重突破数字技术瓶颈，也要注重提升对国际数字产业资源的技术吸收能力，降低对国际数字产业资源的依赖。

以上实证结果验证了国内数字化对全球价值链分工地位的促进作用具有门槛效应，当创新水平、产业服务化水平以及贸易开放度跨越一定门槛值并在合理的区间内，国内数字化对全球价值链分工地位提升的促进作用越大，从而验证了假设 4。

第五节　本章小结

本章在实证分析制造业数字化对全球价值链分工地位提升的影响以及不同投入来源的数字化对全球价值链分工地位影响的基础上，区分不同投入来源讨论了制造业技术类别异质性、时期异质性、国家类别异质性以及与技术前沿距离异质性，并分析了制造业数字化对全球价值链分工地位影响的中介机制和外部约束。研究表明：

第一，从整体来看，数字化有利于促进全球价值链分工地位提升，但基于不同投入来源的制造业数字化对全球价值链分工地位的影响是不同的。源自国内的数字化水平提高能够显著促进全球价值链分工地位提升，而源自国外的数字化水平提高则会显著抑制全球价值链分工地位提升。经过对连续型变量进行 5% 缩尾处理以及替换度量指标后，结论依然稳健。

第二，制造业数字化对全球价值链分工地位的影响效应在制造业技术类别、时期、国家以及与技术前沿距离上存在异质性：产业数字化在低技术制造业中表现出更大的边际效用；2008 年后，数字化对全球价值链分工地位的影响逐步显现，国内数字化的积极影响逐步显现，但同时，国外数字化对全球价值链分工地位的抑制作用也逐渐显著；高等收入国家制造业数字化对全球价值链分工地位提升的作用要大于中等收入国家；距离技术前沿近和距离技术前沿远的国家—行业在 2008 年后越来越依靠国内数字化来提高全球价值链分工地位，但距离技术前沿较远的国家—行业则由于更多依赖国际数字产业资源，导致全球价值链分工地位上升受到影响。

第三，中介机制分析表明，国内数字化促进全球价值链分工地位提升存在部分中介效应，能够通过促进生产效率和产业服务化水平提升来间接促进全球价值链分工地位提升。

第四，门槛分析表明，国内数字化促进全球价值链分工地位提升作用的大小受到创新水平、产业服务化水平以及贸易开放度的约束，在约束变量跨越一定的门槛值并在合理的区间内，国内数字化能够更好地发挥对全球价值链分工地位提升的促进作用。

第六章　基于不同投入类型的制造业数字化对全球价值链分工地位的影响分析

　　第五章考察了基于不同投入来源的制造业数字化对全球价值链分工地位的影响，核心结论为：源于国内数字投入的制造业数字化能够促进全球价值链分工地位的提升，而源于国外数字投入的制造业数字化则对全球价值链分工地位提升起到负向作用。以上是从数字化投入来源的维度上进行的分析，那么，基于不同投入类型（数字硬件制造、数字软件服务）的制造业数字化对全球价值链分工地位的影响是否有所不同呢？针对市场上普遍存在的数字化投入"重硬件轻软件"问题，有必要分别对数字硬件、软件投入的影响效应进行检验，避免众多企业进入盲目数字化投入的误区。另外，由于数字硬件、软件产业的性质差异，在对全球价值链分工地位的影响上也可能会出现不同的结果，仅考虑整体效应而不区分数字产业类别将会出现结果应用上的偏误。因此，本章将在第五章区分数字化投入来源的基础上，进一步深入考察不同投入类型的数字化对全球价值链分工地位的影响。本章结构安排如下：第一节建立基准回归模型，实证检验不同投入类型的制造业数字化对全球价值链分工地位提升的影响，对假设1b进行检验，并进行稳健性和内生性检验；第二节进行异质性分析，在不同层面深入了解不同投入来源及投入类型的数字化影响全球价值链分工地位的异质性，对假设2b进行检验；第三节建立中介效应模型，在深化投入来源和投入类型后揭示制造业数字化促进全球价值链分工地位提升的传导机制，对假设 3 进一步进行检验。通过本章的考察，希望能够从数字化投入类型的角度探寻提升全球价值链分工地位的政策启示。

第一节　基准回归分析

一、模型设定

数字硬件和数字软件本身对经济运行发展的作用是不同的：数字硬件可以使生产生活和实物资产中的信息数字化，并能够被收集、存储和处理。数据中潜藏着极大的价值，而正是由于数字软件产业的存在使得数据的价值能够被挖掘和应用（Zhu 和 Madnick，2009；Opresnik 和 Taisch，2015；Urbinati 等，2019）。对数据的不断积累、维护以及分析是数字企业的竞争优势（Teece，2020）。通过挖掘数据资源的价值，能够提升企业的研发水平、生产和经营效率，提高服务水平，从而提升价值增值能力。

但各产业对数字硬件和数字软件的投入和重视程度是不同的。徐映梅和张雯婷（2021）根据中国 2007 年、2012 年和 2017 年的投入产出数据分析了数字经济产业在整个产业网络中的特征，研究表明各产业的数字化程度存在差异，数字经济产业发展侧重于数字硬件制造，而在数字软件及信息技术服务、数字资料领域的发展不足。

由于数字硬件和软件的不同作用，在对全球价值链分工地位的影响上也可能存在差异。在数字化转型的过程中，如果不区分数字产业类型而盲目进行数字化投入，将无法真正发挥数据的价值，不但会影响企业数字化转型的积极性和生产成本，而且会影响全球价值链分工地位提升的速度。为检验数字硬件制造业（C26）和数字软件服务业（J61、J62_J63）投入对全球价值链分工地位的影响，构建基准回归模型如下：

$$GVC_{it} = \alpha'_0 + \alpha'_1 LDig\_s_{it} + \alpha'_2 LDig\_h_{it} + \alpha'_3 CON_{it} + \tau_i + \mu_t + \varepsilon_{it} \qquad (6-1)$$

其中，$LDig\_s$ 表示该产业对数字软件服务业的相对依赖度（以下简称数字软件投入），$LDig\_h$ 表示该产业对数字硬件制造业的相对依赖度（以下简称数字硬件投入）。

进一步地，在第五章区分数字化投入来源的基础上区分不同的投入类型，深入分析不同投入来源和不同投入类型的数字化对全球价值链分工地位的影响。设定回归模型如下：

$$GVC_{it} = \alpha''_0 + \alpha''_1 LDig\_s\_d_{it} + \alpha''_2 LDig\_h\_d_{it} + \alpha''_3 LDig\_s\_f_{it} +$$
$$\alpha''_4 LDig\_h\_f_{it} + \alpha''_5 CON_{it} + \tau_i + \mu_t + \varepsilon_{it} \qquad (6-2)$$

其中，$LDig\_s\_d$ 表示该产业对国内数字软件服务业的相对依赖度（以下简称国内数字软件投入），$LDig\_h\_d$ 表示该产业对国内数字硬件制造业的相对依赖度（以下简称国内数字硬件投入），$LDig\_s\_f$ 表示该产业对国外数字软件服务业的相对依赖度（以下简称国外数字软件投入），$LDig\_h\_f$ 表示该产业对国外数字硬件制造业的相对依赖度（以下简称国外数字硬件投入），CON 为控制变量，包括人力资本水平、对外开放水平、产业出口规模、经济发展水平、产业国际竞争力、产业服务化水平、自然资源禀赋和研发投入强度，τ_i 为国家—产业固定效应，μ_t 为时间固定效应，ε_{it} 为残差项。

根据假设 1b，预期 $\alpha'_1 \neq \alpha'_2$，$\alpha''_1 \neq \alpha''_2 \neq \alpha''_3 \neq \alpha''_4$。

二、变量选取与数据说明

参考第三章的测量方法，构建相对依赖度来反映各产业对数字硬件产业、数字软件产业的依赖程度，作为产业的数字硬件投入和数字软件投入水平的刻画指标，实证中取自然对数。

国家 h 产业 j 的数字软件投入和数字硬件投入水平的测算公式为：

$$LDig\_s_{hj} = \ln \left[\sum_{l=1}^{m} (b_{l\gamma hj} + b_{l\pi hj}) \middle/ \left(\sum_{l=1}^{m} \sum_{i=1}^{n} b_{lihj} - \sum_{l=1}^{m} \sum_{k=1}^{D} b_{lkhj} \right) \right]$$
$$(6-3)$$

$$LDig\_h_{hj} = \ln\left[\sum_{l=1}^{m} b_{l\theta hj} \middle/ \left(\sum_{l=1}^{m}\sum_{i=1}^{n} b_{lihj} - \sum_{l=1}^{m}\sum_{k=1}^{D} b_{lkhj}\right)\right]$$

$$(6\text{-}4)$$

其中，$b_{l\gamma hj}$ 表示国家 h 产业 j 对国家 l 数字软件产业 γ 的直接消耗系数，$b_{l\pi hj}$ 表示国家 h 产业 j 对国家 l 数字软件产业 π 的直接消耗系数，$b_{l\theta hj}$ 表示国家 h 产业 j 对国家 l 数字硬件产业 θ 的直接消耗系数，m 表示经济体个数，n 表示产业个数，k 表示数字产业所包含的子产业，D 表示数字产业所包含的子产业个数。

基于不同投入类型的核心解释变量描述性统计如表 6-1 所示。

表 6-1 细分数字化投入类型的核心解释变量描述性统计

变量	样本数	平均值	标准差	最小值	最大值
数字软件投入（$LDig\_s$）	14100	-4.758	0.887	-13.861	-1.884
数字硬件投入（$LDig\_h$）	14100	-5.191	1.528	-16.067	-0.079
国内数字硬件投入（$LDig\_h\_d$）	14100	-6.816	2.313	-41.561	-0.384
国内数字软件投入（$LDig\_s\_d$）	14100	-4.956	0.943	-14.068	-1.920
国外数字硬件投入（$LDig\_h\_f$）	14100	-5.850	1.703	-16.067	-0.117
国外数字软件投入（$LDig\_s\_f$）	14100	-6.932	1.235	-15.536	-2.678

各解释变量之间的相关系数如表 6-2 所示。结果显示，各解释变量间相关系数均低于多重共线性存在的门槛值 0.7。同时，各解释变量的方差膨胀因子如表 6-3 所示，方差膨胀因子（VIF）均低于 10，说明模型不存在严重的多重共线性问题。

表 6-2 各解释变量间相关系数

	$LDig\_s$	$LDig\_h$	RD	$Open$	RCA_f	$EXOW$	$LNPG$	HR	$Serv$	$Melt$
$LDig\_s$	1.000									
$LDig\_h$	0.351	1.000								
RD	0.118	0.197	1.000							
$Open$	-0.126	0.033	0.006	1.000						

续表

	LDig_s	LDig_h	RD	Open	RCA_f	EXOW	LNPG	HR	Serv	Melt
RCA_f	−0.051	−0.079	0.013	0.080	1.000					
EXOW	0.018	0.111	0.298	−0.236	0.323	1.000				
LNPG	0.152	0.176	0.677	0.041	−0.072	0.113	1.000			
HR	0.037	0.073	0.108	0.227	−0.048	0.168	0.354	1.000		
Serv	0.454	0.042	0.030	−0.077	−0.057	−0.087	0.208	0.100	1.000	
Melt	0.060	−0.135	−0.084	−0.245	−0.125	−0.158	−0.024	−0.083	0.079	1.000

表 6-3　各解释变量的方差膨胀因子

变量	方差膨胀因子（VIF）	方差膨胀因子（VIF）
LDig_s	1.20	—
LDig_h	1.24	—
LDig_s_d	—	2.07
LDig_h_d	—	1.71
LDig_s_f	—	2.55
LDig_h_f	—	1.57
HR	1.41	1.41
Open	1.34	1.66
EXOW	1.57	1.65
LNPG	2.20	2.64
RCA_f	1.21	1.21
Serv	1.05	1.37
Melt	1.15	1.19
RD	2.11	2.74
平均值	1.45	1.81

三、实证结果与分析

首先进行面板单位根检验和模型选择检验，IPS 检验显示不存在面板单位根，Hausman 检验显示模型选择固定效应模型较为合适。因此，本节采用时间和个体双向固定效应模型。

（一）基于不同投入类型的数字化对全球价值链分工地位的影响

以下将实证检验数字软件投入（$LDig\_s$）和数字硬件投入（$LDig\_h$）对全球价值链分工地位的影响是否存在差异，同时，由于不同来源的数字化投入对全球价值链分工地位的影响也不同，因此，以下还将进一步检验国内数字软件投入（$LDig\_s\_d$）、国内数字硬件投入（$LDig\_h\_d$）、国外数字软件投入（$LDig\_s\_f$）和国外数字硬件投入（$LDig\_h\_f$）对全球价值链分工地位的影响差异。

对回归模型（6-1）和回归模型（6-2）的回归结果如表6-4所示。列（1）和列（2）报告了以出口国内附加值率为被解释变量的回归结果。列（1）显示，数字软件投入对出口国内附加值率的影响在1%水平上显著为正，数字硬件投入对出口国内附加值率的影响不显著。列（2）为细分不同投入来源和不同投入类型（数字软件和数字硬件）的制造业数字化的影响结果，国内数字软件、硬件投入对出口国内附加值率的影响均在1%水平上显著为正，国外数字软件、硬件投入对出口国内附加值率的影响均在1%水平上显著为负。列（3）和列（4）报告了以上游度指数为被解释变量的回归结果。列（3）显示，数字软件投入对上游度指数的影响在1%的水平上显著为正，数字硬件投入对上游度指数的影响不显著。列（4）显示，国内数字软件投入对上游度指数的影响在1%水平上显著为正，国内数字硬件投入对上游度指数的影响在10%水平上显著为负，国外数字软件投入对上游度指数的影响在5%水平上显著为负，国外数字硬件投入对上游度指数的影响不显著。列（5）和列（6）报告了以GVC分工地位综合指数为被解释变量的回归结果。列（5）显示，数字软件投入对GVC分工地位综合指数的影响在1%水平上显著为正，数字硬件投入对GVC分工地位综合指数的影响不显著。列（6）显示，国内数字软件投入对GVC分工地位综合指数的影响在1%水平上显著为正，国内数字硬件、国外数字软件投入对GVC分工地位综合指数的影响显著为负，国外数字硬件投入的影响则不显著。

表6-4　细分数字化投入类型的回归结果

	DVAR	DVAR	GVCpt_pos	GVCpt_pos	GVC_inx	GVC_inx
	(1)	(2)	(3)	(4)	(5)	(6)
LDig_s	0.012 ***	—	0.077 ***	—	0.047 ***	—
	(4.017)		(4.036)		(3.535)	
LDig_h	-0.001	—	-0.024	—	-0.011	—
	(-0.503)		(-1.603)		(-1.067)	
LDig_s_d	—	0.021 ***	—	0.109 ***	—	0.067 ***
		(7.725)		(5.128)		(4.826)
LDig_h_d	—	0.004 ***	—	-0.010 *	—	-0.007 *
		(5.075)		(-1.946)		(-1.896)
LDig_s_f	—	-0.012 ***	—	-0.033 **	—	-0.022 **
		(-4.883)		(-2.550)		(-2.558)
LDig_h_f	—	-0.011 ***	—	-0.018	—	-0.008
		(-5.193)		(-1.485)		(-0.990)
HR	0.026 ***	0.028 ***	0.210 ***	0.184 ***	0.140 ***	0.122 **
	(2.890)	(3.207)	(2.954)	(2.672)	(2.823)	(2.551)
Open	-0.083 ***	-0.072 ***	0.127 **	0.130 **	0.083 **	0.084 **
	(-9.433)	(-7.930)	(2.274)	(2.272)	(2.398)	(2.399)
EXOW	-0.196 **	-0.240 ***	1.860 ***	1.759 ***	1.687 ***	1.623 ***
	(-2.043)	(-2.662)	(3.228)	(3.094)	(3.905)	(3.823)
LNPG	0.073 ***	0.064 ***	0.014	-0.005	-0.022	-0.033
	(8.603)	(7.802)	(0.186)	(-0.066)	(-0.406)	(-0.609)
RCA_f	0.020 ***	0.020 ***	0.160 ***	0.159 ***	0.106 ***	0.105 ***
	(6.127)	(6.065)	(7.642)	(7.607)	(7.727)	(7.671)
Serv	0.049 ***	0.045 ***	0.087 **	0.076 **	0.036	0.030
	(9.004)	(9.186)	(2.499)	(2.147)	(1.614)	(1.324)
Melt	0.087 **	0.129 ***	0.093	0.156	0.030	0.066
	(2.060)	(3.104)	(0.242)	(0.405)	(0.115)	(0.259)
RD	0.008	0.006	0.195 ***	0.204 ***	0.122 ***	0.129 ***
	(1.619)	(1.213)	(5.036)	(5.413)	(5.208)	(5.720)

续表

	DVAR	DVAR	GVCpt_pos	GVCpt_pos	GVC_inx	GVC_inx
	(1)	(2)	(3)	(4)	(5)	(6)
Constant	0.095	0.092	0.025	0.189	0.266	0.356
	(1.047)	(1.098)	(0.030)	(0.227)	(0.446)	(0.617)
N	14100	14100	14100	14100	14100	14100
R^2	0.415	0.450	0.145	0.155	0.144	0.152
F	88.57	95.49	20.33	19.41	18.63	18.03
控制变量	是	是	是	是	是	是
时间	控制	控制	控制	控制	控制	控制
国家—行业	控制	控制	控制	控制	控制	控制

注：（ ）中为 t 值，根据聚类稳健标准误计算；＊＊＊、＊＊ 和 ＊ 分别代表 1%、5% 和 10% 的显著性水平。

上述结果表明，细分数字产业类型的制造业数字化对全球价值链分工地位的影响是不同的，从而验证了假设 1b。同时，细分投入来源和投入类型的回归结果显示出，不论是源自国内的数字化投入还是源自国外的数字化投入，数字软件投入对全球价值链分工地位的影响要大于数字硬件投入，从而验证了数字软件的重要作用。

目前市场上普遍存在"重硬件轻软件"的问题，会导致企业数字化投入的软、硬件失衡，严重阻碍数字赋能企业高质量发展的进程。数字硬件作为基础设施在数字化转型中是必不可少的组成部分，但数字软件更是信息技术赋能制造业高质量发展的基础。如何更好地挖掘数据要素价值，提升生产经营和服务的效率则需要充分运用数字软件产业资源。在数字化转型过程中不区分数字硬件和数字软件，盲目进行数字化投入，会影响数字化转型的成效。另外，数字软件产业在保护国家的军事、信息和经济安全的作用也非常重要。开发工具、数据库、操作系统等数字产业中的支撑和基础软件主要由国外市场垄断，也严重影响了我国高质量发展的速度。因此，在数字化转型过程中应重视数字软件赋能经济高质量发展的作用，加大产业数字化进程中对软件产业的重视和利用。同时，也要促进数字软件产业的快速发展，完善支持数字软件产业发展的政策措施，鼓励数字软件产业园区的建设，培育良好的产业创新发展"沃土"，更好地发挥国内数字软件产业对全球价值链分工地位提升的促进作用。

（二）稳健性检验

同第五章中的稳健性检验方法，首先对连续变量进行缩尾处理，然后在此基础上将被解释变量替换为新的上游度指数和新的 GVC 分工地位综合指数，细分数字化投入类型的回归结果如表 6-5 所示。

其中，列（1）至列（3）为细分数字化投入类型，以数字软件和数字硬件作为核心解释变量，分别以出口国内附加值率、上游度指数和 GVC 分工地位综合指数为被解释变量，对所有连续变量进行 5%缩尾处理后的回归结果。研究结果表明，缩尾处理后数字软件对全球价值链分工地位提升具有显著的促进作用，表明了数字软件对全球价值链分工地位提升的正向影响是稳定的。

表 6-5 中列（4）至列（6）为细分数字化投入来源和投入类型，以国内数字软件、国内数字硬件、国外数字软件和国外数字硬件作为核心解释变量，分别以出口国内附加值率、上游度指数和 GVC 分工地位综合指数为被解释变量，对所有连续变量进行 5%缩尾处理后的回归结果。结果表明，国内数字软件投入表现出对全球价值链分工地位提升的显著促进作用、国外数字软件投入表现出对全球价值链分工地位提升的显著抑制作用，进而表明了回归模型结果的稳健性。

表 6-5 中列（7）和列（8）为在缩尾处理的基础上，区分数字化投入类型，并以新的上游度指数和新的 GVC 分工地位综合指数为被解释变量的回归结果。结果显示，源自数字软件投入的制造业数字化的系数均显著为正。

表 6-5 中列（9）和列（10）为在缩尾处理的基础上，进一步考虑细分投入来源和投入类型的制造业数字化的影响，并以新的上游度指数和新的 GVC 分工地位综合指数为被解释变量的回归结果。结果显示，国内数字软件投入对全球价值链分工地位提升的影响显著且正向促进作用更大，进一步验证了数字软件的重要作用，再次验证了假设 1b。

表6-5　细分数字化投入类型的稳健性检验

	缩尾处理异常值						替换被解释变量			
	(1)	(2)	(3)	(4)	(5)	(6)	(7)	(8)	(9)	(10)
$LDig\_s$	0.011*** (2.981)	0.065*** (3.558)	0.038*** (3.158)	—	—	—	0.013*** (3.690)	0.011** (2.482)	—	—
$LDig\_h$	0.002 (0.794)	0.002 (0.134)	0.003 (0.341)	—	—	—	0.000 (-0.153)	0.006* (1.841)	—	—
$LDig\_s\_d$	—	—	—	0.020*** (6.203)	0.083*** (5.040)	0.047*** (4.488)	—	—	0.016*** (4.818)	0.015*** (4.264)
$LDig\_h\_d$	—	—	—	0.007*** (6.676)	-0.005 (-0.738)	-0.005 (-1.122)	—	—	0.000 (-0.136)	0.007*** (6.004)
$LDig\_s\_f$	—	—	—	-0.014*** (-5.700)	-0.022* (-1.848)	-0.014* (-1.845)	—	—	-0.004 (-1.360)	-0.009*** (-3.594)
$LDig\_h\_f$	—	—	—	-0.010*** (-3.994)	-0.002 (-0.154)	0.003 (0.360)	—	—	-0.001 (-0.497)	-0.008*** (-2.885)
HR	0.024** (2.478)	0.108* (1.658)	0.061 (1.381)	0.024** (2.482)	0.088 (1.363)	0.047 (1.071)	0.024* (1.853)	0.013 (1.351)	0.021 (1.623)	0.014 (1.478)
$Open$	-0.080*** (-8.786)	0.092* (1.782)	0.055* (1.753)	-0.065*** (-7.095)	0.092* (1.757)	0.052* (1.651)	0.020* (1.670)	-0.088*** (-9.617)	0.021* (1.707)	-0.075*** (-7.908)
$EXOW$	-0.075 (-0.541)	2.650*** (3.099)	2.352*** (3.909)	-0.266* (-1.882)	2.387*** (2.793)	2.202*** (3.667)	0.450** (2.354)	-0.823*** (-4.399)	0.398** (2.061)	-0.956*** (-5.176)

续表

| | 缩尾处理异常值 | | | | | | 替换被解释变量 | | | |
	(1)	(2)	(3)	(4)	(5)	(6)	(7)	(8)	(9)	(10)
LNPG	0.043***	0.088	0.038	0.042***	0.088	0.038	0.024*	0.057***	0.024*	0.056***
	(4.748)	(1.319)	(0.839)	(4.948)	(1.345)	(0.849)	(1.769)	(5.135)	(1.777)	(5.248)
RCA_f	0.021***	0.192***	0.114***	0.021***	0.192***	0.115***	0.043***	0.009**	0.043***	0.009**
	(5.806)	(7.454)	(6.756)	(5.660)	(7.504)	(6.806)	(8.426)	(2.140)	(8.452)	(2.092)
Serv	0.051***	0.117***	0.062***	0.049***	0.111***	0.059***	0.034***	0.044***	0.033***	0.042***
	(9.904)	(4.363)	(3.516)	(9.771)	(4.200)	(3.392)	(6.094)	(8.594)	(5.947)	(8.400)
Melt	-0.081	0.045	0.05	0.022	0.195	0.133	-0.048	-0.081	-0.019	-0.006
	(-1.355)	(0.095)	(0.157)	(0.387)	(0.412)	(0.418)	(-0.524)	(-0.886)	(-0.210)	(-0.063)
RD	-0.012**	0.126***	0.077***	-0.013**	0.137***	0.085***	0.025***	-0.005	0.026***	-0.007
	(-2.204)	(3.495)	(3.293)	(-2.571)	(3.705)	(3.605)	(3.072)	(-0.788)	(3.180)	(-1.103)
Constant	0.307***	-0.664	-0.266	0.219**	-0.693	-0.273	-0.171	0.248**	-0.176	0.162
	(3.213)	(-0.897)	(-0.532)	(2.458)	(-0.964)	(-0.563)	(-1.140)	(2.136)	(-1.199)	(1.455)
N	14100	14100	14100	14100	14100	14100	14100	14100	14100	14100
R^2	0.393	0.151	0.143	0.428	0.156	0.147	0.147	0.391	0.151	0.407
F	69.79	22.23	18.78	69.35	21.88	18.19	22.42	74.46	21.92	72.20
控制变量	是	是	是	是	是	是	是	是	是	是
时间	控制	控制	控制	控制	控制	控制	控制	控制	控制	控制
国家—行业	控制	控制	控制	控制	控制	控制	控制	控制	控制	控制

注：（）中为 t 值，根据聚类稳健标准误计算；***、**和*分别代表1%、5%和10%的显著性水平。

（三）内生性检验

由于源自国内的数字软件投入对全球价值链分工地位指标有正向的促进作用，而源自国外的数字软件投入对全球价值链分工地位存在负向的抑制作用。考虑制造业数字化与全球价值链分工地位之间可能存在逆向因果关系，全球价值链分工地位的提升是否会影响对国内、国外数字软件投入的增加？下文参考范兆娟和艾玮炜（2022）的做法，采用国内数字软件投入的滞后一期作为其工具变量，国外数字软件投入的滞后一期作为其工具变量，并采用两阶段最小二乘法（2SLS）进一步检验国内、国外数字软件投入对全球价值链分工地位的影响，内生性检验结果如表6-6所示。

表6-6 细分数字化投入类型的内生性检验结果

变量	2SLS	2SLS	2SLS	2SLS	2SLS	2SLS	2SLS	2SLS
	1st-stage	2nd-stage	2nd-stage	2nd-stage	1st-stage	2nd-stage	2nd-stage	2nd-stage
	(1)	(2)	(3)	(4)	(5)	(6)	(7)	(8)
1. $LDig\_s\_d$	0.621***	—	—	—	—	—	—	—
	(12.251)							
1. $LDig\_s\_f$	—	—	—	—	0.632***	—	—	—
					(15.554)			
$LDig\_s\_d$	—	0.023***	0.127***	0.086***	0.148***	0.021***	0.108***	0.066***
		(5.607)	(4.231)	(4.319)	(3.560)	(7.321)	(5.128)	(4.770)
$LDig\_h\_d$	0.029***	0.004***	-0.008	-0.006*	0.003	0.004***	-0.007	-0.005
	(4.233)	(4.667)	(-1.621)	(-1.744)	(0.937)	(4.800)	(-1.479)	(-1.516)
$LDig\_s\_f$	0.078**	-0.012***	-0.039***	-0.027***	—	-0.009**	-0.037*	-0.025*
	(2.419)	(-5.008)	(-3.038)	(-3.167)		(-2.425)	(-1.668)	(-1.677)
$LDig\_h\_f$	0.098***	-0.010***	-0.020	-0.011	0.166***	-0.011***	-0.017	-0.007
	(3.517)	(-4.938)	(-1.637)	(-1.263)	(5.241)	(-5.098)	(-1.403)	(-0.878)
HR	-0.124***	0.030***	0.187***	0.121**	-0.035	0.030***	0.183***	0.117**
	(-4.405)	(3.304)	(2.668)	(2.481)	(-0.763)	(3.379)	(2.591)	(2.375)
$Open$	-0.103**	-0.072***	0.130**	0.080**	0.072*	-0.072***	0.129**	0.079**
	(-2.357)	(-7.679)	(2.303)	(2.269)	(1.769)	(-7.701)	(2.288)	(2.238)

续表

变量	2SLS	2SLS	2SLS	2SLS	2SLS	2SLS	2SLS	2SLS
	1st-stage	2nd-stage	2nd-stage	2nd-stage	1st-stage	2nd-stage	2nd-stage	2nd-stage
	(1)	(2)	(3)	(4)	(5)	(6)	(7)	(8)
EXOW	−0.315	−0.281***	1.923***	1.740***	−0.242	−0.276***	1.894***	1.711***
	(−0.833)	(−3.150)	(3.359)	(4.062)	(−0.513)	(−3.132)	(3.328)	(4.024)
LNPG	−0.117**	0.072***	−0.038	−0.055	−0.298***	0.074***	−0.045	−0.063
	(−2.411)	(8.324)	(−0.479)	(−1.003)	(−6.359)	(8.245)	(−0.553)	(−1.094)
RCA_f	−0.005	0.021***	0.155***	0.101***	−0.011	0.021***	0.156***	0.102***
	(−0.398)	(6.388)	(7.566)	(7.389)	(−0.871)	(6.460)	(7.538)	(7.387)
Serv	0.277***	0.045***	0.074*	0.025	0.105***	0.045***	0.083**	0.034
	(10.411)	(8.278)	(1.950)	(1.026)	(3.865)	(9.174)	(2.268)	(1.463)
Melt	−0.972***	0.118***	0.122	0.046	0.405	0.113***	0.093	0.014
	(−3.917)	(2.887)	(0.318)	(0.177)	(1.484)	(2.753)	(0.243)	(0.055)
RD	−0.082***	0.008	0.185***	0.121***	−0.035	0.008	0.183***	0.119***
	(−3.509)	(1.590)	(4.969)	(5.141)	(−1.332)	(1.555)	(4.925)	(5.078)
Kleibergen−Paap rk LM	155.836	155.836	155.836		215.294	215.294	215.294	
	[0.000]	[0.000]	[0.000]	—	[0.000]	[0.000]	[0.000]	
Kleibergen− Paap Wald rk F	150.097	150.097	150.097		241.919	241.919	241.919	
	{16.38}	{16.38}	{16.38}	—	{16.38}	{16.38}	{16.38}	
Endogeneity test	0.263	1.711	4.361		2.265	0.006	0.004	
	[0.608]	[0.191]	[0.037]		[0.132]	[0.938]	[0.948]	
N	13395	13395	13395	—	13395	13395	13395	
R²	0.268	0.101	0.093	—	0.268	0.102	0.094	
F	59.20	17.49	15.75	—	51.60	18.80	16.10	

注：（　）中为 t 值，根据聚类稳健标准误计算；［　］中为 P 值；{　}中为 Stock-Yogo 检验 10% 水平上的临界值；***、**和*分别代表 1%、5% 和 10% 的显著性水平。

表 6-6 中列（1）至列（4）为检验国内数字软件投入的内生性并进行处理的结果。其中，列（1）为将国内数字软件投入的滞后一期作为其工具变量的第一阶段最小二乘法的结果。结果显示，国内数字软件投入滞后一期的系数在 1% 水平上显著为正，表明国内数字软件投入一阶滞后项与当期国内数字软件投入水平正相关。列（2）至列（4）为分别以出口国内附加值率、上游度指数、GVC 分工地位综合指数为被解释变量的两阶段最小二

乘法的结果。Endogeneity test 结果显示，国内数字软件投入不是出口国内附加值率和上游度指数的内生变量，是 GVC 分工地位综合指数的内生变量。

表 6-6 中列（5）至列（8）为检验国外数字软件投入的内生性并进行处理的结果。其中，列（5）为将国外数字软件投入的滞后一期作为其工具变量的第一阶段最小二乘法的结果。结果显示，国外数字软件投入滞后一期的系数在 1% 水平上显著为正，表明国外数字软件投入一阶滞后项与当期国外数字软件投入水平正相关。列（6）至列（8）为分别以出口国内附加值率、上游度指数、GVC 分工地位综合指数为被解释变量的两阶段最小二乘法的结果。Endogeneity test 结果显示，国外数字软件投入不是 GVC 分工地位相关指标的内生变量。

为验证工具变量的有效性，本节对工具变量分别进行识别不足和弱工具变量检验。Kleibergen-Paap rk LM 统计量在 1% 水平上显著，从而拒绝了"工具变量识别不足"的原假设；Kleibergen-Paap Wald rk F 统计量均大于 Stock-Yogo weak ID test 10% 水平上的工具变量临界值，从而拒绝"存在弱工具变量"的假设，充分表明选取的工具变量是合理有效的。内生性处理结果表明，国内数字软件投入和国外数字软件投入的系数符号均没有发生改变且都是显著的。因此，在考虑了模型潜在的内生性后，进一步证实了前述研究结论，国内数字化投入对全球价值链分工地位显著的促进作用主要体现为数字软件投入效应，国内数字硬件投入对全球价值链分工地位的影响较弱或不显著。国外数字软件投入对全球价值链分工地位有显著的负向抑制作用，国外数字硬件投入对出口国内附加值率有显著的抑制作用。

第二节　异质性分析

本章第一节验证了不同投入来源和不同投入类型的数字化对全球价值链分工地位的影响是不同的。那么，这种影响是否存在异质性呢？同第五章第二节，下文考察制造业数字化对全球价值链分工地位的影响效应在制造业技术类别、时期、国家和与技术前沿距离上的异质性。

一、制造业技术类别异质性

在国内、国外数字化投入来源的基础上细分数字软、硬件投入，各不同技术类别制造业数字化对全球价值链分工地位影响的回归结果如表6-7所示。

表6-7中列（1）至列（3）为各不同技术类别制造业数字化对出口国内附加值率的影响。结果显示，国内数字化主要表现为数字软件投入的影响，且低技术制造业的国内数字化投入对出口国内附加值率的影响（0.029）要高于中低技术制造业（0.026）和中高技术制造业（0.010）。国外数字化也主要表现为数字软件的影响，中高技术制造业和低技术制造业的影响系数基本一致。从国外数字硬件投入来看，低技术制造业的负向抑制效应（-0.014）要大于中低技术制造业（-0.012）和中高技术制造业（-0.007）。以上结果均表明，低技术制造业数字化在对国内附加值率的影响上表现出更高的边际效应，且主要体现为国内数字软件投入的正向影响和国外数字投入的负向影响。列（4）至列（6）为各不同技术类别制造业数字化对上游度指数的影响。结果显示，国内数字化和国外数字化均主要体现为数字软件投入的影响，国内数字软件投入对各技术类别制造业上游度指数的正向影响基本一致，未表现出明显的异质性。从国外数字软件投入的影响来看，低技术制造业和中高技术制造业的影响系数相差不大，中低技术制造业的国外数字软件投入对上游度指数的影响不显著。列（7）至列（9）为各不同技术类别制造业的数字化对 GVC 分工地位综合指数的影响，异质性分析结果基本与列（4）至列（6）一致。以上结果显示，在对出口国内附加值率的影响上，低技术制造业的国内数字软件投入表现出更大的正向促进作用，可能原因在于国内数字软件技术更易与低技术制造业融合，使原本效率就低的低技术制造业更易于获得更多的收益分配，从而更易于提高出口国内附加值率。

表6-7 细分数字化投入类型的制造业技术类别异质性影响回归结果

	DVAR			GVCpt_pos			GVC_inx		
	中高技术	中低技术	低技术	中高技术	中低技术	低技术	中高技术	中低技术	低技术
	(1)	(2)	(3)	(4)	(5)	(6)	(7)	(8)	(9)
$LDig\_s\_d$	0.010**	0.026***	0.029***	0.109**	0.112***	0.102***	0.069**	0.064***	0.064***
	(2.559)	(4.884)	(7.627)	(2.438)	(5.365)	(3.348)	(2.448)	(4.721)	(2.743)
$LDig\_h\_d$	0.004***	0.007***	0.002*	-0.013	-0.017	-0.005	-0.009	-0.010	-0.004
	(3.155)	(4.930)	(1.963)	(-1.552)	(-1.610)	(-0.706)	(-1.599)	(-1.353)	(-0.682)
$LDig\_s\_f$	-0.015***	-0.006	-0.016***	-0.069***	0.013	-0.059***	-0.039***	0.002	-0.038**
	(-3.797)	(-1.383)	(-5.740)	(-3.022)	(0.619)	(-2.630)	(-2.694)	(0.174)	(-2.543)
$LDig\_h\_f$	-0.007**	-0.012***	-0.014***	-0.005	0.001	-0.028	-0.002	-0.005	-0.005
	(-2.019)	(-3.140)	(-4.569)	(-0.252)	(0.027)	(-1.597)	(-0.112)	(-0.310)	(-0.426)
N	5800	4140	4160	5800	4140	4160	5800	4140	4160
R^2	0.413	0.513	0.524	0.113	0.216	0.230	0.121	0.157	0.249
F	48.52	33.21	41.10	8.08	11.49	11.67	7.29	8.47	12.07
控制变量	是	是	是	是	是	是	是	是	是
时间	控制	控制	控制	控制	控制	控制	控制	控制	控制
国家—行业	控制	控制	控制	控制	控制	控制	控制	控制	控制

注：（ ）中为 t 值，根据聚类稳健标准误差计算；***、** 和 * 分别代表 1%、5% 和 10% 的显著性水平。

二、时期异质性

国际金融危机对世界经济和贸易环境产生了巨大影响，与此同时，随着信息科技的快速发展，企业的数字化转型速度也逐渐加快。那么，当细分数字产业类型后，数字化对全球价值链分工地位的影响是否存在时期异质性呢？以下将样本分为 2000~2007 年及 2008~2019 年两个时间段，考察不同时期基于不同投入来源和投入类型的制造业数字化对全球价值链分工地位的影响，回归结果如表 6-8 所示。

表 6-8　细分数字化投入类型的时期异质性影响回归结果

	DVAR		GVCpt_pos		GVC_inx	
	2000~2007 年	2008~2019 年	2000~2007 年	2008~2019 年	2000~2007 年	2008~2019 年
	(1)	(2)	(3)	(4)	(5)	(6)
$LDig\_s\_d$	0.008	0.027 ***	0.021	0.093 ***	0.005	0.054 ***
	(1.612)	(7.853)	(0.653)	(4.326)	(0.236)	(3.928)
$LDig\_h\_d$	0.004 ***	0.003 ***	-0.006	-0.002	-0.004	-0.004
	(3.112)	(3.551)	(-1.362)	(-0.346)	(-1.246)	(-0.987)
$LDig\_s\_f$	0.003	-0.009 ***	0.008	-0.020	0.004	-0.011
	(0.788)	(-4.178)	(0.416)	(-1.289)	(0.290)	(-1.055)
$LDig\_h\_f$	-0.020 ***	-0.011 ***	0.014	-0.025 *	0.002	-0.016
	(-4.674)	(-5.194)	(0.527)	(-1.673)	(0.133)	(-1.395)
N	5640	8460	5640	8460	5640	8460
R^2	0.457	0.341	0.113	0.119	0.122	0.111
F	66.25	85.26	9.92	16.98	10.37	14.23
控制变量	是	是	是	是	是	是
时间	控制	控制	控制	控制	控制	控制
国家—行业	控制	控制	控制	控制	控制	控制

注：（　）中为 t 值，根据聚类稳健标准误计算；***、** 和 * 分别代表 1%、5% 和 10% 的显著性水平。

表 6-8 中列（1）和列（2）为以出口国内附加值率为被解释变量的回归结果，列（3）和列（4）为以上游度指数为被解释变量的结果，列

（5）和列（6）为以 GVC 分工地位综合指数为被解释变量的结果。通过观察以上回归结果，可以看出：①在源自国内数字软件投入的影响方面：2008 年之前国内数字软件投入对全球价值链分工地位（三个指标）的影响均不显著，2008 年之后国内数字软件投入对全球价值链分工地位（三个指标）均在 1% 水平上有显著的正向促进作用。对出口国内附加值率的影响由 2008 年之前的 0.008（不显著）上升至 2008 年之后的 0.027（显著），对上游度指数的影响由 2008 之前的 0.021（不显著）上升至 2008 年之后的 0.093（显著），对 GVC 分工地位综合指数的影响由 2008 之前的 0.005（不显著）上升至 2008 年之后的 0.054（显著）。②在源自国内数字硬件投入的影响方面：2008 年之前和 2008 年之后国内数字硬件投入对出口国内附加值率均有显著的正向促进作用，但影响系数相差不大，数值也较小。2008 年之前和 2008 年之后国内数字硬件投入对上游度指数和 GVC 分工地位综合指数的影响均不显著。③在源自国外数字软件投入的影响方面：国外数字软件投入对出口国内附加值率的影响由 2008 年之前的 0.003（不显著）转变为 2008 年之后的 -0.009（显著），对上游度指数和 GVC 分工地位综合指数均表现为不显著。④在源自国外数字硬件投入的影响方面：国外数字硬件投入对出口国内附加值率和上游度指数的影响在 2008 年之后均为显著的负向抑制作用，对 GVC 分工地位综合指数的影响为负但不显著。

以上结果反映出，基于不同来源和投入类型的制造业数字化对全球价值链分工地位提升的影响存在时期异质性。2008 年之后，国内数字软件投入对全球价值链分工地位在 1% 水平上有显著的正向促进作用，国外数字化大多表现出对全球价值链分工地位提升的抑制作用。

三、国家异质性

随着新一代信息技术的快速发展，不同经济体的比较优势会受到不同的冲击（李雯轩，2019）。新技术使发展中国家在雇佣高技能劳动力的同时减少了对低技能劳动力的需求，使发展中国家和发达国家的劳动力成本优势发生了改变（李晓华，2022）。而就劳动力与新技术的匹配程度而言，由于新技术相对发展中国家来说更加适合发达国家技能丰富的劳动力（Acemoglu 和 Zilibotti，2001），因此，与先进技术相匹配的条件不同也会导致国家之间数字化影响效果的差异（邹薇和代谦，2003）。同时，由于数字硬件产业和数字软件产业的性质和作用不同，不同国家对不同类型的数字产业投入和应用的效果也会不同，从而对全球价值链分工地位产生不同的影响。

根据世界银行的数据，以下将考察的国家分为高等收入国家和中等收入国家，分析制造业数字化（区分不同投入类型和投入来源）对全球价值链分工地位的影响是否存在异质性，回归结果如表6-9所示。

表6-9　细分数字化投入类型的国家异质性影响回归结果

	DVAR		*GVCpt_pos*		*GVC_inx*	
	高等收入	中等收入	高等收入	中等收入	高等收入	中等收入
	（1）	（2）	（3）	（4）	（5）	（6）
LDig_s_d	0.022***	0.013***	0.094***	0.124***	0.056***	0.073***
	（6.343）	（3.592）	（3.413）	（4.072）	（3.182）	（3.417）
LDig_h_d	0.003***	0.006***	−0.003	−0.002	−0.002	−0.004
	（3.130）	（4.195）	（−0.594）	（−0.174）	（−0.415）	（−0.540）
LDig_s_f	−0.016***	0.003	−0.042**	0.008	−0.026**	0.010
	（−5.110）	（0.941）	（−2.505）	（0.382）	（−2.431）	（0.722）
LDig_h_f	−0.010***	−0.019***	−0.015	−0.045	−0.007	−0.022
	（−4.022）	（−6.000）	（−1.104）	（−1.576）	（−0.793）	（−1.124）
N	11500	2600	11500	2600	11500	2600
R^2	0.466	0.516	0.139	0.309	0.135	0.303
F	86.11	55.95	15.43	17.48	13.67	16.45
控制变量	是	是	是	是	是	是
时间	控制	控制	控制	控制	控制	控制
国家—行业	控制	控制	控制	控制	控制	控制

注：（ ）中为t值，根据聚类稳健标准误计算；***、**和*分别代表1%、5%和10%的显著性水平。

表 6-9 中列（1）和列（2）为以出口国内附加值率为被解释变量的回归结果，列（3）和列（4）为以上游度指数为被解释变量的结果，列（5）和列（6）为以 GVC 分工地位综合指数为被解释变量的结果。通过观察以上回归结果，可以看出：①在源自国内数字软件投入的影响方面：所有回归结果中，国内数字软件投入的影响系数均在 1% 水平上显著。在以出口附加值率为被解释变量的回归结果中，表现出高等收入国家（0.022）较中等收入国家（0.013）有更高的影响系数。而在以上游度指数和 GVC 分工地位综合指数为被解释变量的回归结果中，中等收入国家（0.124 和 0.073）比高等收入国家（0.094 和 0.056）有较高的影响系数。②在源自国内数字硬件投入的影响方面：国内数字硬件投入对出口附加值率的影响在 1% 水平上显著为正，且表现出中等收入国家（0.006）较高等收入国家（0.003）有更大的影响。国内数字硬件投入对上游度指数和 GVC 分工地位综合指数的影响均不显著。③在源自国外数字软件投入的影响方面：国外数字软件投入对高等收入国家的全球价值链分工地位（三个指标）均表现出显著的负向抑制作用（-0.016、-0.042 和 -0.026），而对中等收入国家的全球价值链分工地位（三个指标）均没有显著影响。④在源自国外数字硬件投入的影响方面：国外数字硬件投入对出口国内附加值率的影响显著为负，且对中等收入国家的影响（-0.019）要大于对高等收入国家的影响（-0.010）。国外数字硬件投入对上游度指数和 GVC 分工地位综合指数的影响均不显著。以上结果表明，国内数字软件投入仍然是促进全球价值链分工地位提升的主要因素，国内数字软件投入更有利于高等收入国家的出口国内附加值率提高，更有利于中等收入国家上游度指数的上升。国外数字软件投入则对高等收入国家的负向抑制作用显著，国外数字硬件对中等收入国家出口国内附加值率提升的抑制作用更大。

考虑到中国较大的市场规模，可能会影响中等收入国家的回归结果。因此，不考虑中国制造业数据，重新对中等收入国家数据进行回归，结果如表 6-10 所示。结果显示，数字化对全球价值链分工地位指标影响的显著性、符号均没有发生明显改变。国内数字软件投入是影响全球价值链分工地位提升的主要因素，且在影响国内附加值率上的异质性较大，表现出高等收入国家的国内数字软件影响效应大于中等收入国家。

表6-10　细分数字化投入类型的国家异质性影响回归结果（不含中国数据）

	DVAR		GVCpt_pos		GVC_inx	
	高等收入	中等收入	高等收入	中等收入	高等收入	中等收入
	（1）	（2）	（3）	（4）	（5）	（6）
LDig_s_d	0.022***	0.015***	0.094***	0.107***	0.056***	0.059**
	(6.343)	(3.246)	(3.413)	(2.638)	(3.182)	(2.177)
LDig_h_d	0.003***	0.006***	−0.003	−0.005	−0.002	−0.006
	(3.130)	(3.860)	(−0.594)	(−0.380)	(−0.415)	(−0.732)
LDig_s_f	−0.016***	0.001	−0.042**	0.018	−0.026**	0.017
	(−5.110)	(0.431)	(−2.505)	(0.832)	(−2.431)	(1.175)
LDig_h_f	−0.010***	−0.019***	−0.015	−0.039	−0.007	−0.012
	(−4.022)	(−5.477)	(−1.104)	(−1.232)	(−0.793)	(−0.580)
N	11500	2260	11500	2260	11500	2260
R^2	0.466	0.515	0.139	0.331	0.135	0.328
F	86.11	53.28	15.43	16.44	13.67	15.44
控制变量	是	是	是	是	是	是
时间	控制	控制	控制	控制	控制	控制
国家—行业	控制	控制	控制	控制	控制	控制

注：（　）中为t值，根据聚类稳健标准误计算；***、**和*分别代表1%、5%和10%的显著性水平。

四、与技术前沿距离异质性

由于各行业技术程度不同，对数字硬件和数字软件投入所产生的影响效果也可能不同。软件系统能够帮助管理者获取更多的信息，协助进行新产品研发和决策（Lin等，2013；Relich和Bzdyra，2015；Ricondo等，2016），辅助设计质量更高的服务（Markham等，2015），从而有利于提升产业竞争力和价值增值能力。与技术前沿较近的行业，则更容易发挥数字软件创造价值的能力。那么，发展中国家各行业与技术前沿距离的不同是否表现出数字化对全球价值链分工地位影响的不同？这种影响差异需要依据样本数据进行检验。以下将分别考察以出口国内附加值率和上游度指数为被解释变量，不同投入来源和投入类型的制造业数字化在对全球价值链分工地位影响上的与技术前沿距离异质性。

以出口国内附加值率为被解释变量的回归结果如表 6-11 所示。结果显示：①对距离技术前沿近的行业而言，在 2008 年之后，国内数字软件投入的正向影响最大（0.069）。②对距离技术前沿中等的行业而言，2008 年之后更多地受到国外数字软件和数字硬件投入的影响（0.020 和-0.038）。③对距离技术前沿远的行业而言，国内数字软件投入、国内数字硬件投入和国外数字硬件投入的影响分别为 0.023、0.015 和-0.034。以上结果表明：距离技术前沿近的行业，能够更多地依靠国内数字软件投入来提高出口国内附加值率；距离技术前沿中等的行业，更多的是依赖对国外数字产业的投入（硬件和软件）来提高出口国内附加值率；对距离技术前沿远的行业，国内数字软件投入、国内数字硬件投入和国外数字硬件投入均产生显著影响，但国内数字软件的正向影响效应要低于距离技术前沿近的行业。以上结果表明，发展中国家数字化对出口国内附加值率的影响存在与技术前沿距离的异质性，越接近技术前沿的行业越能发挥国内数字软件投入对出口国内附加值率提升的促进作用，距离技术前沿越远越容易受到国外数字软件投入和数字硬件投入的抑制作用影响。

表 6-11 细分数字化投入类型的与技术前沿距离异质性影响回归结果（DVAR）

	距离技术前沿近		距离技术前沿中等		距离技术前沿远	
	2000~2007 年	2008~2019 年	2000~2007 年	2008~2019 年	2000~2007 年	2008~2019 年
	(1)	(2)	(3)	(4)	(5)	(6)
$LDig\_s\_d$	-0.014	0.069 ***	0.017	0.017 *	-0.007	0.023 ***
	(-1.191)	(3.864)	(1.283)	(1.979)	(-0.623)	(3.365)
$LDig\_h\_d$	0.003	0.005 ***	0.002	0.003	0.007 *	0.015 **
	(1.025)	(2.779)	(1.299)	(1.040)	(1.792)	(2.453)
$LDig\_s\_f$	-0.007	-0.002	0.023 **	0.020 ***	0.012	-0.007
	(-0.919)	(-0.394)	(2.305)	(3.247)	(0.915)	(-0.974)

	距离技术前沿近		距离技术前沿中等		距离技术前沿远	
	2000~ 2007 年	2008~ 2019 年	2000~ 2007 年	2008~ 2019 年	2000~ 2007 年	2008~ 2019 年
	(1)	(2)	(3)	(4)	(5)	(6)
$LDig\_h\_f$	-0.011 (-1.001)	-0.018 (-1.325)	-0.013 (-1.516)	-0.038*** (-3.791)	-0.022** (-2.063)	-0.034*** (-3.330)
N	344	516	256	384	304	456
R^2	0.562	0.633	0.695	0.558	0.726	0.72
F	116.20	110.50	52.81	59.85	38.95	37.33
控制变量	是	是	是	是	是	是
时间	控制	控制	控制	控制	控制	控制
国家—行业	控制	控制	控制	控制	控制	控制

注: ( ) 中为 t 值，根据聚类稳健标准误计算；***、** 和 * 分别代表 1%、5% 和 10% 的显著性水平。

以上游度指数 （$GVCpt\_pos$） 为被解释变量的回归结果如表 6-12 所示。结果显示：①2008 年之后，国内数字软件投入是促进全球价值链分工地位提升的主要影响因素，且存在与技术前沿距离的异质性。从系数的大小来看，距离技术前沿近的行业的系数更大 （0.144）。②对于距离技术前沿中等的行业和距离技术前沿远的行业而言，2008 年之后，国外数字硬件投入和数字软件投入的影响逐步转变为负向抑制作用，且距离技术前沿远的行业受到的国外数字硬件投入的负向抑制作用更大。

表 6-12　细分数字化投入类型的与技术前沿距离异质性影响回归结果 （$GVCpt\_pos$）

	距离技术前沿近		距离技术前沿中等		距离技术前沿远	
	2000~ 2007 年	2008~ 2019 年	2000~ 2007 年	2008~ 2019 年	2000~ 2007 年	2008~ 2019 年
	(1)	(2)	(3)	(4)	(5)	(6)
$LDig\_s\_d$	-0.041 (-0.461)	0.144 (1.680)	0.05 (0.272)	0.108* (1.700)	0.008 (0.093)	0.111*** (3.029)

	距离技术前沿近		距离技术前沿中等		距离技术前沿远	
	2000~2007 年	2008~2019 年	2000~2007 年	2008~2019 年	2000~2007 年	2008~2019 年
	(1)	(2)	(3)	(4)	(5)	(6)
$LDig\_h\_d$	0.045*	0.004	0.026	−0.004	−0.007	0.037
	(1.788)	(0.416)	(1.184)	(−0.229)	(−0.217)	(1.463)
$LDig\_s\_f$	0.079	0.029	0.212**	−0.044	0.283**	−0.033
	(1.480)	(0.865)	(2.640)	(−1.125)	(2.695)	(−0.622)
$LDig\_h\_f$	−0.083	−0.025	−0.047	−0.072	0.241**	−0.190***
	(−0.943)	(−0.459)	(−0.943)	(−1.401)	(2.560)	(−3.139)
N	344	516	256	384	304	456
R^2	0.274	0.418	0.416	0.342	0.593	0.517
F	7.862	83.71	26.42	44.24	14.72	32.10
控制变量	是	是	是	是	是	是
时间	控制	控制	控制	控制	控制	控制
国家—行业	控制	控制	控制	控制	控制	控制

注：（ ）中为 t 值，根据聚类稳健标准误计算；***、**和*分别代表 1%、5%和 10%的显著性水平。

以上分析结果验证了基于不同投入类型的制造业数字化对全球价值链分工地位提升的影响存在制造业技术类别异质性、时期异质性、国家异质性以及与技术前沿距离异质性，从而验证了假设 2b。

第三节　中介机制检验

一、模型设定

根据第六章第一节得出的结论，在细分不同投入来源和投入类型后，实证检验表明国内数字化的促进作用主要体现在数字软件投入方面，因此，国内数字软件投入是影响全球价值链分工地位提升的关键因素。又根据第五章第三节得出的结论，国内数字化通过促进生产效率提升和产业服务化水平提升进而间接影响全球价值链分工地位提升。那么，国内数字软件投入提升是否也可以通过促进生产效率提高和产业服务化水平提高从而间接促进全球价值链分工地位提升呢？为此，以下将分析国内数字软件投入促进本产业全球价值链分工地位提升的传导机制，以对假设 3 做进一步检验。

构建中介效应检验模型：

$$GVC_{it} = \alpha''_0 + \alpha''_1 LDig\_s\_d_{it} + \alpha''_2 LDig\_h\_d_{it} + \alpha''_3 LDig\_s\_f_{it} + \alpha''_4 LDig\_h\_f_{it} +$$
$$\alpha''_5 CON_{it} + \tau_i + \mu_t + \varepsilon_{it} \qquad (6\text{-}5)$$

$$M_{it} = \omega''_0 + \omega''_1 LDig\_s\_d_{it} + \omega''_2 LDig\_h\_d_{it} + \omega''_3 LDig\_s\_f_{it} + \omega''_4 LDig\_h\_f_{it} +$$
$$\omega''_5 CON_{it} + \tau_i + \mu_t + \delta_{it} \qquad (6\text{-}6)$$

$$GVC_{it} = \rho''_0 + \rho''_1 M_{it} + \rho''_2 LDig\_s\_d_{it} + \rho''_3 LDig\_h\_d_{it} + \rho''_4 LDig\_s\_f_{it} +$$
$$\rho''_5 LDig\_h\_f_{it} + \rho''_6 CON_{it} + \tau_i + \mu_t + \gamma_{it} \qquad (6\text{-}7)$$

其中，M 表示中介变量。其他变量的含义同前文。

前文已经证实国内数字软件投入对全球价值链分工地位的正向影响效应，以下考察劳动生产率和产业数字化作为中介变量的影响机制。预期 $\omega''_1 > 0$，检验 ω''_1、ρ''_1、ρ''_2 的显著性以验证中介效应。

二、变量选取与数据说明

中介效应检验模型中仍然以出口国内附加值率（DVAR）、上游度指数（GVCpt_pos）和 GVC 分工地位综合指数（GVC_inx）作为全球价值链分工地位的衡量指标。由于前述章节验证了国内数字软件是驱动全球价值链分工地位提升的主要因素，因此，中介效应检验中以国内数字软件（LDig_s_d）作为主要的核心解释变量。同时，分别采用劳动生产率（Eff）和产业服务化水平（Serv）作为中介变量。其他核心解释变量和控制变量同之前的章节。各变量的计算方法和数据来源均在前述章节进行了说明，这里不再赘述。各变量的统计性描述如表 6-13 所示。

表 6-13 细分数字化投入类型中介效应模型各变量描述性统计

变量	样本数	平均值	标准差	最小值	最大值
出口国内附加值率（DVAR）	14100	0.654	0.150	0.052	0.999
上游度指数（GVCpt_pos）	14100	−0.159	0.714	−4.128	4.722
GVC分工地位综合指数（GVC_inx）	14100	−0.100	0.504	−3.156	4.120
国内数字软件投入（LDig_s_d）	14100	−4.956	0.943	−14.068	−1.920
国内数字硬件投入（LDig_h_d）	14100	−6.816	2.313	−41.561	−0.384
国外数字软件投入（LDig_s_f）	14100	−6.932	1.235	−15.536	−2.678
国外数字硬件投入（LDig_h_f）	14100	−5.850	1.703	−16.067	−0.117
劳动生产率（Eff）	10051	3.216	1.198	−1.678	8.268
产业服务化水平（Serv）	14100	−0.806	0.606	−5.475	2.837
研发投入强度（RD）	14100	−4.410	0.765	−7.651	−3.073
贸易开放度（Open）	14100	0.705	0.381	0.172	1.813
产业国际竞争力（RCA_f）	14100	1.173	1.224	−0.358	18.823
产业出口规模（EXOW）	14100	0.021	0.035	0.000	0.380
经济发展水平（LNPG）	14100	9.928	0.947	6.630	11.630
人力资本水平（HR）	14100	2.308	0.142	1.792	2.639
自然资源禀赋（Melt）	14100	0.045	0.050	0.002	0.382

三、实证结果与分析

（一）生产效率提升中介效应检验

以劳动生产率（Eff）作为生产效率中介变量的中介效应检验回归结果，如表 6-14 所示。其中，列（1）是以劳动生产率为中介变量的对检验模型（6-6）的回归结果，结果显示国内数字软件和国内数字硬件投入提高均能够显著促进劳动生产率提升，但国内数字软件投入的影响系数（0.166）要明显高于国内数字硬件投入（0.016），再一次验证了国内数字软件的重要作用。将列（3）与列（2）、列（5）与列（4）、列（7）与列（6）进行对比，结果显示，加入劳动生产率变量后，国内数字软件投入的系数有所降低，而国内数字硬件投入的系数基本无变化。同时，观察列（3）、列（5）和列（7）中国内数字软件投入和中介变量（劳动生产率）的系数，均在1%水平上显著为正，验证了部分中介效应的存在。综合上述结果，得出国内数字软件水平提升对全球价值链分工地位提升存在部分中介效应，能够通过正向促进生产效率来间接促进全球价值链分工地位的提升，中介效应占总效应的比例分别为22.13%、8.89%和9.49%。

表6-14　细分数字化投入类型的生产效率提升中介效应检验结果

	Eff	DVAR	DVAR	GVCpt_pos	GVCpt_pos	GVC_inx	GVC_inx
	(1)	(2)	(3)	(4)	(5)	(6)	(7)
Eff	—	—	0.028***	—	0.060***	—	0.036***
			(10.591)		(3.435)		(2.762)
LDig_s_d	0.166***	0.021***	0.017***	0.112***	0.102***	0.063***	0.057***
	(4.115)	(5.576)	(4.489)	(4.566)	(4.243)	(3.637)	(3.325)
LDig_h_d	0.016**	0.003***	0.003***	-0.012**	-0.013**	-0.007*	-0.007**
	(2.491)	(3.426)	(3.260)	(-2.211)	(-2.378)	(-1.844)	(-1.991)
LDig_s_f	0.031	-0.011***	-0.012***	-0.013	-0.015	-0.012	-0.013
	(0.888)	(-3.347)	(-3.936)	(-0.664)	(-0.763)	(-0.844)	(-0.933)
LDig_h_f	-0.028	-0.008***	-0.007***	0.002	0.004	0.002	0.003
	(-1.143)	(-3.059)	(-2.939)	(0.168)	(0.293)	(0.202)	(0.312)
N	10051	10051	10051	10051	10051	10051	10051
R^2	0.675	0.488	0.530	0.150	0.157	0.143	0.148
F	161.80	83.74	89.74	16.89	17.24	15.65	15.70
控制变量	是	是	是	是	是	是	是
时间	控制	控制	控制	控制	控制	控制	控制
国家—行业	控制	控制	控制	控制	控制	控制	控制
中介效应	—	0.005	—	0.010	—	0.006	
中介效应占总效应比重	—	22.13%	—	8.89%	—	9.49%	

注：（　）中为t值，根据聚类稳健标准误计算；***、**和*分别代表1%、5%和10%的显著性水平。

（二）产业服务化水平提升中介效应检验

以产业服务化水平（Serv）作为中介变量的中介效应检验回归结果如表 6-15 所示。其中，列（1）是以产业服务化水平为中介变量对检验模型（6-6）的回归结果，结果显示国内数字软件和国外数字软件投入提高均能够显著促进产业服务化水平提升，但国外数字软件投入的影响作用（0.052）较国内数字软件投入对产业服务化水平提升的影响（0.203）要小，再一次验证了国内数字软件的重要作用。因此，以下重点考察国内数字软件对全球价值链分工地位影响的产业服务化水平提升中介作用。根据中介效应的检验流程（温忠麟和叶宝娟，2014），观察列（3）、列（5）和列（7）中产业服务化水平的系数，列（3）和列（5）中产业服务化水平的系数显著，而列（7）中产业服务化水平的系数不显著。因此，需要对这两种情形分别讨论。

表 6-15　细分数字化投入类型的产业服务化水平提升中介效应检验结果

	Serv	DVAR	DVAR	GVCpt_pos	GVCpt_pos	GVC_inx	GVC_inx
	(1)	(2)	(3)	(4)	(5)	(6)	(7)
Serv	—	—	0.045***	—	0.076**	—	0.030
			(9.186)		(2.147)		(1.324)
LDig_s_d	0.203***	0.030***	0.021***	0.125***	0.109***	0.073***	0.067***
	(9.991)	(9.770)	(7.725)	(7.183)	(5.128)	(6.233)	(4.826)
LDig_h_d	−0.013***	0.004***	0.004***	−0.011**	−0.010*	−0.007**	−0.007*
	(−2.751)	(4.554)	(5.075)	(−2.191)	(−1.946)	(−2.039)	(−1.896)
LDig_s_f	0.052***	−0.009***	−0.012***	−0.029**	−0.033**	−0.020**	−0.022**
	(3.509)	(−3.651)	(−4.883)	(−2.230)	(−2.550)	(−2.365)	(−2.558)
LDig_h_f	−0.100***	−0.015***	−0.011***	−0.026*	−0.018	−0.011	−0.008
	(−5.923)	(−6.727)	(−5.193)	(−1.909)	(−1.485)	(−1.272)	(−0.990)
N	14100	14100	14100	14100	14100	14100	14100
R^2	0.258	0.411	0.450	0.151	0.155	0.151	0.152
F	46.70	88.35	95.49	19.18	19.41	18.12	18.03

续表

	Serv	DVAR	DVAR	GVCpt_pos	GVCpt_pos	GVC_inx	GVC_inx
	(1)	(2)	(3)	(4)	(5)	(6)	(7)
控制变量	是	是	是	是	是	是	是
时间	控制	控制	控制	控制	控制	控制	控制
国家—行业	控制	控制	控制	控制	控制	控制	控制
Bootstrap 检验			—		—	—	未通过
中介效应		—	0.009	—	0.015	—	—
中介效应占总效应比重		—	30.45%	—	12.34%	—	—

注：（　）中为 t 值，根据聚类稳健标准误计算；＊＊＊、＊＊ 和 ＊ 分别代表 1%、5% 和 10% 的显著性水平。

情形一：考察以出口国内附加值率和上游度指数作为解释变量的中介效应。根据中介效应步骤（温忠麟和叶宝娟，2014），由于第二步中检验模型（6-6）的国内数字软件投入系数 ω''_1 和检验模型（6-7）中产业服务化（中介变量）的系数 ρ''_1 均显著，应进行第四步检验。根据检验步骤四，由于列（3）和列（5）中国内数字软件投入的系数 ρ''_2 显著，则进行第五步考察。步骤五考察 $\omega''_1\rho''_1$ 与 α''_1 的符号是否一致，由于 $\omega''_1\rho''_1$ 和 α''_1 的符号均为正，因此，属于部分中介效应，中介效应占总效应的比例分别为 30.45% 和 12.34%。

情形二：考察以 GVC 分工地位综合指数作为解释变量的中介效应。根据中介效应步骤（温忠麟和叶宝娟，2014），由于第二步中产业服务化（中介变量）的系数不显著，则进行第三步检验。用 Bootstrap 法直接检验 H_0：$ab=0$，检验结果为不显著，因此，认为间接效应不显著。

上述结果表明，国内数字软件投入水平提升能够通过正向促进产业服务化水平提升来间接促进出口国内附加值率和上游度指数的提升，而对 GVC 分工地位综合指数的间接影响效应不显著。

第四节　本章小结

本章在第五章细分制造业数字化投入来源的基础上，进一步细分数字产业类型（数字硬件产业和数字软件产业），讨论了对不同数字产业类型投入的制造业数字化对全球价值链分工地位的影响。研究结果表明：

第一，细分数字产业类型的制造业数字化对全球价值链分工地位的影响是不同的。数字软件投入提高对全球价值链分工地位提升的影响要大于数字硬件投入。另外，国内数字化投入对全球价值链分工地位的显著促进作用也主要体现为数字软件投入效应，国内数字硬件投入对全球价值链分工地位的影响较弱。

第二，制造业技术类别异质性分析表明：在对出口国内附加值率的影响上，低技术制造业的国内数字软件投入表现出更大的正向促进作用，国外数字硬件投入表现出更大的负向抑制作用。在对上游度指数和 GVC 分工地位综合指数的影响上，各不同技术类别制造业的影响系数大小未表现出明显的异质性。时期异质性分析表明：基于不同来源和投入类型的制造业数字化对全球价值链分工地位提升的影响存在时期异质性。2008 年国际金融危机之后，国内数字软件投入对全球价值链分工地位在 1% 水平上有显著的正向促进作用，国外数字化大多表现出对全球价值链分工地位提升的抑制作用。

第三，国家异质性分析表明，数字软件投入仍然是影响全球价值链分工地位提升的主要因素，国内数字软件投入更有利于高等收入国家的出口国内附加值率提高，更有利于中等收入国家上游度指数提升。国外数字软件投入则对高等收入国家的负向抑制作用显著，国外数字硬件对中等收入国家出口国内附加值率提升的抑制作用更大。

第四，发展中国家制造业数字化对出口国内附加值率和上游度指数的影响均存在与技术前沿距离的异质性。越接近技术前沿的行业越能发挥国内数字软件投入对出口国内附加值率和上游度指数提升的促进作用。与技术前沿距离越远越容易受到国外数字软件投入和数字硬件投入的抑制作用影响。

第五，中介机制分析表明，国内数字软件投入对全球价值链分工地位提升的促进作用存在部分中介效应，能够通过促进生产效率提升来间接促进全球价值链分工地位提升。产业服务化中介效应上，国内数字软件对出口国内附加值率和上游度指数提升的产业服务化中介效应显著，对 GVC 分工地位综合指数的间接影响效应不显著。

第七章　产业关联溢出效应检验

新一代信息技术的快速发展加速了产业链上企业之间的合作，一个企业很容易受到上下游企业的影响。由第四章的理论分析可知，数字技术的应用能够加快信息流在产业链上的传递，增强产业间的信息流通、信任共享，对整个产业链的生产效率和创新能力都有正向的促进作用。同时，产业数字化及其所带来的生产效率提升效应也能够通过产业间的纵向联系进行传递，从而对产业链上的其他企业产生影响。那么，一个产业的全球价值链分工地位是否受到上下游产业数字化转型的影响？如果存在这种影响，前向关联溢出效应和后向关联溢出效应是否相同？是否存在技术类别异质性和时期异质性？是否存在中介效应？产业关联溢出效应的发挥是否存在制约因素？为了解答这些问题，本章将在第四章进行的产业关联溢出效应理论分析和第五章、第六章进行的产业内效应实证检验的基础上，建立相应计量模型对产业关联溢出效应进行实证检验。本章具体结构安排如下：第一节建立基准回归模型，实证检验上下游产业数字化对本产业全球价值链分工地位提升的产业关联溢出效应；第二节进行异质性分析；第三节进行传导机制分析；第四节探寻制约产业关联溢出效应发挥的因素。通过本章的分析，希望能够从产业链纵向传递角度深入了解产业数字化对全球价值链分工地位的影响，探寻产业关联溢出效应的影响机制及制约因素。应用本章的分析结论，一方面，可以为更有效发挥产业数字化转型升级的积极作用、推动产业链数字化协同、赋能制造业高质量发展提供新的经验证据；另一方面，为加强产业链供应链现代化建设、推进大中小企业融通发展提供理论依据和经验参考。

第一节　基准回归分析

一、模型设定

信息和通信技术所推动的技术知识流动使得产业间的联系得到扩大和加强（Kim 和 Park，2009），随着产业间网络沟通效率的不断提升，以信息流为基础的产业关联逐渐演变为数字神经系统的产业关联（周振华，2004）。已有研究表明产业关联效应是存在的：产业数字化、智能化能够通过产业链中的产业关联效应间接对制造业就业、劳动报酬份额，或是对企业的绿色化转型产生影响（Autor 和 Salomons，2018；戴翔和杨双至，2022；杨飞，2022；钞小静等，2022）。一般贸易中进口产品的质量也能够通过产业关联效应影响其上下游产业的出口附加值率（江小敏等，2020）。那么，在数字经济时代，本产业的全球价值链分工地位是否也会受到上下游产业数字化的影响呢？鲜有文献对此进行论证。

由第四章的理论分析可知，本产业的全球价值链分工地位可能会受到上下游产业数字化的影响。本节将检验数字化在产业链中的产业关联溢出效应是否存在。设定基准回归模型如下：

$$GVC_{it} = \beta_0 + \beta_1 LDig\_d_{it} + \beta_2 LDig\_f_{it} + \beta_3 S\_LDig_{it} + \beta_4 X\_LDig_{it} +$$
$$\beta_5 CON_{it} + \tau_i + \mu_t + \varepsilon_{it} \tag{7-1}$$

其中，i 表示国家—产业；t 表示时间；β_0 表示截距项；GVC 表示制造业全球价值链分工地位，下文仍然用出口国内附加值率（$DVAR$）、上游度指数（$GVCpt\_pos$）和 GVC 分工地位综合指数（GVC_inx）三个变量衡量；$LDig\_d$ 表示本产业国内数字化水平；$LDig\_f$ 表示本产业国外数字化水平；S_LDig 表示所有上游产业的加权平均数字化水平（以下简称上游产业数字化），用来检验上游产业数字化对本产业全球价值链分工地位的影响；X_LDig 表示所有下游产业的加权平均数字化水平（以下简称下游产业数字化），用来检验下游产业数字化对本产业全球价值链分工地位的影响；CON 表示控制变量，同之前章节，这里不再赘述；τ_i 表示国家—产业个体固定效应；μ_t 表示时间固定效应，以控制随国家—产业变化或随时间变化的因素的影响；ε_{it} 表示残差项。

式（7-1）中的系数 β_3 反映了上游产业数字化通过产业链上的前向关联对本产业全球价值链分工地位的影响，系数 β_4 反映了下游产业数字化通过产业链上的后向关联对本产业全球价值链分工地位的影响。根据假设 5，预期 $\beta_3 \neq \beta_4$。

为了更加深入地考察不同投入类型和投入来源的上下游产业数字化的影响，将上游产业和下游产业数字化分别根据投入类型和来源进行分解，并作为解释变量加入模型中，设定回归模型如下：

$$GVC_{it} = \beta_0 + \beta_1 LDig\_d_{it} + \beta_2 LDig\_f_{it} + \beta_3 S\_LDig\_d\_s_{it} + \beta_4 S\_LDig\_d\_h_{it} +$$
$$\beta_5 S\_LDig\_f\_s_{it} + \beta_6 S\_LDig\_f\_h_{it} + \beta_7 X\_LDig\_d\_s_{it} + \beta_8 X\_LDig\_d\_h_{it} +$$
$$\beta_9 X\_LDig\_f\_s_{it} + \beta_{10} X\_LDig\_f\_h_{it} + \beta_{11} CON_{it} + \tau_i + \mu_t + \varepsilon_{it} \qquad (7-2)$$

其中，$S\_LDig\_d\_s$ 表示上游产业国内数字软件投入、$S\_LDig\_d\_h$ 表示上游产业国内数字硬件投入、$S\_LDig\_f\_s$ 表示上游产业国外数字软件投入、$S\_LDig\_f\_h$ 表示上游产业国外数字硬件投入、$X\_LDig\_d\_s$ 表示下游产业国内数字软件投入、$X\_LDig\_d\_h$ 表示下游产业国内数字硬件投入、$X\_LDig\_f\_s$ 表示下游产业国外数字软件投入、$X\_LDig\_f\_h$ 表示下游产业国外数字硬件投入。其他变量的解释与式（7-1）相同，不再赘述。

二、数据测算方法与说明

（一）上下游产业数字化计算方法

本部分借鉴 Autor 和 Salomons（2018）、杨飞和范从来（2020）的方法，并对其进行一定的调整。

设定产业 j 的上游产业数字化水平计算公式为：

$$S\_LDig_{jt} = \sum\nolimits_{k \neq j, \, t} (a_{kjt} \times LDig_{k \neq j, \, t}) \qquad (7-3)$$

其中，S_LDig_{jt} 表示 t 年、国家—产业 j 的上游产业数字化加权平均水平；$LDig_{k \neq j, t}$ 表示取自然对数后的 t 年、国家—产业 k 的数字化水平；a_{kjt} 表示 t 年基于直接消耗系数矩阵所计算的产业 j 的中间品投入需求向量中的元素。

设定产业 j 的下游产业数字化水平计算公式为：

$$X\_LDig_{jt} = \sum\nolimits_{p \neq j, \, t} (c_{jpt} \times LDig_{p \neq j, \, t}) \qquad (7-4)$$

其中，X_LDig_{jt} 表示 t 年、国家—产业 j 的下游产业数字化加权平均水平；$LDig_{p \neq j, t}$ 表示取自然对数后的 t 年、国家—产业 p 的数字化水平；c_{jpt} 为 t 年基于直接分配系数矩阵所计算的产业 j 的产品供给分配向量中的元素。其他指标含义同上。

具体计算步骤如下：

1. 上游产业数字化水平计算

上游产业数字化水平采用上游产业数字化加权平均水平来衡量，t 年国家—产业 j 的上游产业数字化水平 S_LDig_{jt} 的计算方法如下（为了简化说明，以下省略了下标 t）：

第一步，基于国际投入产出表计算 t 年 42 个经济体和其他经济体 56 个产业的直接消耗系数矩阵 A（矩阵维度为 2408×2408）。

第二步，对直接消耗系数矩阵的每一列进行标准化，以反映本产业对各中间投入品的需求分配比例。根据矩阵 A 生成矩阵 $A1$（矩阵维度为 2408×2408）。矩阵 $A1$ 的元素 $A1_{ij}$ 的计算公式为：$A1_{ij} = A_{ij} / \sum_{i=1}^{2408} A_{ij}$，各列向量 $A1_j$（维度为 2408×1）即为国家—产业 j 对各国家—产业的中间品投入需求向量，且 $\sum_{i=1}^{2408} A1_{ij} = 1$。

第三步，为了剔除本产业对自身产品的投入，将矩阵 $A1$ 的对角线元素值设置为 0，生成矩阵 $A2$（矩阵维度为 2408×2408）。

第四步，根据之前计算的所有国家—产业的数字化水平 $LDig$（矩阵维度为 2408×1）来计算上游产业的加权平均数字化水平。根据向量 $LDig$ 生成维度为 2408×2408 的矩阵 $LDig1$，$LDig1$ 的每一列为列向量 $LDig$。计算矩阵 $S\_LDig = A2\#LDig1$，其中"#"算法代表矩阵和矩阵对应元素相乘。

第五步：对 S_LDig 的每一列分别求和，得到各国家—产业 j 的上游产业数字化水平 $S\_LDig_j = \sum_{i=1}^{2408} S\_LDig_{ij}$。

同理，根据所有国家—产业的国内数字软件投入 $LDig\_d\_s$、国内数字硬件投入 $LDig\_d\_h$、国外数字软件投入 $LDig\_f\_s$ 和国外数字硬件投入 $LDig\_f\_h$（矩阵维度为 2408×1），重复第四步和第五步，可计算得到上游产业国内数字软件投入 $S\_LDig\_d\_s$、国内数字硬件投入 $S\_LDig\_d\_h$、国外数字软件投入 $S\_LDig\_f\_s$ 和国外数字硬件投入 $S\_LDig\_f\_h$（矩阵维度为 2408×1）。

2. 下游产业数字化水平计算

下游产业数字化水平采用下游产业数字化加权平均水平来衡量，t 年国家—产业 j 的下游产业数字化水平 X_LDig_{jt} 的计算方法如下：

第一步，基于国际投入产出表计算 t 年 42 个经济体和其他经济体 56 个产业的直接分配系数矩阵 C（矩阵维度为 2408×2408）。

第二步，对直接分配系数矩阵的每一行进行标准化，以反映本产业对各产业供给的分配比例。根据矩阵 C 生成矩阵 C1（矩阵维度为 2408×2408）。矩阵 C1 的元素 $C1_{ij}$ 的计算公式为：$C1_{ij} = C_{ij} / \sum_{j=1}^{2408} C_{ij}$，各行向量 $C1_i$（维度为 1×2408）即为国家—产业 i 对各国家—产业的产品供给分配向量，且 $\sum_{j=1}^{2408} C1_{ij} = 1$。

第三步，为了剔除本产业对自身产品的供给分配，将矩阵 C1 的对角线元素值设置为 0，生成矩阵 C2（矩阵维度为 2408×2408）。

第四步，根据之前计算的所有国家—产业的数字化水平 $LDig$（矩阵维度为 2408×1）来计算下游产业的加权平均数字化投入。根据向量 $LDig$ 生成维度为 2408×2408 的矩阵 $LDig1$，$LDig1$ 的每一列为列向量 $LDig$。计算矩阵 $X\_LDig = C2\#t(LDig1)$，其中"#"算法代表矩阵和矩阵对应元素相乘，$t(LDig1)$ 代表 $LDig1$ 的转置。

第五步，对 X_LDig 的每一行分别求和，得到各国家—产业 i 的下游产业数字化水平 $X\_LDig_i = \sum_{j=1}^{2408} X\_LDig_{ij}$。

同理，根据所有国家—产业的国内数字软件投入 $LDig\_d\_s$、国内数字硬件投入 $LDig\_d\_h$、国外数字软件投入 $LDig\_f\_s$ 和国外数字硬件投入 $LDig\_f\_h$（矩阵维度为 2408×1），重复第四步和第五步，可计算得到下游产业加权平均的国内数字软件投入 $X\_LDig\_d\_s$、国内数字硬件投入 $X\_LDig\_d\_h$、国外数字软件投入 $X\_LDig\_f\_s$ 和国外数字硬件投入 $X\_LDig\_f\_h$（矩阵维度为 2408×1）。

计算上下游产业数字化水平所用到的直接消耗系数矩阵和直接分配系数矩阵均根据 WIOD 数据库以及 ADB 数据库的投入产出数据进行计算。

（二）变量描述性统计

解释变量：根据上述计算步骤可以计算得到上下游产业的数字化水平（S_LDig、X_LDig），以及区分不同投入来源和数字产业类型的上游产业国内数字软件投入、国内数字硬件投入、国外数字软件投入和国外数字硬件投入，下游产业国内数字软件投入、国内数字硬件投入、国外数字软件投入和国外数字硬件投入，作为模型的解释变量。本产业的数字化水平仍采用国内数字化（$LDig\_d$）和国外数字化（$LDig\_f$）两个指标来反映，作为模型的解释变量。

被解释变量：全球价值链分工地位仍然采用出口国内附加值率（$DVAR$）、上游度指数（$GVCpt\_pos$）和 GVC 分工地位综合指数（GVC_inx）三个指标来衡量。

控制变量：同之前章节，包括人力资本水平、贸易开放度、产业出口规模、经济发展水平、产业国际竞争力、产业服务化水平、自然资源禀赋和研发投入强度。

以上变量的计算方法、数据来源及说明已在前述章节进行了描述，这里不再赘述。

产业关联溢出效应模型相关变量的统计性描述如表 7-1 所示。

表 7-1　产业关联溢出效应相关变量描述性统计

变量	含义	样本数	平均值	标准差	最小值	最大值
DVAR	出口国内附加值率	14100	0.654	0.150	0.052	0.999
GVCpt_pos	上游度指数	14100	-0.159	0.714	-4.128	4.722
GVC_inx	GVC 分工地位综合指数	14100	-0.100	0.504	-3.156	4.120
LDig_d	本产业国内数字化	14100	-4.601	0.998	-14.049	-0.352
LDig_f	本产业国外数字化	14100	-5.340	1.444	-15.071	-0.083
S_LDig	上游产业数字化	14100	-3.182	0.520	-5.005	-1.172
X_LDig	下游产业数字化	14100	-3.021	0.616	-7.238	-0.617
S_LDig_d_h	上游产业国内数字硬件投入	14100	-6.270	1.301	-12.380	-2.074
S_LDig_d_s	上游产业国内数字软件投入	14100	-4.642	0.715	-7.964	-1.744
S_LDig_f_h	上游产业国外数字硬件投入	14100	-5.638	0.842	-9.795	-2.488
S_LDig_f_s	上游产业国外数字软件投入	14100	-6.269	0.833	-9.531	-2.595
X_LDig_d_h	下游产业国内数字硬件投入	14100	-5.921	1.457	-16.390	-1.039
X_LDig_d_s	下游产业国内数字软件投入	14100	-4.618	0.884	-10.860	-1.068
X_LDig_f_h	下游产业国外数字硬件投入	14100	-5.137	0.975	-12.530	-1.127
X_LDig_f_s	下游产业国外数字软件投入	14100	-6.168	1.059	-13.560	-1.195
HR	人力资本水平	14100	2.308	0.142	1.792	2.639
Open	贸易开放度	14100	0.705	0.381	0.172	1.813
EXOW	产业出口规模	14100	0.021	0.035	0.000	0.380
LNPG	经济发展水平	14100	9.928	0.947	6.630	11.630
RCA_f	产业国际竞争力	14100	1.173	1.224	-0.358	18.823
Serv	产业服务化水平	14100	-0.806	0.606	-5.475	2.837
Melt	自然资源禀赋	14100	0.045	0.050	0.002	0.382
RD	研发投入强度	14100	-4.410	0.765	-7.651	-3.073

三、实证结果与分析

（一）基准回归结果分析

本部分采用时间和个体双向固定效应模型，并采用聚类稳健标准误来消除异方差的影响。对回归模型（7-1）的回归结果如表 7-2 所示。其中，列（1）和列（2）为以出口国内附加值率为被解释变量的回归结果。

列（1）结果显示，上游产业数字化水平提升能够显著促进本产业出口国内附加值率提升，而下游产业数字化对本产业出口国内附加值率的影响则不显著。反映出前向关联溢出效应为正且在1%水平上显著，后向关联溢出效应不显著。列（2）为加入了控制变量后的回归结果，上游产业数字化的影响系数仍在1%水平上显著为正，下游产业数字化的影响系数仍不显著。列（3）和列（4）为以上游度指数为被解释变量的回归结果。列（3）结果显示，上游产业数字化提升对本产业上游度指数的提升在1%水平上有显著的正向促进作用，下游产业数字化对本产业上游度指数的提升作用不显著。列（4）为加入了控制变量后的回归结果，上游产业数字化的系数仍为正且显著，下游产业数字化的系数仍不显著。列（5）和列（6）为以GVC分工地位综合指数为被解释变量的回归结果。上下游产业数字化系数的符号和显著性与列（3）和列（4）一致。

表7-2　前向产业关联溢出效应、后向产业关联溢出效应检验回归结果

	DVAR	DVAR	GVCpt_pos	GVCpt_pos	GVC_inx	GVC_inx
	(1)	(2)	(3)	(4)	(5)	(6)
本产业国内数字化	0.031***	0.022***	0.079***	0.072***	0.049***	0.047***
	(8.806)	(7.446)	(4.214)	(3.603)	(4.062)	(3.713)
本产业国外数字化	−0.027***	−0.020***	−0.043***	−0.040***	−0.026***	−0.025**
	(−9.341)	(−7.664)	(−2.769)	(−2.656)	(−2.602)	(−2.510)
上游产业数字化	0.038***	0.025***	0.107***	0.067*	0.068***	0.045*
	(6.558)	(5.241)	(2.649)	(1.741)	(2.469)	(1.720)
下游产业数字化	−0.001	0.004	0.024	0.032	0.012	0.015
	(−0.551)	(1.609)	(0.901)	(1.231)	(0.777)	(1.006)
HR	—	0.026***	—	0.184***	—	0.125**
		(2.885)		(2.617)		(2.539)
Open	—	−0.068***	—	0.171***	—	0.112***
		(−7.509)		(3.004)		(3.196)
EXOW	—	−0.251***	—	1.681***	—	1.572***
		(−3.043)		(2.854)		(3.587)
LNPG	—	0.056***	—	−0.056	—	−0.063
		(7.199)		(−0.736)		(−1.177)

续表

	DVAR	DVAR	GVCpt_pos	GVCpt_pos	GVC_inx	GVC_inx
	(1)	(2)	(3)	(4)	(5)	(6)
RCA_f	—	0.018***	—	0.156***	—	0.103***
		(5.750)		(7.311)		(7.411)
Serv	—	0.045***	—	0.098***	—	0.041*
		(8.914)		(2.867)		(1.866)
Melt	—	0.150***	—	0.209	—	0.107
		(3.296)		(0.533)		(0.406)
RD	—	0.006	—	0.176***	—	0.111***
		(1.212)		(4.598)		(4.869)
Constant	0.801***	0.258***	0.264**	0.820	0.152*	0.728
	(33.398)	(3.059)	(1.923)	(0.966)	(1.731)	(1.227)
N	14100	14100	14100	14100	14100	14100
R^2	0.356	0.458	0.077	0.152	0.078	0.151
F	86.39	101.90	17.48	19.70	16.51	18.14
控制变量	否	是	否	是	否	是
时间	控制	控制	控制	控制	控制	控制
国家—行业	控制	控制	控制	控制	控制	控制

注：（　）中为 t 值，根据聚类稳健标准误计算；***、** 和 * 分别代表 1%、5% 和 10% 的显著性水平。

上述结果验证了上下游产业数字化对本产业全球价值链分工地位提升存在产业关联溢出效应，且前向关联溢出效应和后向关联溢出效应的影响是不同的，从而验证了假设 5。以上结果还显示，上游产业数字化水平提升能够显著促进本产业全球价值链分工地位提升，即前向关联溢出效应显著，而后向关联溢出效应（下游产业数字化的影响作用）不显著。反映出上游产业数字化的支撑作用显著，数字要素沿着前向关联方向发挥驱动力。而后向关联的拉动作用不显著，原因可能在于本产业受下游产业数字化水平的影响较为被动，当下游产业未对本产业产品提出更高的质量要求倒逼本产业转型升级，或下游产业未能主动提供技术支持或反馈数据信息时，本产业则不能受益于下游产业数字化。

（二）细分不同投入来源和类型的产业关联溢出效应检验

同第五章和第六章对数字化的投入来源和类型进行区分一致，以下也对上下游产业数字化细分不同投入来源和投入类型，将其作为解释变量对回归模型（7-2）进行回归，结果如表7-3所示。

表7-3中列（1）至列（3）为以出口国内附加值率为被解释变量的回归结果。列（1）仅将细分投入来源和类型的上游产业数字化加入模型，列（2）仅将细分投入来源和类型的下游产业数字化加入模型，结果均显示出细分投入来源和投入类型的上下游产业数字化对本产业出口国内附加值率的影响是不同的。列（3）为将细分投入类型和投入来源的上下游产业数字化变量加入回归模型的结果，结果显示，源自上游产业的国内数字软件投入能够显著促进本产业出口国内附加值率的提升（0.037），上游产业的国外数字硬件投入则对出口国内附加值率有显著的负向抑制作用（-0.010）。源自下游产业的国内数字硬件投入在10%水平上能够促进出口国内附加值率的提升但影响系数较小（0.003）。其他上下游产业数字化变量的影响均不显著。以上结果反映出，上游产业的国内数字软件投入在前向关联溢出效应中发挥了主要的影响作用，能够显著促进本产业出口国内附加值率的提升。

表7-3中列（4）至列（6）为以上游度指数为被解释变量的回归结果。列（4）和列（5）数据显示，细分投入类型和投入来源的上下游产业数字化对本产业上游度指数的影响是不同的。列（6）为将细分投入类型和投入来源的上下游产业数字化变量加入回归模型的结果，结果显示，源自上游产业的国内数字软件投入在1%水平上能够显著促进上游度指数的提升（0.149），源自上游产业的国内数字硬件投入则表现出显著的抑制作用（-0.070），源自下游产业的国外数字硬件投入表现出显著的正向促进作用（0.076）。其他上下游产业数字化变量的影响均不显著。以上结果也显示出，上游产业的国内数字软件投入在前向关联溢出效应中发挥了主要的影响作用。

表7-3　细分投入来源和类型的产业关联溢出效应检验

		DVAR			GVC_{pt_pos}			GVC_inx		
		(1)	(2)	(3)	(4)	(5)	(6)	(7)	(8)	(9)
本产业国内数字化		0.018***	0.024***	0.019***	0.081***	0.081***	0.081***	0.053***	0.053***	0.052***
		(6.097)	(8.342)	(6.237)	(4.230)	(4.363)	(4.346)	(4.443)	(4.529)	(4.465)
本产业国外数字化		-0.015***	-0.019***	-0.015***	-0.032**	-0.041***	-0.028*	-0.019*	-0.025**	-0.017
		(-5.466)	(-7.004)	(-5.565)	(-1.968)	(-2.654)	(-1.708)	(-1.815)	(-2.438)	(-1.556)
上游产业	国内数字软件	0.036***	—	0.037***	0.120***	—	0.149***	0.075***	—	0.080***
		(7.528)		(7.315)	(4.413)		(5.235)	(4.261)		(4.282)
	国内数字硬件	0.004***	—	0.001	-0.044***	—	-0.070***	-0.028***	—	-0.032**
		(2.851)		(0.589)	(-4.200)		(-3.364)	(-3.721)		(-2.193)
	国外数字软件	0.000	—	-0.001	-0.026	—	0.004	-0.015	—	0.004
		(0.109)		(-0.223)	(-1.320)		(0.146)	(-1.115)		(0.243)
	国外数字硬件	-0.012***	—	-0.010**	0.017	—	-0.023	0.007	—	-0.020
		(-3.188)		(-2.134)	(0.639)		(-0.721)	(0.433)		(-1.002)

续表

		DVAR			GVCpt_pos			GVC_inx	
		(1)	(2)	(3)	(4)	(5)	(6)	(7)	(8)	(9)
下游产业	国内数字软件	—	0.007** (2.400)	-0.002 (-0.517)	—	0.004 (0.111)	-0.054 (-1.425)	—	0.017 (0.810)	-0.012 (-0.520)
	国内数字硬件	—	0.003*** (2.700)	0.003* (1.846)	—	-0.015 (-1.110)	0.034 (1.477)	—	-0.017* (-1.819)	0.005 (0.333)
	国外数字软件	—	0.004 (1.335)	0.002 (0.625)	—	-0.039 (-1.483)	-0.044 (-1.310)	—	-0.026 (-1.599)	-0.031 (-1.488)
	国外数字硬件	—	-0.008*** (-2.680)	-0.003 (-0.893)	—	0.084*** (3.183)	0.076** (2.332)	—	0.049*** (2.666)	0.050** (2.239)
N		14100	14100	14100	14100	14100	14100	14100	14100	14100
R^2		0.480	0.454	0.480	0.161	0.154	0.168	0.158	0.153	0.161
F		99.70	91.51	91.56	19.55	18.32	18.11	17.69	16.72	15.96
控制变量		是	是	是	是	是	是	是	是	是
时间		控制	控制	控制	控制	控制	控制	控制	控制	控制
国家-行业		控制	控制	控制	控制	控制	控制	控制	控制	控制

注：（ ）中为 t 值，根据聚类稳健类标准误差计算；***、**和*分别代表1%、5%和10%的显著性水平。

表 7-3 中列（7）至列（9）为以 GVC 分工地位综合指数为被解释变量的回归结果。列（7）和列（8）数据显示，细分投入类型和投入来源的上下游产业数字化对本产业 GVC 分工地位综合指数的影响是不同的。列（9）为将细分投入类型和投入来源的上下游产业数字化变量加入回归模型的结果，结果显示，源自上游产业的国内数字软件投入在 1% 水平上能够显著促进 GVC 分工地位综合指数的提升（0.080），源自上游产业的国内数字硬件投入则对本产业 GVC 分工地位综合指数提升在 5% 水平上有显著的抑制作用（-0.032），源自下游产业的国外数字硬件投入对 GVC 分工地位综合指数在 5% 水平上有显著的正向促进作用（0.050）。其他上下游产业数字化变量的影响均不显著。

　　为了更好地呈现上下游产业数字化所产生的产业关联溢出效应，根据上述回归结果整理上下游产业数字化对全球价值链分工地位的影响如图 7-1 所示。

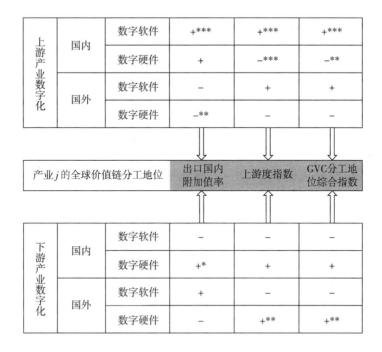

图 7-1　细分数字化投入来源和类型的产业关联溢出效应

图 7-1 中清晰地显示了上下游产业不同投入来源和投入类型数字化的纵向外溢效应。主要表现为以下几个方面：①上下游产业国内数字软件投入的溢出效应：上游产业的国内数字软件投入对产业 j 的全球价值链分工地位（三个指标）均在 1% 水平上有显著的正向促进效应，表明上游产业数字化所带来的生产效率提高、技术创新能力提高、产品价格下降等影响，一方面会刺激下游产业 j 提高技术能力和生产率水平与之匹配，另一方面会降低产业 j 的生产成本，进而促进全球价值链分工地位的提升；下游产业国内数字软件投入的影响为负但不显著，反映出下游产业国内数字软件投入的后向溢出效应较弱。②上下游产业国内数字硬件投入的溢出效应：上游产业的国内数字硬件投入对产业 j 的出口国内附加值率的影响为正但不显著，对上游度指数和 GVC 分工地位综合指数均有显著的抑制作用；下游产业的国内数字硬件投入对产业 j 的出口国内附加值率有显著的正向促进作用。③上下游产业国外数字软件投入的溢出效应：上下游产业国外数字软件投入提升对产业 j 的全球价值链分工地位提升的影响均不显著。④上下游产业国外数字硬件投入的溢出效应：上游产业国外数字硬件投入对产业 j 的出口国内附加值率的影响显著为负，对上游度指数和 GVC 分工地位综合指数的影响也为负但不显著；下游产业国外数字硬件投入对产业 j 的上游度指数和 GVC 分工地位综合指数的影响显著为正，可能的原因在于下游产业数字硬件投入的提高能够提升技术水平、产品质量和劳动生产率，倒逼上游产业转型升级，从而起到拉动作用。

以上分析结果表明，上下游产业数字化能够通过产业关联对本产业的全球价值链分工地位产生影响，但前向关联溢出效应和后向关联溢出效应是不同的，前向关联溢出效应的影响更加显著，且国内数字软件投入在前向关联溢出效应中发挥了主要的影响作用。因此，进一步从细分不同投入来源和类型的角度验证了假设 5。

（三）稳健性检验

为了检验上下游产业数字化的产业关联溢出效应的稳健性，下面参照第五章的做法，一方面对连续变量进行 5% 缩尾处理，另一方面在缩尾处理的基础上替换被解释变量（新的上游度指数和新的 GVC 分工地位综合指数）后重新进行回归。稳健性检验结果如表 7-4 所示。

表 7-4 产业关联溢出效应稳健性检验

		DVAR	GVCpt_ pos	GVC_ inx	GVCpt_ pos1	GVC_ inx1
		（1）	（2）	（3）	（4）	（5）
本产业国内数字化		0.020 ***	0.059 ***	0.034 ***	0.011 ***	0.014 ***
		（5.771）	（3.361）	（3.123）	（2.801）	（3.822）
本产业国外数字化		-0.015 ***	0.000	0.003	0.000	-0.011 ***
		（-5.059）	（-0.015）	（0.299）	（-0.027）	（-3.558）
上游产业	国内数字软件	0.037 ***	0.192 ***	0.111 ***	0.038 ***	0.025 ***
		（6.879）	（7.451）	（6.801）	（6.280）	（4.588）
	国内数字硬件	0.002	-0.059 ***	-0.028 ***	-0.014 ***	0.015 ***
		（0.782）	（-3.617）	（-2.745）	（-3.729）	（4.460）
	国外数字软件	-0.001	-0.010	0.002	-0.006	0.007 *
		（-0.162）	（-0.467）	（0.137）	（-1.146）	（1.681）
	国外数字硬件	-0.011 **	-0.071 ***	-0.048 ***	-0.018 ***	-0.008
		（-2.473）	（-2.837）	（-3.032）	（-3.432）	（-1.584）
下游产业	国内数字软件	-0.004	-0.096 ***	-0.055 ***	-0.025 ***	0.006
		（-1.115）	（-3.705）	（-3.273）	（-4.449）	（1.277）
	国内数字硬件	0.006 **	0.031 **	0.011	0.010 ***	-0.001
		（2.284）	（2.065）	（1.042）	（2.985）	（-0.209）
	国外数字软件	0.000	-0.023	-0.019	-0.001	-0.001
		（0.011）	（-0.991）	（-1.301）	（-0.118）	（-0.159）
	国外数字硬件	-0.001	0.075 ***	0.051 ***	0.017 ***	-0.004
		（-0.388）	（2.958）	（3.118）	（3.222）	（-1.049）
N		14100	14100	14100	14100	14100
R^2		0.451	0.176	0.163	0.174	0.439
F		65.06	21.31	17.95	20.62	68.65
控制变量		是	是	是	是	是
时间		控制	控制	控制	控制	控制
国家—行业		控制	控制	控制	控制	控制

注：（ ）中为 t 值，根据聚类稳健标准误计算；*** 、** 和 * 分别代表 1%、5% 和 10% 的显著性水平。

表7-4中列（1）至列（3）为对连续变量进行5%缩尾处理后分别以出口国内附加值率、上游度指数和GVC分工地位综合指数为被解释变量的回归结果，列（4）为以新的上游度指数为被解释变量的回归结果，列（5）为以新的GVC分工地位综合指数为被解释变量的回归结果。为了更加清晰地呈现上下游产业数字化的纵向溢出效应，并与之前的基准回归结果进行对比，将上述结果整理成如下形式。

　　如图7-2所示，①上下游产业国内数字软件投入的溢出效应：上游产业国内数字软件投入对产业j的全球价值链分工地位提升有显著的正向促进作用，与基准回归模型的结果一致，表明上游产业的国内数字软件投入的溢出效应是稳定的，能够有效促进产业j的全球价值链分工地位提升；下游产业国内数字软件投入的影响大部分显著为负，表明下游产业的国内数字软件投入的溢出效应基本稳定。②上下游产业国内数字硬件投入的溢出效应：上游产业国内数字硬件投入对产业j的出口国内附加值率的影响为正且不显著，对上游度指数和GVC分工地位综合指数的影响为负且显著，与基准回归模型结果一致；下游产业国内数字硬件投入提升对产业j的全球价值链分工地位提升的影响大多显著为正，正向促进作用基本稳定。③上下游产业国外数字软件投入的溢出效应：上游产业国外数字软件投入提升对产业j的全球价值链分工地位提升的影响不显著，且与基准回归模型结果的符号有部分不同，表明了上游产业国外数字软件投入的溢出效应是不稳定的；下游产业国外数字软件投入提升对产业j的上游度指数和GVC分工地位综合指数的影响为负，较为稳定。④上下游产业国外数字硬件投入的溢出效应：上游产业国外数字硬件投入对产业j的全球价值链分工地位提升的影响大多显著为负，负向影响较为稳定；下游产业国外数字硬件投入提升对产业j的出口国内附加值率提升的影响为负但不显著，与基准回归模型一致；下游产业国外数字硬件投入提升对产业j的上游度指数和GVC分工地位综合指数提升的影响大多显著为正，结果较为稳定。

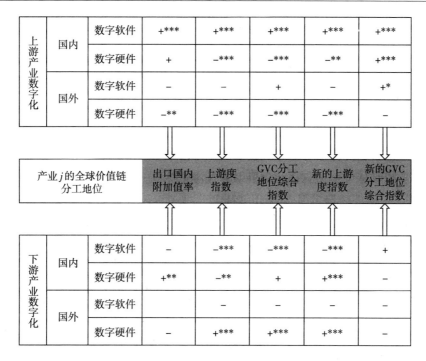

上游产业数字化	国内	数字软件	+***	+***	+***	+***	+***
		数字硬件	+	_***	_***	_**	+***
	国外	数字软件	–	–	+	–	+*
		数字硬件	_**	_***	_***	_***	–
产业 j 的全球价值链分工地位			出口国内附加值率	上游度指数	GVC分工地位综合指数	新的上游度指数	新的GVC分工地位综合指数
下游产业数字化	国内	数字软件	–	_***	_***	_***	+
		数字硬件	+**	_**	+	+***	
	国外	数字软件		–	–	–	
		数字硬件	–	+***	+***	+***	

图 7-2　细分数字化投入来源和类型的产业关联溢出效应稳健性检验

以上结果证明了上下游产业数字化对全球价值链分工地位提升的产业关联溢出效应是较为稳定的，且前向产业关联溢出效应和后向产业关联溢出效应是不同的，进一步验证了假设5。同时，上述结果还进一步验证了上游产业的国内数字软件投入作为主要且稳定的影响因素，对本产业的全球价值链分工地位提升有显著的正向促进作用。

第二节　异质性分析

一、制造业技术类别异质性

第五章和第六章检验了产业内效应的制造业技术类别异质性。那么，产业关联溢出效应是否也存在制造业技术类别异质性影响呢？张皓等（2022）在研究企业创新受到的影响中发现产业关联效应存在制造业技术类别异质性。那么，以下将检验全球价值链分工地位受到的产业关联溢出效应是否也表现出异质性。对各制造业技术类别的回归结果如表7-5所示。

表7-5中列（1）至列（3）为以出口国内附加值率为被解释变量的回归结果。结果显示，从系数的大小和显著性来看，中高技术制造业和中低技术制造业的出口国内附加值率提升主要受到上游产业国内数字软件投入提升的显著影响，影响系数分别为0.038和0.046，远高于其他类型的数字化投入。对于低技术制造业而言，前向产业关联溢出效应和后向产业关联溢出效应均较弱，且大部分不显著。

表7-5中列（4）至列（6）为以上游度指数为被解释变量的回归结果。结果显示，中高技术制造业上游度指数受到的产业关联溢出效应影响较多，主要体现为上游产业数字软件投入的显著正向影响、上游产业数字硬件投入的显著负向影响和下游产业国外数字投入的影响。中低技术制造业主要受到上游产业国内数字软件投入的显著正向影响和国外数字软件投入的显著负向影响，以及下游产业国外数字软件投入的显著正向影响。而低技术制造业则主要受到下游产业的显著影响。

表7-5中列（7）至列（9）为以GVC分工地位综合指数为被解释变量的回归结果。结果显示，中高技术制造业GVC分工地位综合指数受到的产业关联溢出效应影响较多，主要体现为来自上游产业国内数字软件投入的显著正向影响、上游产业国内和国外数字硬件投入的显著负向影响，以及下游产业国外数字软件投入的显著负向影响和国外数字硬件投入的显著正向影响。而中低技术制造业和低技术制造业则受到产业关联溢出效应的显著影响较少，主要体现在中低技术制造业受到上游国外数字软件投入的显著负向影响，以及低技术制造业受到下游国内数字软件投入的显著负向影响。

表7-5　产业关联溢出效应的制造业技术类别异质性影响回归结果

		DVAR			GVCpt_pos			GVC_inx		
		中高技术 (1)	中低技术 (2)	低技术 (3)	中高技术 (4)	中低技术 (5)	低技术 (6)	中高技术 (7)	中低技术 (8)	低技术 (9)
上游产业	国内数字软件	0.038*** (4.310)	0.046*** (5.479)	0.009 (1.064)	0.168*** (3.065)	0.126** (2.087)	0.087 (1.512)	0.111*** (3.195)	0.044 (1.044)	0.043 (1.179)
	国内数字硬件	0.001 (0.494)	-0.003 (-0.688)	0.009** (2.418)	-0.064** (-2.503)	-0.070 (-1.218)	-0.046 (-1.575)	-0.036** (-2.124)	-0.019 (-0.441)	-0.021 (-1.006)
	国外数字软件	0.010 (1.257)	-0.018** (-2.068)	0.010 (1.399)	0.073* (1.744)	-0.136*** (-2.622)	0.069 (1.532)	0.044 (1.575)	-0.079** (-2.041)	0.033 (1.028)
	国外数字硬件	-0.018*** (-2.952)	0.004 (0.539)	-0.011 (-1.243)	-0.115* (-1.982)	0.036 (0.764)	0.002 (0.041)	-0.075** (-2.080)	0.007 (0.219)	0.014 (0.356)
下游产业	国内数字软件	0.001 (0.187)	-0.008 (-1.381)	0.005 (1.029)	0.014 (0.335)	-0.097 (-1.069)	-0.071* (-1.742)	0.012 (0.447)	-0.021 (-0.341)	-0.052* (-1.830)
	国内数字硬件	0.005* (1.775)	0.007 (1.568)	-0.004 (-1.480)	0.059* (1.899)	0.001 (0.018)	0.016 (0.622)	0.024 (1.239)	-0.024 (-0.505)	0.001 (0.038)
	国外数字软件	0.002 (0.450)	0.013* (1.777)	-0.006 (-0.889)	-0.162*** (-2.914)	0.118** (1.974)	-0.081* (-1.733)	-0.098*** (-2.859)	0.066 (1.481)	-0.049 (-1.443)
	国外数字硬件	-0.007 (-1.283)	-0.015** (-2.144)	0.007 (1.036)	0.147*** (2.793)	-0.027 (-0.440)	0.087* (1.695)	0.097*** (2.813)	0.007 (0.167)	0.059 (1.567)
N		5800	4140	4160	5800	4140	4160	5800	4140	4160
R^2		0.444	0.545	0.550	0.149	0.242	0.248	0.150	0.176	0.265
F		46.52	40.57	39.73	7.59	10.71	11.07	6.61	7.25	11.21
控制变量		是	是	是	是	是	是	是	是	是
时间		控制	控制	控制	控制	控制	控制	控制	控制	控制
国家—行业		控制	控制	控制	控制	控制	控制	控制	控制	控制

注：（ ）中为t值，根据聚类稳健标准误计算；***、**和*分别代表1%、5%和10%的显著性水平。

以上结果反映出，不同技术类别制造业受到的产业关联溢出效应影响是不同的，与已有文献一致（张皓等，2022）。综合来看，中高技术制造业全球价值链分工地位受到的产业关联溢出效应影响较多，低技术制造业受到的影响较少。从细分数字化投入类型和投入来源来看，上游产业国内数字软件投入提升对本产业全球价值链分工地位提升起到了主要的促进作用，这一点在中高和中低技术制造业中有着一致的结论。

二、时期异质性

2008 年国际金融危机后，全球产业链格局受到了极大的挑战。全球经济疲软、经济结构调整和金融环境的变化对整个产业链的外部环境和内部产业关联关系均带来了影响。因此，在国际金融危机后，上下游产业间的纵向溢出效应也有可能发生变化。以下将研究时期划分为金融危机前和金融危机后两个时期，研究不同时期数字化产生的产业关联溢出效应的异质性，回归结果如表 7-6 所示。其中，列（1）和列（2）为以出口国内附加值率为被解释变量的回归结果。结果显示，出口国内附加值率主要受到上游数字软件产业的正向溢出效应影响。上游产业国内数字软件投入的影响系数在两个时期均在 1% 水平上显著为正，但影响系数由 2000～2007 年的 0.033 下降至 2008～2019 年的 0.029，反映出前向产业关联溢出效应有所减弱。列（3）和列（4）为以上游度指数为被解释变量的回归结果。结果显示，两个时期的上游产业国内数字软件投入的影响系数均显著为正，但呈现下降趋势。上游产业数字硬件投入的负向影响效应在 2008 年之后有所增强。而下游产业国内数字软件和国外数字硬件投入水平提升对上游度指数的影响均减弱。列（5）和列（6）为以 GVC 分工地位综合指数为被解释变量的结果，同样可以得出上下游产业数字化水平提升对 GVC 分工地位综合指数提升的影响存在时期异质性。2008 年之后，上游产业国内数字软件投入提升对 GVC 分工地位综合指数提升的促进作用有所减弱，上游产业国外数字硬件投入的负向影响作用有所增强，下游产业数字化的影响变得不显著。

表 7-6　产业关联溢出效应的时期异质性影响回归结果

		DVAR		GVCpt_pos		GVC_inx	
		2000~2007 年	2008~2019 年	2000~2007 年	2008~2019 年	2000~2007 年	2008~2019 年
		(1)	(2)	(4)	(5)	(7)	(8)
上游产业	国内数字软件	0.033 ***	0.029 ***	0.138 ***	0.088 ***	0.085 ***	0.044 **
		(4.113)	(5.997)	(2.985)	(2.892)	(2.825)	(2.025)
	国内数字硬件	0.004 *	-0.004 **	-0.008	-0.043 *	-0.005	-0.019
		(1.873)	(-1.995)	(-0.501)	(-1.963)	(-0.473)	(-1.176)
	国外数字软件	0.021 ***	0.002	0.016	-0.009	0.007	-0.003
		(4.168)	(0.437)	(0.347)	(-0.371)	(0.245)	(-0.168)
	国外数字硬件	-0.015 **	-0.006	-0.029	-0.084 ***	-0.011	-0.073 ***
		(-2.259)	(-1.212)	(-0.558)	(-3.075)	(-0.310)	(-4.089)
下游产业	国内数字软件	0.005	-0.005 *	-0.113 ***	0.020	-0.073 ***	0.0⃞
		(1.563)	(-1.764)	(-3.171)	(0.380)	(-3.223)	(0.629)
	国内数字硬件	0.000	0.007 ***	-0.024	0.038	-0.019 *	0.012
		(0.077)	(4.148)	(-1.409)	(1.555)	(-1.664)	(0.634)
	国外数字软件	-0.002	0.009 ***	-0.023	-0.005	-0.015	-0.003
		(-0.449)	(2.715)	(-0.508)	(-0.157)	(-0.510)	(-0.178)
	国外数字硬件	-0.004	-0.011 ***	0.155 ***	0.009	0.100 ***	0.006
		(-0.977)	(-3.137)	(3.198)	(0.296)	(3.058)	(0.289)
N		5640	8460	5640	8460	5640	8460
R^2		0.515	0.365	0.139	0.152	0.147	0.139
F		57.18	75.29	9.20	17.51	9.77	14.35
控制变量		是	是	是	是	是	是
时间		控制	控制	控制	控制	控制	控制
国家—行业		控制	控制	控制	控制	控制	控制

注：（　）中为 t 值，根据聚类稳健标准误计算；***、** 和 * 分别代表 1%、5% 和 10% 的显著性水平。

上述分析结果显示，2008 年之后，随着国际金融市场的震荡和经济环境不确定性的增加，产业关联溢出效应有所改变，前向产业关联效应的正向影响作用均有所减弱，而后向产业关联效应对出口国内附加值率的影响变得显著、对上游度指数和 GVC 分工地位综合指数的影响则变得不显著。综合上述分析，产业关联溢出效应存在制造业技术类别异质性和时期异质性，从而验证了假设 5。

第三节　产业关联溢出效应传导机制分析

一、模型设定

根据第七章第一节得出的结论，来自上游产业的数字化投入能够产生显著且稳定的正向产业关联溢出效应，从而促进本产业全球价值链分工地位的提升。那么，这种正向促进作用是如何作用于全球价值链分工地位提升的呢？是否存在中介效应？第四章的理论分析表明，上下游产业数字化水平的提升能够通过促进本产业数字化水平提升、产业服务化水平提升以及生产效率提升间接影响本产业全球价值链分工地位的提升。

以下将构建中介效应模型，来验证上游产业数字化促进本产业全球价值链分工地位提升的传导机制，以检验假设 6。

构建中介效应检验模型：

$$GVC_{it} = \beta_0 + \beta_1 S\_LDig_{it} + \beta_2 X\_LDig_{it} + \beta_3 LDig\_d_{it} + \beta_4 LDig\_f_{it} + \\ \beta_5 CON_{it} + \tau_i + \mu_t + \varepsilon_{it} \tag{7-5}$$

$$M_{it} = \varphi_0 + \varphi_1 S\_LDig_{it} + \varphi_2 X\_LDig_{it} + \varphi_3 LDig\_d_{it} + \varphi_4 LDig\_f_{it} + \\ \varphi_5 CON_{it} + \tau_i + \mu_t + \delta_{it} \tag{7-6}$$

$$GVC_{it} = \beta'_0 + \beta'_1 M_{it} + \beta'_2 S\_LDig_{it} + \beta'_3 X\_LDig_{it} + \beta'_4 LDig\_d_{it} + \\ \beta'_5 LDig\_f_{it} + \beta'_6 CON_{it} + \tau_i + \mu_t + \gamma_{it} \tag{7-7}$$

其中，M 表示中介变量，包括本产业国内数字化水平、产业服务化水平以及劳动生产率，其他变量含义同之前描述。预期 $\varphi_1 > 0$，检验 φ_1、

β'_1、β'_2 的显著性以验证中介效应。

二、变量选取与说明

核心解释变量：包括上游产业数字化（S_LDig）、下游产业数字化（X_LDig）、本产业国内数字化（$LDig\_d$）和本产业国外数字化（$LDig\_f$）。第七章第一节的结论表明，上游产业数字化水平提升能够显著促进本产业全球价值链分工地位的提升，因此，以下将检验上游产业数字化（S_LDig）对本产业全球价值链分工地位提升的间接影响机制。

被解释变量：同之前章节，采用出口国内附加值率（$DVAR$）、上游度指数（$GVCpt\_pos$）和 GVC 分工地位综合指数（GVC_inx）作为全球价值链分工地位的衡量指标。

中介变量：包括本产业国内数字化（$LDig\_d$）、产业服务化水平（$Serv$）和劳动生产率水平（Eff）。

控制变量：同之前章节，包括人力资本水平、对外开放水平、产业出口规模、经济发展水平、产业国际竞争力、产业服务化水平、自然资源禀赋和研发投入强度。

模型中各变量的计算方法和数据来源均在前述章节进行了说明，这里不再赘述。

中介效应模型中各变量的统计性描述如表 7-7 所示。

表 7-7 中介效应模型各变量描述性统计

变量	样本数	平均值	标准差	最小值	最大值
出口国内附加值率（$DVAR$）	14100	0.654	0.150	0.052	0.999
上游度指数（$GVCpt\_pos$）	14100	-0.159	0.714	-4.128	4.722
GVC 分工地位综合指数（GVC_inx）	14100	-0.100	0.504	-3.156	4.120
上游产业数字化（S_LDig）	14100	-3.182	0.520	-5.005	-1.172
下游产业数字化（X_LDig）	14100	-3.021	0.616	-7.238	-0.617
本产业国内数字化（$LDig\_d$）	14100	-4.601	0.998	-14.049	-0.352
本产业国外数字化（$LDig\_f$）	14100	-5.340	1.444	-15.071	-0.083

续表

变量	样本数	平均值	标准差	最小值	最大值
劳动生产率水平（Eff）	10051	3.216	1.198	-1.678	8.268
产业服务化水平（Serv）	14100	-0.806	0.606	-5.475	2.837
研发投入强度（RD）	14100	-4.410	0.765	-7.651	-3.073
贸易开放度（Open）	14100	0.705	0.381	0.172	1.813
产业国际竞争力（RCA_f）	14100	1.173	1.224	-0.358	18.823
产业出口规模（EXOW）	14100	0.021	0.035	0.000	0.380
经济发展水平（LNPG）	14100	9.928	0.947	6.630	11.630
人力资本水平（HR）	14100	2.308	0.142	1.792	2.639
自然资源禀赋（Melt）	14100	0.045	0.050	0.002	0.382

三、实证结果与分析

（一）本产业国内数字化水平提升中介效应检验

以本产业国内数字化（$LDig\_d$）作为中介变量的中介效应检验结果，如表7-8所示。

表7-8　本产业国内数字化水平提升中介效应检验结果

	$LDig\_d$	$DVAR$	$DVAR$	$GVCpt\_pos$	$GVCpt\_pos$	GVC_inx	GVC_inx
	(1)	(2)	(3)	(4)	(5)	(6)	(7)
S_LDig	0.423***	0.034***	0.025***	0.097***	0.067*	0.065**	0.045*
	(7.353)	(7.204)	(5.241)	(2.621)	(1.741)	(2.546)	(1.720)
X_LDig	0.029	0.004*	0.004	0.034	0.032	0.016	0.015
	(1.230)	(1.827)	(1.609)	(1.309)	(1.231)	(1.087)	(1.006)
$LDig\_f$	0.295***	-0.014***	-0.020***	-0.019	-0.040***	-0.011	-0.025**
	(6.813)	(-5.002)	(-7.664)	(-1.168)	(-2.656)	(-1.074)	(-2.510)
$LDig\_d$	—	—	0.022***	—	0.072***	—	0.047***
			(7.446)		(3.603)		(3.713)
HR	-0.210***	0.021**	0.026***	0.168**	0.184***	0.115**	0.125**
	(-2.906)	(2.369)	(2.885)	(2.415)	(2.617)	(2.349)	(2.539)

续表

	LDig_d	DVAR	DVAR	GVCpt_pos	GVCpt_pos	GVC_inx	GVC_inx
	(1)	(2)	(3)	(4)	(5)	(6)	(7)
Open	-0.358***	-0.076***	-0.068***	0.145**	0.171***	0.095***	0.112***
	(-4.253)	(-8.590)	(-7.509)	(2.550)	(3.004)	(2.689)	(3.196)
EXOW	0.754	-0.234***	-0.251***	1.736***	1.681***	1.607***	1.572***
	(1.023)	(-2.918)	(-3.043)	(2.986)	(2.854)	(3.711)	(3.587)
LNPG	0.020	0.057***	0.056***	-0.054	-0.056	-0.062	-0.063
	(0.196)	(6.944)	(7.199)	(-0.706)	(-0.736)	(-1.143)	(-1.177)
RCA_f	-0.020	0.018***	0.018***	0.154***	0.156***	0.102***	0.103***
	(-0.805)	(5.351)	(5.750)	(7.209)	(7.311)	(7.387)	(7.411)
Serv	0.264***	0.051***	0.045***	0.117***	0.098***	0.053**	0.041*
	(5.453)	(9.638)	(8.914)	(3.602)	(2.867)	(2.535)	(1.866)
Melt	-1.063***	0.127***	0.150***	0.133	0.209	0.057	0.107
	(-3.120)	(2.747)	(3.296)	(0.341)	(0.533)	(0.218)	(0.406)
RD	0.119**	0.009*	0.006	0.184***	0.176***	0.117***	0.111***
	(2.556)	(1.704)	(1.212)	(4.809)	(4.598)	(5.024)	(4.869)
Constant	-0.135	0.255***	0.258***	0.810	0.820	0.722	0.728
	(-0.129)	(2.884)	(3.059)	(0.941)	(0.966)	(1.198)	(1.227)
N	14100	14100	14100	14100	14100	14100	14100
R^2	0.265	0.438	0.458	0.145	0.152	0.144	0.151
F	32.30	102.20	101.90	19.58	19.70	18.47	18.14
中介效应	—	0.009	—	0.030	—	0.020	
中介效应占总效应比重	—	27.37%	—	31.40%	—	30.59%	

注：（　）中为 t 值，根据聚类稳健标准误计算；＊＊＊、＊＊和＊分别代表 1%、5% 和 10% 的显著性水平。

表 7-8 中列（1）为以本产业国内数字化为被解释变量对检验模型（7-6）的估计结果，结果显示，上游产业数字化水平提升能够促进本产业国内数字化水平提升（0.423），且在 1% 水平上显著。同时，列（3）、列（5）、列（7）中，上游产业数字化和本产业数字化（中介变量）的估计系数均显著为正，上游产业数字化的影响系数仍然显著，说明存在部

分中介效应，即上游产业数字化水平提升对本产业全球价值链分工地位提升的影响中有一部分是依靠提高本产业数字化水平来实现的。经计算，中介效应占总效应的比重分别为 27.37%、31.40% 和 30.59%。

随着产业链分工不断深化，各企业在提高自身专业技能的同时，也得益于数字技术的支撑作用。数字经济时代下形成的以数据要素流为基础的产业关联，加速了产业间的技术交流和知识溢出。关联企业得益于上下游企业的数字化支撑作用和拉动作用，本产业数字化转型的步伐逐步加快。随着一批数字化转型先导企业的优化升级，带动产业链上的关联企业协同发展，能够不断推进整个产业链的数字化升级步伐。因此，产业数字化转型将突破企业边界，促进产业链上关联企业数字化转型，从而间接促进关联企业的全球价值链分工地位提升。

（二）产业服务化水平提升中介效应检验

以下考察上游产业数字化是否能够通过影响本产业的服务化水平间接影响本产业全球价值链分工地位提升，回归结果如表 7-9 所示。其中，列（1）为以本产业服务化为被解释变量对检验模型（7-6）的估计结果，结果显示，上游产业数字化水平提升能够促进本产业服务化水平提升（0.142），且在 1% 水平上显著。列（3）、列（5）、列（7）中上游产业数字化和本产业服务化（中介变量）的估计系数均显著为正，说明存在部分中介效应，即上游产业数字化水平提升对本产业全球价值链分工地位提升的影响中有一部分是依靠提高本产业服务化水平来实现的。经计算，中介效应占总效应的比重分别为 20.61%、17.18% 和 11.42%。

表 7-9　产业服务化水平提升中介效应检验结果

	Serv	DVAR	DVAR	GVCpt_pos	GVCpt_pos	GVC_inx	GVC_inx
	（1）	（2）	（3）	（4）	（5）	（6）	（7）
Serv	—	—	0.045***	—	0.098***	—	0.041*
			(8.914)		(2.867)		(1.866)
S_LDig	0.142***	0.031***	0.025***	0.081**	0.067*	0.051*	0.045*
	(3.743)	(6.174)	(5.241)	(2.085)	(1.741)	(1.943)	(1.720)

续表

	Serv	DVAR	DVAR	GVCpt_pos	GVCpt_pos	GVC_inx	GVC_inx
	(1)	(2)	(3)	(4)	(5)	(6)	(7)
X_LDig	-0.106***	-0.001	0.004	0.022	0.032	0.011	0.015
	(-5.396)	(-0.430)	(1.609)	(0.847)	(1.231)	(0.734)	(1.006)
LDig_f	-0.055***	-0.022***	-0.020***	-0.045***	-0.040***	-0.027***	-0.025**
	(-2.858)	(-8.038)	(-7.664)	(-2.822)	(-2.656)	(-2.631)	(-2.510)
LDig_d	0.122***	0.027***	0.022***	0.084***	0.072***	0.052***	0.047***
	(4.780)	(8.365)	(7.446)	(4.669)	(3.603)	(4.484)	(3.713)
HR	0.156***	0.033***	0.026***	0.199***	0.184***	0.131***	0.125**
	(3.240)	(3.430)	(2.885)	(2.835)	(2.617)	(2.671)	(2.539)
Open	-0.267***	-0.080***	-0.068***	0.145**	0.171***	0.101***	0.112***
	(-5.192)	(-8.686)	(-7.509)	(2.567)	(3.004)	(2.922)	(3.196)
EXOW	0.636	-0.222***	-0.251***	1.743***	1.681***	1.598***	1.572***
	(1.215)	(-2.945)	(-3.043)	(2.864)	(2.854)	(3.587)	(3.587)
LNPG	0.007	0.057***	0.056***	-0.055	-0.056	-0.063	-0.063
	(0.116)	(6.796)	(7.199)	(-0.729)	(-0.736)	(-1.176)	(-1.177)
RCA_f	0.027**	0.020***	0.018***	0.158***	0.156***	0.104***	0.103***
	(2.165)	(5.926)	(5.750)	(7.425)	(7.311)	(7.494)	(7.411)
Melt	-0.019	0.149***	0.150***	0.207	0.209	0.106	0.107
	(-0.068)	(3.246)	(3.296)	(0.532)	(0.533)	(0.405)	(0.406)
RD	-0.108***	0.001	0.006	0.165***	0.176***	0.107***	0.111***
	(-3.761)	(0.254)	(1.212)	(4.382)	(4.598)	(4.733)	(4.869)
Constant	-1.288**	0.200**	0.258***	0.694	0.820	0.676	0.728
	(-2.046)	(2.220)	(3.059)	(0.832)	(0.966)	(1.151)	(1.227)
N	14100	14100	14100	14100	14100	14100	14100
R^2	0.208	0.417	0.458	0.146	0.152	0.149	0.151
F	43.96	94.15	101.90	19.37	19.70	18.23	18.14
中介效应	—	0.006	—	0.014	—	0.006	
中介效应占总效应比重	—	20.61%	—	17.18%	—	11.42%	

注：( ) 中为 t 值，根据聚类稳健标准误计算；***、** 和 * 分别代表 1%、5% 和 10% 的显著性水平。

刘志彪（2008）曾指出，发达国家在全球价值链中占据有利地位的根本原因是其拥有现代服务业特别是生产性服务业的支撑。制造企业也越来越依赖于服务化来创造价值（Kelle，2013）。以上结果也验证了数字化能够通过推动关联企业服务化水平提升，推动产业链协同创新，从而间接促进全球价值链分工地位提升。

（三）生产效率提升中介效应检验

以下考察上游产业数字化是否能够通过影响本产业生产效率间接影响本产业全球价值链分工地位提升，回归结果如表7-10所示。

表7-10　生产效率提升中介效应检验结果

	Eff	DVAR	DVAR	GVCpt_pos	GVCpt_pos	GVC_inx	GVC_inx
	(1)	(2)	(3)	(4)	(5)	(6)	(7)
Eff	—	—	0.027***	—	0.055***	—	0.031**
			(10.498)		(3.092)		(2.345)
S_LDig	0.214***	0.040***	0.034***	0.241***	0.230***	0.178***	0.171***
	(3.386)	(5.475)	(4.892)	(4.347)	(4.195)	(4.563)	(4.454)
X_LDig	-0.086**	0.003	0.005	-0.092**	-0.087**	-0.058**	-0.056**
	(-2.507)	(0.749)	(1.446)	(-2.308)	(-2.231)	(-2.552)	(-2.461)
LDig_f	-0.011	-0.017***	-0.017***	-0.026	-0.025	-0.024	-0.024
	(-0.330)	(-4.577)	(-4.941)	(-1.243)	(-1.223)	(-1.640)	(-1.624)
LDig_d	0.097**	0.018***	0.015***	0.042*	0.036	0.024	0.021
	(2.201)	(4.414)	(3.945)	(1.693)	(1.512)	(1.539)	(1.359)
HR	-0.074	0.005	0.007	0.137**	0.141**	0.097**	0.099**
	(-0.745)	(0.513)	(0.755)	(2.001)	(2.052)	(2.057)	(2.096)
Open	-0.440***	-0.065***	-0.053***	0.171***	0.195***	0.122***	0.135***
	(-4.898)	(-7.031)	(-5.966)	(2.922)	(3.356)	(3.187)	(3.535)
EXOW	3.868**	-0.464***	-0.568***	4.280***	4.069***	3.572***	3.454***
	(2.530)	(-3.579)	(-4.750)	(5.678)	(5.369)	(6.146)	(5.914)
LNPG	2.093***	0.035***	-0.022**	0.000	-0.114	-0.023	-0.087
	(16.105)	(3.264)	(-2.113)	(-0.001)	(-1.229)	(-0.342)	(-1.343)
RCA_f	0.193***	0.015***	0.010***	0.144***	0.133***	0.097***	0.091***
	(4.060)	(3.943)	(3.230)	(6.083)	(5.854)	(6.353)	(6.062)

续表

	Eff	*DVAR*	*DVAR*	*GVCpt_pos*	*GVCpt_pos*	*GVC_inx*	*GVC_inx*
	（1）	（2）	（3）	（4）	（5）	（6）	（7）
Serv	−0.034	0.060 ***	0.061 ***	0.102 ***	0.104 ***	0.046 *	0.047 *
	（−0.580）	（8.118）	（8.635）	（2.920）	（3.005）	（1.904）	（1.961）
Melt	0.339	0.122 **	0.113 **	0.684	0.665	0.388	0.378
	（0.729）	（2.427）	（2.307）	（1.525）	（1.469）	（1.338）	（1.291）
RD	0.120 *	−0.004	−0.007	0.196 ***	0.189 ***	0.118 ***	0.115 ***
	（1.962）	（−0.690）	（−1.274）	（4.472）	（4.351）	（5.019）	（4.874）
Constant	−16.574 ***	0.525 ***	0.973 ***	0.539	1.443	0.494	1.000
	（−11.654）	（4.580）	（9.090）	（0.534）	（1.470）	（0.706）	（1.475）
N	10051	10051	10051	10051	10051	10051	10051
R^2	0.674	0.506	0.546	0.160	0.165	0.160	0.163
F	153.30	91.24	98.32	19.08	19.32	18.00	17.92
中介效应	—	0.006	—	0.012	—	0.007	
中介效应占总效应比重	—	14.45%	—	4.88%	—	3.73%	

注：（　）中为 t 值，根据聚类稳健标准误计算；***、** 和 * 分别代表 1%、5% 和 10% 的显著性水平。

表 7-10 中列（1）显示，上游产业数字化水平提升能够促进本产业劳动生产率提升（0.214），且在 1% 水平上显著。列（3）、列（5）、列（7）中，上游产业数字化和本产业劳动生产率（中介变量）的估计系数均显著为正，上游产业数字化的影响系数仍然显著，说明存在部分中介效应，即上游产业数字化水平提升对本产业全球价值链分工地位提升的影响中有一部分是依靠提高本产业劳动生产率水平来实现的。经计算，中介效应占总效应的比重分别为 14.45%、4.88% 和 3.73%。

在数字经济时代下，随着企业数字化转型的推进，产业链上企业间数字化协同不断深入。一方面，底层技术的协同会带来生产方式和上层组织、经营管理方式的协同进步，各企业的生产效率持续改进，经营成本不断降低；另一方面，整个产业链的数字化协同有利于降低企业间业务沟通、技术共享的门槛，提高信息透明度，降低合作风险，促进整个产业链生产效率提高。因此，产业数字化能够提升整个产业链的生产效率，提高链上企业的生产效率和竞争力，从而间接提升全球价值链分工地位。

通过对基于本产业数字化水平、产业服务化水平以及生产效率的中介效应检验，证实了上游产业数字化水平提升促进本产业全球价值链分工地位提升的间接影响机制。即上游产业数字化水平提升对本产业全球价值链分工地位提升的促进作用有一部分是通过促进本产业国内数字化水平、服务化水平以及生产效率水平提升来实现的，与理论预期一致，从而验证了假设6。

第四节　产业关联溢出效应制约因素分析

一、模型设定

根据第七章第一节得出的结论，上游产业数字化水平提升能够显著促进本产业全球价值链分工地位提升，那么这种产业关联溢出效应的发挥会受到其他因素制约吗？第四章的理论分析表明，产业关联溢出效应的发挥可能与产业间的数字化水平差异程度有关。为了检验此假设，本节借鉴江小敏等（2020）的研究，同时，将本产业数字化水平与上下游产业数字化水平之间的加权平均距离（S_WD、X_WD）以及该距离与上下游产业数字化水平的交互项（$S\_LDig \times S\_WD$、$X\_LDig \times X\_WD$）作为解释变量加入模型，设定计量模型如下：

$$GVC_{jt} = \gamma_0 + \gamma_1 LDig\_d_{jt} + \gamma_2 LDig\_f_{jt} + \gamma_3 S\_LDig_{jt} + \gamma_4 X\_LDig_{jt} +$$
$$\gamma_5 (S\_LDig_{jt} \times S\_WD_j) + \gamma_6 (X\_LDig_{jt} \times X\_WD_j) + \gamma_7 S\_WD_j +$$
$$\gamma_8 X\_WD_j + \gamma_9 CON_{jt} + \tau_j + \mu_t + \varepsilon_{jt} \tag{7-8}$$

其中，j 表示国家—产业，t 表示时间，γ_0 表示截距项，$LDig\_d_{jt}$ 表示本产业国内数字化水平，$LDig\_f_{jt}$ 表示本产业国外数字化水平，S_LDig_{jt}

表示上游产业数字化水平，X_LDig_{jt} 表示下游产业数字化水平，S_WD_j 表示国家—产业 j 数字化水平与其所有上游产业数字化水平的加权平均距离（以下简称与上游产业数字化距离），X_WD_j 表示国家—产业 j 数字化水平与其所有下游产业数字化水平的加权平均距离（以下简称与下游产业数字化距离），交互项 $S\_LDig_{jt} \times S\_WD_j$ 的系数 γ_5 反映了与上游产业数字化距离对前向关联溢出效应的调节效应，交互项 $X\_LDig_{jt} \times X\_WD_j$ 的系数 γ_6 反映了与下游产业数字化距离对后向关联溢出效应的调节效应，CON 表示控制变量，其他变量同之前章节，这里不再赘述。

二、数据测算方法与说明

这里主要介绍本产业数字化水平与上下游产业数字化距离的计算方法，模型中其他各变量的计算方法和数据来源均在前述章节进行了说明，这里不再赘述。

（一）与上下游产业数字化距离计算方法

本部分借鉴欧氏距离的思路，将本产业数字化水平和上下游产业数字化水平均看作向量，计算向量之间的欧氏距离。并将基于直接消耗系数矩阵所计算的国家—产业 j 的中间品投入需求向量作为计算与上游产业距离的权重，将基于直接分配系数矩阵所计算的国家—产业 j 的产品供给分配向量作为计算与下游产业距离的权重，进行加权计算。

国家—产业 j 数字化水平与上游产业数字化距离计算公式如下：

$$S\_WD_{jt} = \sqrt{\sum_{k \neq j,\ t} w_{kjt} \left(LDig_{jt} - LDig_{k \neq j,\ t} \right)^2} \tag{7-9}$$

其中，j 表示国家—产业，t 表示时间，w_{kj} 表示基于直接消耗系数矩阵所计算的国家—产业 j 的中间品投入需求向量中的元素，反映了国家—产业 j 对国家—产业 k 的需求，作为计算的权重，$LDig_{jt} - LDig_{k \neq j, t}$ 表示国家—产业 j 与国家—产业 k 的数字化水平差值。

国家—产业 j 数字化水平与下游产业数字化距离计算公式如下：

$$X\_WD_{jt} = \sqrt{\sum_{k \neq j,\ t} v_{jkt} \left(LDig_{jt} - LDig_{k \neq j,\ t} \right)^2} \tag{7-10}$$

其中，j 表示国家—产业，t 表示时间，v_{kjt} 表示基于直接分配系数矩阵计算的国家—产业 j 的产品供给分配向量中的元素，反映了国家—产业 j 对国家—产业 k 的供给，作为计算的权重，$LDig_{jt} - LDig_{k \neq j, t}$ 表示国家—产业 j 与国家—产业 k 的数字化水平差值。

（二）与上下游产业数字化水平的距离计算结果

根据所介绍的计算方法，计算出本产业与上下游产业数字化水平的加权距离，如表 7-11 所示。

表 7-11　与上下游产业数字化距离描述性统计

变量	含义	样本数	平均值	标准差	最小值	最大值
S_WD	与上游产业数字化距离	14100	1.246	0.373	0.670	5.571
X_WD	与下游产业数字化距离	14100	1.052	0.706	0.004	7.327

三、实证结果与分析

本部分采用时间和个体双向固定效应模型，采用聚类稳健标准误来消除异方差的影响。对计量模型（7-8）的回归结果如表 7-12 所示。

表 7-12　产业关联溢出效应制约因素分析

	DVAR	DVAR	GVCpt_pos	GVCpt_pos	GVC_inx	GVC_inx
	（1）	（2）	（3）	（4）	（5）	（6）
LDig_d	0.029***	0.021***	0.081***	0.072***	0.056***	0.052***
	(8.916)	(7.262)	(4.061)	(3.410)	(4.352)	(3.917)
LDig_f	-0.027***	-0.020***	-0.043***	-0.041***	-0.023**	-0.023**
	(-9.712)	(-7.954)	(-2.810)	(-2.796)	(-2.336)	(-2.409)
S_LDig	0.055***	0.032***	0.285***	0.234***	0.215***	0.190***
	(4.790)	(2.975)	(3.682)	(3.287)	(4.149)	(3.864)
X_LDig	-0.009***	-0.004	0.038	0.050	0.022	0.029
	(-2.685)	(-1.331)	(1.173)	(1.624)	(1.138)	(1.614)

续表

	DVAR	DVAR	GVCpt_pos	GVCpt_pos	GVC_inx	GVC_inx
	（1）	（2）	（3）	（4）	（5）	（6）
S_LDig×S_WD	-0.014*	-0.007	-0.131***	-0.117***	-0.111***	-0.104***
	（-1.940）	（-1.019）	（-2.785）	（-2.743）	（-3.498）	（-3.542）
X_LDig×X_WD	0.013***	0.014***	-0.028	-0.034	-0.024	-0.029*
	（2.789）	（3.252）	（-1.253）	（-1.625）	（-1.506）	（-1.950）
S_WD	-0.054**	-0.024	-0.571***	-0.488***	-0.444***	-0.401***
	（-2.180）	（-1.098）	（-3.739）	（-3.397）	（-4.359）	（-4.128）
X_WD	0.033**	0.035***	-0.055	-0.103	-0.021	-0.061
	（2.234）	（2.641）	（-0.771）	（-1.559）	（-0.400）	（-1.261）
N	14100	14100	14100	14100	14100	14100
R^2	0.362	0.464	0.086	0.159	0.089	0.159
F	79.79	96.18	15.38	18.07	14.66	16.89
控制变量	否	是	否	是	否	是
时间	控制	控制	控制	控制	控制	控制
国家—行业	控制	控制	控制	控制	控制	控制

注：（ ）中为 t 值，根据聚类稳健标准误计算；***、**和*分别代表 1%、5%和 10% 的显著性水平。

表 7-12 中列（1）和列（2）为以出口国内附加值率为被解释变量的回归结果。结果显示，一方面，上游产业数字化水平的系数显著为正，验证了前向产业关联溢出效应的存在。与上游产业数字化距离（S_WD）和交互项（S_LDig×S_WD）的系数都显著为负，显示出本产业与上游产业数字化距离越大，越不利于前向产业关联溢出效应的发挥。另一方面，下游产业数字化水平的系数显著为负，验证了后向产业关联溢出效应的存在。与下游产业数字化距离（X_WD）和交互项（X_LDig×X_WD）的系数都显著为正，显示出与下游产业数字化距离越大，越促进后向产业关联溢出效应的抑制作用发挥。列（2）为加入了控制变量后的回归结果，系数符号未发生改变，部分系数的显著性有所减弱。列（3）和列（4）为以上游度指数为被解释变量的回归结果。列（3）结果显示，一方面，上

游产业数字化水平的系数显著为正，与上游产业数字化距离（S_WD）和交互项（$S\_LDig×S\_WD$）的系数都显著为负，显示出与上游产业数字化距离越大，越不利于前向产业关联溢出效应的发挥。另一方面，下游产业数字化水平的系数为正但不显著，与下游产业数字化距离（X_WD）和交互项（$X\_LDig×X\_WD$）的系数都显著为负，显示出本产业与下游产业数字化距离越大，越不利于后向产业关联溢出效应的发挥。列（4）为加入了控制变量后的回归结果，系数的符号和显著性均未发生改变，验证了列（3）结果的稳健性。列（5）和列（6）为以 GVC 分工地位综合指数为被解释变量的回归结果。列（5）结果中系数的符号及显著性与列（3）基本一致，列（6）结果中系数的符号及显著性基本与列（4）一致。

以上研究结果表明，产业关联溢出效应的作用效果与产业之间的数字化水平是否相近紧密相关。与上下游产业的数字化水平越相近，产业关联溢出效应的作用越明显，数字化水平差距越大则越不利于产业关联溢出效应的发挥，从而验证了假设 7。

第五节　本章小结

本章在第五章和第六章关于制造业数字化对全球价值链分工地位影响的产业内效应研究的基础上，进一步分析产业数字化对全球价值链分工地位影响的产业关联溢出效应。研究结果表明：

第一，数字化对全球价值链分工地位的提升不仅存在产业内效应，还存在产业关联溢出效应，且前向产业关联溢出效应和后向产业关联溢出效应的影响是不同的。上游产业数字化水平提升能够显著促进本产业全球价值链分工地位提升，即前向产业关联溢出效应显著。而下游产业数字化的影响作用，即后向产业关联溢出效应不显著。

第二，不同技术类别制造业受到的产业关联溢出效应影响不同，中高技术制造业全球价值链分工地位受到的产业关联溢出效应影响较多，低技术制造业受到的影响较少。时期异质性分析表明，2008 年之后，上游产业国内数字软件投入促进全球价值链分工地位提升的正向影响作用均有所减弱，上游产业数字硬件投入的负向影响作用变大。

第三，上游产业数字化提升对本产业全球价值链分工地位提升的促进作用有一部分是通过促进本产业国内数字化水平、本产业服务化水平以及生产效率提升来间接实现的。

第四，产业关联溢出效应的发挥与产业之间的数字化水平是否相近紧密相关。与上下游产业的数字化水平越相近，越有利于产业关联溢出效应的发挥，数字化水平差距越大则越不利于产业关联溢出效应的发挥。

第八章 研究结论、政策启示与研究展望

第一节 研究结论

制造业"大而不强"是中国亟待解决的问题。在科技革命和产业变革的时代背景下，在面临日益复杂和严峻的国际经济竞争形式下，如何把握数字经济时代机遇，对建设现代化产业体系、实现经济高质量发展和制造强国的目标具有重要的现实意义。为了探索制造业数字化与全球价值链分工地位之间的关系，本书在对国内外相关研究成果进行综述的基础上，系统阐释了制造业数字化对全球价值链分工地位的影响机理，并利用2000~2019年世界42个经济体17个制造业的面板数据构建相应的计量模型，实证检验了区分投入来源和投入类型的制造业数字化对全球价值链分工地位的影响、异质性、传导机制以及门槛效应，在此基础上还探讨了数字化的产业关联溢出效应及中介机制与制约因素。研究证实，加快推进依托国内数字资源的数字化投入，重视数字软件的影响效应，推进产业链中各企业数字化转型协同发展，是提升制造业全球价值链分工地位的有效路径。本书的主要研究结论如下：

第一，现状分析表明：①制造业平均数字化水平现状显示：从整体来看，制造业数字化水平较高的国家以发达国家居多。从制造业技术类别来看，低技术和中低技术制造业的数字化水平普遍低于中高技术制造业数字化水平。②制造业平均出口国内附加值率现状显示：美国、日本、澳大利亚和挪威四个发达国家和中国、印度尼西亚、巴西、俄罗斯、印度和土耳其六个新兴经济体的制造业平均出口国内附加值率均处于较高水平。从技术类别来看，巴西和美国在低技术制造业中处于领先地位；印度尼西亚和俄罗斯在中低技术制造业中处于领先地位。③制造业平均上游度指数现状显示：发达国家和发展中国家在上游度指数上的分工格局十分明显，发达国家大部分处在全球价值链分工中的上游。从发展速度来看，印度尼西亚、韩国、墨西哥和中国均有明显的上升趋势。④制造业平均 GVC 分工地位综合指数现状显示：瑞典、德国、美国和俄罗斯整体处于领先水平，巴西、中国、印度这三个金砖国家的国际分工地位均较低。大多数国家在不同的技术类别制造业中的国际分工地位均表现得不同，瑞典、巴西和加拿大在低技术制造业，俄罗斯、马耳他、土耳其和美国在中低技术制造业，德国、瑞典和美国在中高技术制造业的 GVC 分工地位综合指数处于领先水平。2000~2019 年除小部分国家有下降趋势外，大部分国家都表现出了上升态势。

第二，在理论分析方面：①本书通过构建数理模型阐释了产业数字化影响全球价值链分工地位的微观机制，得出结论：数字化有利于促进全球价值链分工地位提升，但源于国内、国外的数字化投入对全球价值链分工地位的影响是不同的。国内数字化投入能够促进全球价值链分工地位提升，而源于国外的数字化投入不利于全球价值链分工地位的提升。基于对数字软件、数字硬件投入的制造业数字化对全球价值链分工地位的影响也是不同的，对数字软件的投入所产生的作用要大于数字硬件投入。②异质性分析表明，制造业数字化对全球价值链分工地位的影响可能存在制造业技术类别、时期、国家及与技术前沿距离异质性。③机制分析和门槛效应理论分析表明，制造业数字化能够通过生产效率提升和产业服务化水平提升效应间接促进全球价值链分工地位提升，且制造业数字化对全球价值链分工地位提升作用的大小受到创新水平、产业服务化水平以及贸易开放度的约束，在约束变量跨越一定的门槛值并在合理的区间内，国内数字化能够更好地发挥对全球价值链分工地位提升的促进作用。④产业关联溢出效应分析表明，本产业数字化与上下游产业数字化共同影响全球价值链分工地位的提升，但前向关联溢出效应和后向关联溢出效应是不同的。产业关联溢出效应存在制造业技术类别异质性和时期异质性。产业关联溢出效应能够通过提升本产业数字化水平、服务化水平以及生产效率水平的中介效应间接影响本产业全球价值链分工地位提升。另外，产业关联溢出效应的发挥还受到产业间数字化差距的影响，产业间数字化水平越接近越有利于产业关联溢出效应的释放。

第三，在现状分析和理论分析的基础上，第五章细分制造业数字投入来源进行实证检验。研究结果表明：从整体来看，制造业数字化有利于促进全球价值链分工地位提升，但不同投入来源的制造业数字化对全球价值链分工地位的影响是不同的。源自国内的数字化水平提高显著促进了全球价值链分工地位的提升，而源自国外的数字化水平提高将会显著抑制全球价值链分工地位的提升。另外，国内数字化可以通过生产效率提升效应和产业服务化水平提升效应来间接促进全球价值链分工地位提升。数字化在低技术制造业上表现出更大的边际效用。2008 年后，数字化对全球价值链分工地位的影响逐步显现。高等收入国家制造业数字化对全球价值链分工地位提升的作用要大于中等收入国家。发展中国家中距离技术前沿近和距离技术前沿远的国家—行业在 2008 年后能够依靠国内数字化来提高全球价值链分工地位，但距离技术前沿较远的国家—行业由于过多依赖国际数字产业资源，导致全球价值链分工地位上升受到影响。门槛分析表明，国内数字化在促进全球价值链分工地位提升上受到创新水平、产业服务化水平以及贸易开放度的约束，在约束变量跨越一定的门槛值并在合理的区间内，国内数字化才能够更好地发挥对全球价值链分工地位提升的促进作用。

第四，在第五章细分制造业数字化投入来源的基础上，第六章进一步细分数字产业类型进行实证检验。研究结果表明：①数字软件投入对全球价值链分工地位提升的影响要大于数字硬件投入，且国内数字化对全球价值链分工地位提升的促进作用也主要体现在数字软件投入方面。②异质性研究表明，低技术制造业的国内数字软件投入表现出对出口国内附加值率更大的正向促进作用，国外数字硬件投入表现出更大的负向抑制作用；2008 年后，国内数字软件投入对全球价值链分工地位在 1%水平上有显著的正向促进作用，国外数字化大多表现出对全球价值链分工地位提升的抑制作用；国内数字软件投入更有利于高等收入国家的出口国内附加值率提高和中等收入国家上游度指数的上升，国外数字软件投入则对高等收入国家全球价值链分工地位提升的负向抑制作用显著；发展中国家的行业越是接近技术前沿越能发挥国内数字软件投入的正向影响，与技术前沿距离越远越容易受到国外数字软件和硬件投入的抑制作用影响。③国内数字软件投入水平提升能够通过生产效率提升效应来间接促进全球价值链分工地位提升。

第五，在第五章和第六章所进行的产业内效应分析的基础上，第七章进一步检验产业关联溢出效应。研究结果表明：①上下游数字化对本产业全球价值链分工地位提升存在产业关联溢出效应，且前向关联效应显著，而后向关联效应不显著。②异质性分析表明，中高技术制造业受到的产业关联溢出效应影响较多，低技术制造业受到的影响较少；2008 年之后，上游产业国内数字软件投入提升对全球价值链分工地位的正向影响作用有所减弱。③上游产业数字化提升对本产业全球价值链分工地位提升的促进作用有一部分是通过促进本产业国内数字化水平、服务化水平以及生产效率提升来实现的。④产业关联溢出效应的作用效果与产业之间的数字化水平差距相关。与上下游产业的数字化水平越相近，产业关联溢出效应的作用越明显，数字化水平差距越大则越不利于产业关联溢出效应的发挥。

<h1 style="text-align:center">第二节　政策启示</h1>

本书的研究结论为促进制造业数字化转型，逐步提升制造业全球价值链分工地位提供了理论与经验证据，对助力建设现代化产业体系，实现制造业高质量发展和制造强国目标具有重要的政策启示。

一、有效利用数字产业资源促进制造业全球价值链分工地位提升

第一，应重视数字化投入来源的影响，加快推进国内数字技术进步和数字产业的发展。实证研究表明，依托国内数字产业资源投入的制造业数字化对全球价值链分工地位提升起到促进作用。因此，一方面，应充分发挥源自国内的数字化对全球价值链分工地位提升的促进效应，加快本国数字产业的高质量发展，以攻克核心技术作为数字经济的发力点，深入实施大数据驱动发展战略，发挥政府的引导作用，打造具有国际竞争力的数字产业集群，培育一批龙头企业和成长型企业。同时，还要不断拓宽数字技术的应用场景，推动数字化引领产业创新发展，并不断完善有利于产业数字化发展的市场机制。另一方面，要逐步减少产业数字化过程中对国际数字产业资源的依赖。经计算，自2000年以来，中国制造业数字化中国际数字产业资源占比在2007年达到顶峰，随之下降至2016年低谷，近年来呈现逐渐上升的趋势。逐步减少对国际数字产业资源的依赖并不是要否定对国际资源的使用，而是要探索如何有效吸收国际资源的价值精髓，依托国际数字产业资源促进国内数字产业更快更好地发展，从而间接提高制造业在国际上的竞争优势。

第二，应重视国内数字软件投入对全球价值链分工地位提升的促进作用，充分发挥国内数字软件的正向影响效应，全方位推进数字产业化进程。部分企业往往将数字化转型的重点放在自动化设备等硬件设施的投入和升级上，并不太重视设备联网、数据采集和数据价值挖掘，出现了重硬件轻软件的现象，导致数字化能力分布失衡。实证分析表明，对数字软件产业的投入尤其是国内数字软件的投入有利于促进全球价值链分工地位的提升。因此，应充分发挥国内数字软件投入的积极效应。首先，应提高企业对数字软件技术和数据价值挖掘的重视程度，逐步提升企业对国内数字软件产业的相对投入比例，助力数字软件产业赋能制造业高质量发展。其次，培育数字软件产业茁壮成长。打造适宜数字软件产业发展的营商环境，完善对数字软件中小企业的服务体系，加大金融保险、财税政策对数字软件产业的支持力度。再次，提升数字软件产业链的国际竞争力。加大前沿技术的研发力度、突破技术瓶颈和障碍，推动关键共性技术的研发和研究成果转化，培育具有国际竞争力的"专精特新"数字软件企业。最后，还要创造与先进技术相匹配的条件，最关键的是要提高人力资本水平（邹薇和代谦，2003），应建立面向数字软件的人才培养体系，加强人才培养尤其是复合型人才的培养以提高对数据资源的价值挖掘能力。

　　第三，探索制约数字硬件投入效应发挥的因素，逐步释放数字硬件投入对全球价值链分工地位提升的正向影响。数字硬件产业的投入效应弱于数字软件产业，除了与数字产业类型的性质有关，也有可能是基于以下因素：一方面，与产业数字化转型的外部数字环境约束有关。由于各行业之间的数据标准、使用规则、管理制度不同，以及数字应用市场秩序不规范，导致产业数字化转型的成本较高、意愿较低。另一方面，也与部分企业家的数字化转型意识较低有关，或者虽然有部分企业有强烈的数字化转型意愿，但缺乏能够落地的具体的数字化转型规划和措施，使得数字化转型的成效甚微。因此，应发挥政府作用，引导行业统一数据标准、建立数据共享平台、规范数据使用规则，推进各行业贯彻数据安全法，规范数字应用市场秩序。同时，更要重视企业家的作用（Witt，2000），应提高企业家对数字化转型的重视程度，加快数字化转型进度。

二、探寻提升制造业全球价值链分工地位的发展战略

第一，由于制造业各行业的技术类别存在差异，基于总体样本的检验可能掩盖技术特性。实证研究显示，数字化在低技术制造业上表现出更大的边际效用。由于低技术和中低技术制造业的数字化水平普遍低于中高技术制造业，这也侧面反映出有着较高数字化水平的中高技术制造业的数字化转型效能并未有效释放。因此，一方面，应加大对低技术制造业数字化供给和数字化转型的支持力度，提高低技术制造业企业的数字化转型意识，促进低技术制造业在研发、生产、组织和运营管理中与数字技术融合，提升数据收集、存储、分析和挖掘水平。另一方面，应找寻制约中低、中高技术制造业数字化转型积极效应发挥的因素，努力发挥其技术和人力资本的优势，加大对数字技术的应用，提高对数据资源的价值挖掘能力，逐步释放产业数字化转型的积极效应。

第二，发展中国家应努力寻找数字经济时代突破价值链低端锁定的时代机遇。数字经济时代，虽然后发国家面临着进入成本提高（程大中，2022）、"功能（如研发、制造、金融等）分工陷阱"（孙志燕和郑江淮，2020）和"技术能力陷阱"（谢伏瞻，2019），以及"数字鸿沟"等问题，使得被锁定在价值链低端的风险加大。但后发国家同样具有追赶的机遇，原因在于：传统全球价值链中，各参与体的竞争优势主要由资源禀赋等外生因素以及企业的技术、管理能力等内生性因素来决定。而数字经济时代，数据要素的使用和数字技术的渗透有助于赋能传统生产和贸易网络，数据信息的共享和价值挖掘有助于塑造新的竞争优势。发展中国家还可以利用"后来者优势"，使技术创新、产业升级以及经济发展的速度高于发达国家（林毅夫和付才辉，2019）。因此，发展中国家应把握数字经济时代机遇。一方面，发展中国家应当积极培育数据要素比较优势，加快向全球价值链中高端环节的"攀升"。努力提高对国内数字软件的投入比例和对数字技术的应用水平，在国家层面出台数字产业相关发展战略和产业数字化转型政策，加大对国内数字产业技术人才和

制造业相关复合型人才的培养，提高对数据资源的价值挖掘能力，提升产业数字化转型效应。另一方面，应提高各行业的技术水平。鉴于发展中国家越接近技术前沿的行业越能发挥国内数字软件投入的正向影响，与技术前沿距离越远越容易受到国外数字软件投入和数字硬件投入的抑制作用的影响。因此，应努力提高行业的技术水平，缩小与技术前沿的差距，同时，还要减少对国际数字产业资源的依赖，增加对本国数字产业资源的吸收利用。

三、突破数字化影响全球价值链分工地位提升的约束条件

创新水平提升、产业服务化水平提升以及贸易开放度提升是释放国内数字化积极效应、促进全球价值链分工地位提升的重要前提和基础。

第一，重视技术创新能力的提升。当数据成为新型资产和要素时，中国巨大的市场规模、丰富的应用场景以及海量的数据将有助于培育参与全球价值链新的比较优势，重塑产业发展新动力。首先，应多方面保障科研人员的科研条件、加大研发投入。赋予科研人员更大的科研自主权、选择权以提高科研积极性和能动性；逐步完善科技奖励制度，助力打通科技成果转化通道，促进科研成果转化。其次，加强对基础科学研究的重视。基础科学研究是科技研发和创新的基石，应出台政策加大对基础科学研究的投入，鼓励基础科学和应用科学融合创新。最后，加快人力资源流动以优化人才资源配置，加强与国际科技组织的研发合作，大力培养和造就具有全球视野和国际水平的科技人才和创新团队。同时，优化国内科研和创新环境，逐步吸引留学人才回国开展科学研究和创新创业。

第二，不断提升制造业服务化水平，加快制造业数字化与服务化融合发展。随着服务要素在生产活动中的地位不断上升，提高服务要素的投入已成为制造业企业提高市场竞争力的手段之一。服务化水平的提高不但可以更好满足用户的需求，还可以增加价值创造，提高产业综合竞争力。在推动制造业服务化过程中，首先，制造业企业应通过业务、服务流程再造等方式将服务要素融入企业研发、生产、经营和服务全过程。通过生产差

异化的产品、精准营销、提供个性化售后服务以及全生命周期管理等方式来提高企业的竞争力。其次，完善制造业服务化的营商环境和制度保障。例如，打造公共服务平台，完善认证体系、加强服务标准化管理和运用，不断提高制造业服务化转型的速度和质量。最后，加大政府对制造业服务化转型的支持力度，推动制造业与服务业相互融合。通过给予中小服务企业贷款优惠、减税降费、加大研发费用加计扣除、加大信贷投放力度等措施，提高企业的创新热情和活力。

第三，继续推动高水平对外开放。首先，鼓励企业开拓国际市场，推动外贸创新发展，增强国际竞争力，提升贸易规模和水平。推动实施稳定外贸的一系列措施，深化"放管服"改革，通过降低通关成本、落实出口退税等政策，为企业提供良好的跨境贸易环境。出台促进跨境贸易便利化的措施，提升口岸智能化服务能力、提升监管效率，提高外贸服务水平。其次，发挥好自贸试验区和自由贸易港的作用。赋予自贸试验区更大的自主权，不断推进贸易的自由化和便利化。持续推进海南自由贸易港的建设，促进自贸港政策创新，打造对外开放的新高地。最后，积极致力于推动建设开放型世界经济。高质量推动共建"一带一路"建设，巩固国际经济合作成果。坚持共商共建共享，为全球经济伙伴提供广阔的市场机会，促进区域经济合作，积极构建面向全球的高标准自由贸易区网络。积极参与全球经济治理体系改革，提高全球贸易合作水平。

四、扩大数字化影响全球价值链分工地位提升的产业关联溢出效应

第一，积极释放产业关联溢出效应。首先，应加强产业链各环节分工协作，优化上下游对接机制，深化协同合作。推动实施以点带链、以链带面，强链、补链、固链、延链项目，打造产业链配套制造基地，确保产业链顺畅运转和协同增效。继续推进"链长制"和"链主制"，充分发挥龙头企业的主导带头作用以及对资源的整合能力，促进大中小企业融通，推动整个产业链数字化协同发展和数字技术服务共享、互惠共生。其次，应系统推进各企业数字化转型。降低数字化转型的门槛，鼓励提供数字赋能工具的第三方企业的发展，鼓励 IT 供应商提供简单易用的数字工具，提升企业对数字技术的吸收和应用能力。加快打造数字经济圈，积极培育新业态，实现产业链、供应链与创新链的融通发展。最后，提高国内市场一体化水平，通过国内大循环畅通产业链，消除阻碍跨区域发展的隐形壁垒，打破各区域对人才流动和知识共享的限制条件。构建产业链供应链协调平台，推进上下游企业、大中小企业协同创新，放大数字化的积极作用。

第二，鼓励企业间复合型数字化人才的共同培养。企业的数字化转型不仅需要宏观层面的战略规划，还需要微观层面上发挥复合型人才对数据资源挖掘的技能。既熟悉业务知识又精通数据资源挖掘利用的人才对于企业数字化转型至关重要，但企业采取内部培养的方式会产生较为沉重的负担，不利于企业发展，也会降低企业培养的积极性。如果上下游企业间采取联合培养人才的方式，能够在降低企业成本的同时提高数字化转型能力，同时，还可以通过企业间的信息互通和知识共享，拉近企业间数字化应用水平的差距。

第三，建立数据管理平台，统一数据标准、畅通上下游企业间信息传递。数据是企业数字化转型中非常重要的组成部分，也是重要的生产要素。但由于制造企业涉及的数据类型较多、数据量级大，在数据使用和管理上存在一些难题，尤其是上下游企业间数据编码标准不统一会带来一系列的使用问题。同时，上下游企业间"数据信息孤岛"问题也会影响对数据资源的利用效率。因此，应推动数字化产业链建设，建立数据管理平台，出台数据信息统一标准体系，建立数据信息安全使用制度。一方面，规范数据编码标准和使用标准，提高对数据资源的利用效率；另一方面，解决数字化转型中存在的"数据孤岛"及数据管理问题，突破数据藩篱，助力整个产业链数据信息互通和数字化协同发展。

第三节 研究展望

本书揭示了制造业数字化对全球价值链分工地位影响的产业内效应和产业关联溢出效应，并探讨了异质性、中介机制和制约因素，丰富和发展了产业数字化对全球价值链分工地位影响的理论与实证研究，为中国把握数字经济时代机遇，实现产业链供应链现代化建设以及制造强国和高质量发展目标提供了客观依据。然而，受研究时间等条件的限制，本书所进行的研究分析还存在一些不足：第一，本书采用 WIOD 数据库中 42 个经济体的制造业数据作为样本进行分析，以后可以考虑采用其他投入产出表中更多国家的样本数据，扩大样本范围。第二，由于本书考虑的维度较多，既考虑了区分不同来源的数字化投入的影响，也考虑了区分不同类型的数字化投入的影响，还考虑了产业间的溢出效应，对全球价值链分工地位的衡量也涉及三个指标，总体上研究的内容较多，但对数字化影响全球价值链分工地位的传导机制分析得还不够深入，有待进一步深入研究。第三，随着制造业分工范式在数字经济时代的不断变化，全球价值链的动力机制也可能发生变化，另外，影响全球价值链分工地位的因素较多，随着时代的发展可能会有更多的与数字化交织的因素，因此，在未来研究中应不断关注该领域前沿文献，深化研究内容。

参考文献

［1］Abendin S, Pingfang D, Nkukpornu E. Bilateral Trade in West Africa: Does Digitalization Matter? ［J］. The International Trade Journal, 2022, 36 (06): 477-501.

［2］Acemoglu D, Akcigit U, Kerr W. Networks and the Macroeconomy: An Empirical Exploration ［J］. Nber Macroeconomics Annual, 2016, 30 (01): 273-335.

［3］Acemoglu D, Lelarge C, Restrepo P. Competing with Robots: Firm-level Evidence from France ［J］. AEA Papers and Proceedings, 2020 (110): 383-388.

［4］Acemoglu D, Restrepo P. Automation and New Tasks: How Technology Displaces and Reinstates Labor ［J］. Journal of Economic Perspectives, 2019, 33 (02): 3-30.

［5］Acemoglu D, Zilibotti F. Productivity Differences ［J］. Quarterly Journal of Economics, 2001, 116 (02): 563-606.

［6］Aghion P, Antonin C, Bunel S, et al. What Are the Labor and Product Market Effects of Automation?: New Evidence from France ［R］. CEPR Discussion Paper, 2020.

［7］Aghion P, Jones B F, Jones C I. Artificial Intelligence and Economic Growth ［R］. National Bureau of Economic Research, 2017.

[8] Alauddin, M. Identification of Key Sectors in the Bangladesh Economy: A Linkage Analysis Approach [J]. Applied Economics, 1986 (18): 421-442.

[9] Anderson J E, Van Wincoop E. Trade Costs [J]. Journal of Economic literature, 2004, 42 (03): 691-751.

[10] Anderson N, Potočnik K, Zhou J. Innovation and Creativity in Organizations: A State-of-the-science Review, Prospective Commentary, and Guiding Framework [J]. Journal of Management, 2014, 40 (05): 1297-1333.

[11] Antràs P, Chor D, Fally T, et al. Measuring the Upstreamness of Production and Trade Flows [J]. The American Economic Review, 2012, 102 (03): 412-416.

[12] Antràs P, Helpman E. Global Sourcing [J]. Journal of Political Economy, 2004, 112 (03): 552-580.

[13] Antràs P. Conceptual Aspects of Global Value Chains [J]. The World Bank Economic Review, 2020, 34 (03): 551-574.

[14] Autor D H, Levy F, Murnane R J. The Skill Content of Recent Technological Change: An Empirical Exploration [J]. The Quarterly Journal of Economics, 2003, 118 (04): 1279-1333.

[15] Autor D, Salomons A. Is Automation Labor-displacing? Productivity Growth, Employment, and the Labor Share [R]. National Bureau of Economic Research, 2018.

[16] Azmeh S, Nadvi K. Asian Firms and the Restructuring of Global Value Chains [J]. International Business Review, 2014, 23 (04): 708-717.

[17] Bakos J Y. Reducing Buyer Search Costs: Implications for Electronic Marketplaces [J]. Management Science, 1997, 43 (12): 1676-1692.

[18] Balassa B. Tariff Reductions and Trade in Manufacturers Among the Industrial Countries [J]. The American Economic Review, 1966, 56 (03): 466-473.

［19］Banga K. Digital Technologies and Product Upgrading in Global Value Chains: Empirical Evidence from Indian Manufacturing Firms ［J］. The European Journal of Development Research, 2022, 34 (01): 77-102.

［20］Barabási A L, Albert R. Emergence of Scaling in Random Networks ［J］. Science, 1999 (286): 509-512.

［21］Berman S J. Digital Transformation: Opportunities to Create New Business Models ［J］. Strategy & Leadership, 2012, 40 (02): 16-24.

［22］Bharadwaj A, Sawy O, Pavlou P A, et al. Digital Business Strategy: Toward a Next Generation of Insights ［J］. MIS Quarterly, 2013, 37 (02): 471-482.

［23］Bloom N, Garicano L, Sadun R, et al. The Distinct Effects of Information Technology and Communication Technology on firm Organization ［J］. Management Science, 2014, 60 (12): 2859-2885.

［24］Boehmer J, Shukla M, Kapletia D, et al. The Impact of the Internet of Things (IoT) on Servitization: An Exploration of Changing Supply Relationships ［J］. Production Planning and Control, 2020, 31 (2-3): 203-219.

［25］Bresnahan T F, Brynjolfsson E, Hitt L M. Information Technology, Workplace Organization and the Demand for Skilled Labor: Firm-level Evidence ［J］. The Quarterly Journal of Economics, 2002, 117 (01): 339-376.

［26］Caselli F, Coleman W J. The World Technology Frontier ［J］. American Economic Review, 2006, 96 (03): 499-522.

［27］Chae B. Big Data and IT-enabled Services: Ecosystem and Coevolution ［J］. IT Professional, 2015, 17 (02): 20-25.

［28］Chen S, Ravallion M. The Impact of the Global Financial Crisis on the World's Poorest ［R］. VOXeu Papers, 2009.

［29］Chenery H B, Watanabe T. International Comparison of the Structure of Production ［J］. Econometrica, 1958 (26): 487-521.

［30］Coreynen W, Matthyssens P, Van Bockhaven W. Boosting Servitization through Digitization: Pathways and Dynamic Resource Configurations for Manufacturers ［J］. Industrial Marketing Management, 2017, 60 (01): 42-53.

［31］Cusolito A P, Lederman D, Pena J O. The Effects of Digital-Technology Adoption on Productivity and Factor Demand: Firm-level Evidence from Developing Countries ［R］. World Bank Policy Research Working Paper, 2020.

［32］Davenport T H, Barth P, Bean R. How "Big Data" Is Different ［J］. MIT Sloan Management Review, 2012, 54 (01): 21-24.

［33］Dietzenbacher E, Luna I R, Bosma N S. Using Average Propagation Lengths to Identify Production Chains in the Andalusian Economy ［J］. Estudios de Economia Aplicada, 2005, 23 (02): 405-422.

［34］Dilyard J, Zhao S, You J J. Digital Innovation and Industry 4. 0 for Global Value Chain Resilience: Lessons Learned and Ways forward ［J］. Thunderbird International Business Review, 2021, 63 (05): 577-584.

［35］Erevelles S, Fukawa N, Swayne L. Big Data Consumer Analytics and the Transformation of Marketing ［J］. Journal of Business Research, 2016, 69 (02): 897-904.

［36］Fally T. Production Staging: Measurement and Facts ［J］. Boulder, Colorado, University of Colorado-boulder, 2012 (02): 221-230.

［37］Fernandes A M, Mattoo A, Nguyen H, et al. The Internet and Chinese Exports in the Pre-ali Baba Era ［J］. Journal of Development Economics, 2019 (138): 57-76.

［38］Foster C, Graham M, Mann L, et al. Digital Control in Value Chains: Challenges of Connectivity for East African Firms ［J］. Economic Geography, 2018, 94 (01): 68-86.

［39］Gereffi G, Fernandez-Stark K. Global Value Chain Analysis: A Primer ［M］. Duke: Duke Center on Globalization, Governance & Competitiveness，2016.

［40］ Gereffi G，Humphrey J，Sturgeon T. The Governance of Global Value Chains ［J］. Review of International Political Economy，2005，12 （01）：78-104.

［41］ Gereffi G，Kaplinsky R. Introduction：Globalisation，Value Chains and Development ［J］. IDS bulletin，2001，32 （03）：1-8.

［42］ Gereffi G，Korzeniewicz M. Commodity Chains and Global Capital-ism ［M］. Westport：Praeger，1994.

［43］ Gereffi G，Lee J. Why the World Suddenly Cares About Global Sup-ply Chains ［J］. Journal of Supply Chain Management，2012，48 （03）：24-32.

［44］ Ghasemaghaei M，Calic G. Does Big Data Enhance Firm Innovation Competency？The Mediating Role of Data-driven Insights ［J］. Journal of Business Research，2019 （104）：69-84.

［45］ Ghasemaghaei M，Ebrahimi S，Hassanein K. Generating Valuable Insights through Data Analytics：A Moderating Effects Model ［C］. Interna-tional Conference on Information Systems，2016.

［46］ Goldfarb A，Tucker C. Digital Economics ［J］. Journal of Economic Literature，2019，57 （01）：3-43.

［47］ Gopalan S，Reddy K，Sasidharan S. Does Digitalization Spur Global Value Chain Participation？Firm-level Evidence from Emerging Markets ［J］. Information Economics and Policy，2022 （59）：100972.

［48］ Graetz G，Michaels G. Robots at Work ［J］. Review of Economics and Statistics，2018，100 （05）：753-768.

［49］ Grassi B. IO in I-O：Competition and Volatility in Input-Output Net-works ［C］. Society for Economic Dynamics，2017 Meeting Papers，1637.

［50］ Greenstein S. Building and Delivering the Virtual World：Commer-cializing Services for Internet Access ［J］. The Journal of Industrial Economics, 2000, 48 (04): 391-411.

[51] GuimeráR, Amaral L A N. Modeling the World-wide Airport Network [J]. Physics of Condensed Matter, 2004, 387540 (02): 381-385.

[52] Hallak J C, Sivadasan J. Productivity, Quality and Exporting Behavior under Minimum Quality Requirements [R]. Germany, University Library of Munich, MPRA Paper 24146, 2008.

[53] Hansen B E. Threshold Effects in Non-Dynamic Panels: Estimation, Testing and Inference [J]. Journal of Econometrics, 1999, 93 (02): 345-368.

[54] Hausmann R, Hwang J, Rodrik D. What You Export Matters [J]. Journal of Economic Growth, 2007, 12 (01): 1-25.

[55] He W B. Countermeasures for Digital Economy to Promote the Upgrading of China's Manufacturing Industry under the Visual of Global - value-chain [J]. Asia-pacific Economic Review, 2020 (03): 115-152.

[56] Henriette E, Feki M, Boughzala I. The Shape of Digital Transformation: A Systematic Literature Review [C]. 9th Mediterranean Conference on Information Systems, 2015.

[57] Hirschman A O. The Strategy of Economic Development [M]. New Haven: Yale University Press, 1958.

[58] Holmström J, Partanen J. Digital Manufacturing-driven Transformations of Service Supply Chains for Complex Products [J]. Supply Chain Management: An International Journal, 2014, 19 (04): 421-430.

[59] Hummels D, Ishii J, Yi K. The Nature and Growth of Vertical Specialization in World Trade [J]. Journal of International Economics, 2001, 54 (01): 75-96.

[60] Inomata S. Average Propagation Lengths: A New Concept of the "Distance" between Industries, with an Application to the Asia-Pacific Region [J]. Input Output Analysis, 2008, 16 (01): 46-55.

[61] Janssen M, Haiko V, Wahyudi A. Factors Influencing Big Data Decision-making Quality [J]. Journal of Business Research, 2017, 70 (01): 338-345.

[62] Jin J, Liu Y, Ji P, et al. Review on Recent Advances in Information Mining from Big Consumer Opinion Data for Product Design [J]. Journal of Computing and Information Science in Engineering, 2019, 19 (01): 010801. 1-010801. 19.

[63] Johnson R C, Noguera G. Accounting for Intermediates: Production Sharing and Trade in Value Added [J]. Journal of International Economics, 2012, 86 (02): 224-236.

[64] Kee H L, Tang H. Domestic Value Added in Exports: Theory and Firm Evidence from China [J]. American Economic Review, 2016, 106 (06): 1402-1436.

[65] Kelle M. Crossing Industry Borders: German Manufacturers as Services Exporters [J]. The World Economy, 2013, 36 (12): 1494-1515.

[66] Kim M S, Park Y. The Changing Pattern of Industrial Technology Linkage Structure of Korea: Did the ICT Industry Play a Role in the 1980s and 1990s? [J]. Technological Forecasting and Social Change, 2009, 76 (05): 688-699.

[67] Kogut B. Designing Global Strategies: Comparative and Competitive Value-Added Chains [J]. Sloan Management Review, 1985, 26 (04): 15-28.

[68] Kohli R, Grover V. Business Value of IT: An Essay on Expanding Research Directions to Keep Up with the Times [J]. Journal of the Association for Information Systems, 2008, 9 (01): 23-39.

[69] Kohtamäki M, Parida V, Patel P C, et al. The Relationship Between Digitalization and Servitization: The Role of Servitization in Capturing the Financial Potential of Digitalization [J]. Technological Forecasting and So-

cial Change, 2020 (151): 119804.

[70] Koopman R, Powers W, Wang Z, et al. Give Credit Where Credit Is Due: Tracing Value Added in Global Production Chains [R]. National Bureau of Economic Research Working Paper 16426, 2010.

[71] Koopman R, Wang Z, Wei S J. Estimating Domestic Content in Exports When Processing Trade Is Pervasive [J]. Journal of Development Economics, 2012, 99 (01): 178–189.

[72] Koopman R, Wang Z, Wei S J. Tracing Value–added and Double Counting in Gross Exports [J]. American Economic Review, 2014, 104 (02): 459–494.

[73] Laplume A O, Petersen B, Pearce J M. Global Value Chains from a 3D Printing Perspective [J]. Journal of International Business Studies, 2016, 47 (05): 595–609.

[74] Lazarsfeld P F, Merton R K. Friendship as a Social Process: A Substantive and Methodological Analysis [J]. Freedom and Control in Modern Society, 1954, 18 (01): 18–66.

[75] Lazarsfeld P F, Berelson B, Gaudet H. The People's Choice: How the Voter Makes Up His Mind in a Presidential Campaign [M]. New York: Columbia University Press, 1944.

[76] Leontief W. Quantitative Input–Output Relations in the Economic System of the United States [J]. Review of Economics and Statistics, 1936, 18 (03): 105–125.

[77] Li F, Frederick S, Gereffi G. E–commerce and Industrial Upgrading in the Chinese Apparel Value Chain [J]. Journal of Contemporary Asia, 2019, 49 (01): 24–53.

[78] Lim, H, Kidokoro, T. Comparing a Spatial Structure of Innovation Network Between Korea and Japan: Through the Analysis of Co–inventors' Network [J]. Asia–Pacific Journal of Regional Science, 2017, 1 (01):

133-153.

［79］Lin M C, Lin Y H, Chen M S, et al. Development of a Parametric Form Generation Procedure for Customer-oriented Product Design ［C］. ISPE International Conference on Concurrent Engineering, 2013 (02): 235-243.

［80］Loonam J, O'Regan N. Global Value Chains and Digital Platforms: Implications for Strategy ［J］. Strategic Change, 2022, 31 (01): 161-177.

［81］Lu Y, Shi H, Luo W, et al. Productivity, Financial Constraints, and Firms' Global Value Chain Participation: Evidence from China ［J］. Economic Modelling, 2018 (73): 184-194.

［82］MacKinnon D P, Warsi G, Dwyer J H. A Simulation Study of Mediated Effect Measures ［J］. Multivariate Behavioral Research, 1995 (30): 41-62.

［83］Markham S K, Kowolenko M, Michaelis T L. Unstructured Text Analytics to Support New Product Development Decisions ［J］. Research Technology Management, 2015, 58 (02): 30-38.

［84］Mbuyisa B, Leonard A. The Role of ICT Use in SMEs towards Poverty Reduction: A Systematic Literature Review ［J］. Journal of International Development, 2017, 29 (02): 159-197.

［85］Melitz M J. The Impact of Trade on Intra-industry Reallocations and Aggregate Industry Productivity ［J］. Econometrica, 2003, 71 (06): 1695-1725.

［86］Miroudot S. Cadestin C. Services in Global Value Chains: From Inputs to Value-Creating Activities ［R］. OECD Trade Policy Papers, 2017.

［87］Mushtaq R, Gull A A, Usman M. ICT Adoption, Innovation, and SMEs' Access to Finance ［J］. Telecommunications Policy, 2022 (46): 102275.

［88］Nambisan S, Lyytinen K, Majchrzak A, et al. Digital Innovation

Management: Reinventing Innovation Management Research in a Digital World [J]. MIS Quarterly, 2017 (01): 41.

[89] Nambisan S, Wright M, Feldman M. The Digital Transformation of Innovation and Entrepreneurship: Progress, Challenges and Key Themes [J]. Research Policy, 2019, 48 (08): 103773. 1-103773. 9.

[90] Nelson R R, Phelps E S. Investment in Humans, Technological Diffusion, and Economic Growth. Cowles Foundation for Research in Economics, Yale University [R]. Cowles Foundation Discussion Papers 189, 1965.

[91] Obashi A, Kimura F. New Developments in International Production Networks: Impact of Digital Technologies [J]. Asian Economic Journal, 2021, 35 (02): 115-141.

[92] Opresnik D, Taisch M. The Value of Big Data in Servitization [J]. International Journal of Production Economics, 2015 (165): 174-184.

[93] Ozawa T. Asia's Labour - driven Economic Development, Flying-geese Style: An Unprecedented Opportunity for the Poor to Rise [R]. APEC Study Center, Colorado State University, Discussion Paper, 2005.

[94] Pine B J. Mass Customization: The New Frontier in Business Competition [M]. Harvard Business Press, Cambridge, MA, 1999.

[95] Poter M E. Competitive Advantage: Creating and Sustaining Superior Performance [M]. New York: FreePress, 1985.

[96] Prmar R, Mackenzie I, Cohn D, et al. The New Patterns of Innovation [J]. Harvard Business Review, 2014, 92 (01): 2-11.

[97] Rasmussen, P. Studies in Inter-Sectoral Relations [M]. Copenhagen: Einar Harks, 1956.

[98] Relich M, Bzdyra K. Knowledge Discovery in Enterprise Databases for Forecasting New Product Success [C]. (International Conference on Intelligent Data Engineering and Automated Learning), Springer International Publishing, 2015.

［99］ Ricondo I, Arrieta J A, Aranguren N. NPD Risk Management: Proposed Implementation to Increase New Product Success ［C］. Technology Management Conference, IEEE, 2016.

［100］ Rodrik D. New Technologies, Global Value Chains, and Developing Economies ［R］. Cesifo Working Paper, 2018.

［101］ Schallmo D R A, Williams C A. Digital Transformation Now! History of Digital Transformation ［J］. SpringerBriefs in Business, 2018, 10 (02): 3-8.

［102］ Schott P K. The Relative Sophistication of Chinese Exports ［J］. Economic Policy, 2008, 23 (53): 6-49.

［103］ Schumpeter J A. Business Cycles: A Theoretical, Historical, and Statistical Analysis of the Capitalist Process ［M］. New York Toronto London: McGraw-Hill, 1939.

［104］ Simmel G. Sociology: Investigations on the Forms of Sociation ［M］. Berlin: Duncker and Humblot, 1908.

［105］ Sivarajah U, Kamal M M, Irani Z, et al. Critical Analysis of Big Data Challenges and Analytical Methods ［J］. Journal of Business Research, 2017 (70): 263-286.

［106］ Tapscott D. The Digital Economy: Promise and Peril in the Age of Networked Intelligence ［M］. New York: McGraw-Hill, 1996.

［107］ Teece D J. Innovation, Governance, and Capabilities: Implications for Competition Policy ［J］. Industrial and Corporate Change, 2020, 29 (05): 1075-1099.

［108］ Upward R, Wang Z, Zheng J. Weighing China's Export Basket: The Domestic Content and Technology Intensity of Chinese Exports ［J］. Journal of Comparative Economics, 2013, 41 (02): 527-543.

［109］ Urbinati A, Bogers M, Chiesa V, et al. Creating and Capturing Value from Big Data: A Multiple-case Study Analysis of Provider Companies

［J］. Technovation, 2019 (84-85)：21-36.

［110］Vandermerwe S, Rada J. Servitization of Business：Adding Value by Adding Services ［J］. European Management Journal, 1988, 6 (04)：314-324.

［111］Wang Z, Wei S J, Yu X, et al. Measures of Participation in Global Value Chains and Global Business Cycles ［R］. National Bureau of Economic Research Working Paper 23222, 2017a.

［112］Wang Z, Wei S J, Yu X, et al. Characterizing Global Value Chains：Production Length and Upstreamness ［R］. National Bureau of Economic Research Working Paper, 23261, 2017b.

［113］Wang Z, Wei S J, Zhu K. Quantifying International Production Sharing at the Bilateral and Sector Levels ［R］. National Bureau of Economic Research Working Paper 19677, 2013.

［114］Wang, X F. Complex Networks：Topology, Dynamics and Synchronization ［J］. International Journal of Bifurcation & Chaos in Applied Sciences & Engineering, 2002, 12 (05)：885-916.

［115］Watts D J, Strogatz S H. Collective Dynamics of "Small-world" Networks ［J］. Nature, 1998 (393)：440-442.

［116］White H C, Boorman S A, Breiger R L. Social Structure from Multiple Networks. I. Blockmodels of Roles and Position ［J］. American Journal of Sociology, 1976, 81 (04)：730-780.

［117］Witt U. Changing Cognitive Frames-changing Organizational Forms：An Entrepreneurial Theory of Organizational Development ［J］. Industrial & Corporate Change, 2000, 9 (04)：733-755.

［118］Wu Y Q, Lu H X, Liao X L, et al. Research on the Digitization of Manufacturing Will Enhance the Competitiveness of the Value Chain Based on Advantage Comparison ［J］. Complexity, 2021 (02)：114-125.

［119］Yoo Y, Henfridsson O, Lyytinen K. Research Commentary—the

New Organizing Logic of Digital Innovation：An Agenda for Information Systems Research ［J］. Information Systems Research，2010，21（04）：724-735.

［120］Yoo Y. Computing in Everyday Life：A Call for Research on Experiential Computing ［J］. MIS Quarterly，2010，34（02）：213-231.

［121］Zhou M，Wu G，Xu H. Structure and Formation of Top Networks in International Trade，2001 - 2010 ［J］. Social Networks，2016（44）：9-21.

［122］Zhu H，Madnick S E. Finding New Uses for Information ［J］. MIT Sloan Management Review，2009（50）：17-21.

［123］蔡跃洲，牛新星. 中国信息通信技术产业的国际竞争力分析——基于贸易增加值核算的比较优势及技术含量测算 ［J］. 改革，2021（04）：24-44.

［124］曹明福，李树民. 全球价值链分工的利益来源：比较优势、规模优势和价格倾斜优势 ［J］. 中国工业经济，2005（10）：20-26.

［125］曾铮，张亚斌. 价值链的经济学分析及其政策借鉴 ［J］. 中国工业经济，2005（05）：104-111.

［126］钞小静，沈路，廉园梅. 人工智能技术对制造业就业的产业关联溢出效应研究 ［J］. 现代财经（天津财经大学学报），2022，42（12）：3-20.

［127］陈爱贞，陈凤兰，何诚颖. 产业链关联与企业创新 ［J］. 中国工业经济，2021（09）：80-98.

［128］陈剑，黄朔，刘运辉. 从赋能到使能——数字化环境下的企业运营管理 ［J］. 管理世界，2020，36（02）：117-128+222.

［129］陈金丹，王晶晶. 产业数字化、本土市场规模与技术创新 ［J］. 现代经济探讨，2021（04）：97-107.

［130］陈晓东，刘洋，周柯. 数字经济提升我国产业链韧性的路径研究 ［J］. 经济体制改革，2022（01）：95-102.

［131］陈晓东，杨晓霞. 数字经济发展对产业结构升级的影响——

基于灰关联熵与耗散结构理论的研究 [J]．改革，2021（03）：26-39.

[132] 陈一华，张振刚，黄璐．制造企业数字赋能商业模式创新的机制与路径 [J]．管理学报，2021，18（05）：731-740.

[133] 成丽红，孙天阳．战略性产业贸易网络的结构特征及演化模式 [J]．科学学研究，2021，39（12）：2140-2148.

[134] 程大中．全球价值链网络演进与中国创新增长 [J]．人民论坛·学术前沿，2022（07）：54-63.

[135] 程俊杰，闫东升．自主可控、产业识别与政策选择——区域情境下提升产业影响力、控制力的分析框架 [J]．学习与实践，2021（02）：31-39.

[136] 杨传明．新旧常态中国产业全碳足迹复杂网络比较 [J]．自然资源学报，2020，35（2）：313-328.

[137] 戴翔，金碚．产品内分工、制度质量与出口技术复杂度 [J]．经济研究，2014，49（07）：4-17+43.

[138] 戴翔，李洲，张雨．服务投入来源差异、制造业服务化与价值链攀升 [J]．财经研究，2019，45（05）：30-43.

[139] 戴翔，杨双至．数字赋能、数字投入来源与制造业绿色化转型 [J]．中国工业经济，2022（09）：83-101.

[140] 戴翔，张雨，刘星翰．数字技术重构全球价值链的新逻辑与中国对策 [J]．华南师范大学学报（社会科学版），2022（01）：116-129+207.

[141] 戴翔，郑岚．制度质量如何影响中国跃升全球价值链 [J]．国际贸易问题，2015（12）：51-63+132.

[142] 樊茂清，黄薇．基于全球价值链分解的中国贸易产业结构演进研究 [J]．世界经济，2014，37（02）：50-70.

[143] 范兆娟，艾玮炜．数字贸易规则对中国嵌入全球价值链的影响 [J]．财贸研究，2022，33（02）：31-41.

[144] 费越，张勇，丁仙，吴波．数字经济促进我国全球价值链地

位升级——来自中国制造业的理论与证据 [J]. 中国软科学，2021 （S1）：68-75.

[145] 冯科，曾德明. 技术融合距离的聚类特征与影响因素——基于大规模专利数据的实证研究 [J]. 管理评论，2019 （08）：97-109.

[146] 冯伟，徐康宁，邵军. 基于本土市场规模的产业创新机制及实证研究 [J]. 中国软科学，2014 （01）：55-67.

[147] 付才辉. 新结构经济学理论及其在转型升级中的应用 [J]. 学习与探索，2017 （05）：133-145+2.

[148] 付才辉，赵秋运，陈曦. 产业升级研究的微观探索：新结构经济学的视角 [J]. 上海大学学报（社会科学版），2021，38 （01）：1-13.

[149] 高敬峰，王彬. 进口价值链质量促进了国内价值链质量提升吗？[J]. 世界经济研究，2019 （12）：77-88+132-133.

[150] 高敬峰，王彬. 数字技术提升了中国全球价值链地位吗？[J]. 国际经贸探索，2020，36 （11）：35-51.

[151] 耿晔强，白力芳. 人力资本结构高级化、研发强度与制造业全球价值链升级 [J]. 世界经济研究，2019 （08）：88-102+136.

[152] 郭海，韩佳平. 数字化情境下开放式创新对新创企业成长的影响：商业模式创新的中介作用 [J]. 管理评论，2019，31 （06）：186-198.

[153] 郭家堂，骆品亮. 互联网对中国全要素生产率有促进作用吗？[J]. 管理世界，2016 （10）：34-49.

[154] 郭晶，赵越. 高技术产业国际分工地位的影响因素：基于完全国内增加值率视角的跨国实证 [J]. 国际商务（对外经济贸易大学学报），2012 （02）：87-95.

[155] 郭周明，裘莹. 数字经济时代全球价值链的重构：典型事实、理论机制与中国策略 [J]. 改革，2020 （10）：73-85.

[156] 韩中. 全球价值链视角下中国出口的价值分解、增加值出口

及贸易失衡 [J]. 数量经济技术经济研究, 2020, 37 (04): 66-84.

[157] 何文彬. 数字化推动中国制造业价值链高端化效应解析——基于全球价值链视角 [J]. 华东经济管理, 2020, 34 (12): 29-38.

[158] 何小钢, 梁权熙, 王善骝. 信息技术、劳动力结构与企业生产率——破解"信息技术生产率悖论"之谜 [J]. 管理世界, 2019, 35 (09): 65-80.

[159] 胡玫, 钊阳. 数字服务贸易壁垒与全球价值链地位 [J]. 世界经济与政治论坛, 2024 (04): 122-137.

[160] 胡昭玲, 宋佳. 基于出口价格的中国国际分工地位研究 [J]. 国际贸易问题, 2013 (03): 15-25.

[161] 黄鲁成, 石媛娜, 吴菲菲, 苗红, 李欣. 基于技术视角的新兴产业关联研究——以3D打印相关产业为例 [J]. 管理评论, 2017, 29 (02): 47-58.

[162] 黄群慧, 余泳泽, 张松林. 互联网发展与制造业生产率提升: 内在机制与中国经验 [J]. 中国工业经济, 2019 (08): 5-23.

[163] 黄群慧. 以更深层次改革推动构建完整内需体系 [N]. 经济日报, 2020-10-27.

[164] 黄先海, 宋学印. 准前沿经济体的技术进步路径及动力转换——从"追赶导向"到"竞争导向" [J]. 中国社会科学, 2017 (06): 60-79+206-207.

[165] 黄先海, 杨高举. 中国高技术产业的国际分工地位研究: 基于非竞争型投入占用产出模型的跨国分析 [J]. 世界经济, 2010, 33 (05): 82-100.

[166] 计启迪, 刘卫东, 陈伟, 王涛. 基于产业链的全球铜贸易网络结构研究 [J]. 地理科学, 2021, 41 (01): 44-54.

[167] 江小涓. 高度联通社会中的资源重组与服务业增长 [J]. 经济研究, 2017, 52 (03): 4-17.

[168] 江小涓, 靳景. 数字技术提升经济效率: 服务分工、产业协

同和数实孪生 [J]. 管理世界, 2022, 38 (12): 9-26.

[169] 江小敏, 梁双陆, 李宏兵. 进口产品质量的提升促进了我国产业出口升级吗——基于产业关联视角的证据 [J]. 国际经贸探索, 2020, 36 (07): 16-32.

[170] 焦勇. 深陷"盘丝洞"抑或互惠"关系网": 产业结构空间网络之于经济增长的影响 [J]. 现代财经 (天津财经大学学报), 2019, 39 (05): 100-113.

[171] 金碚. 工业的使命和价值——中国产业转型升级的理论逻辑 [J]. 中国工业经济, 2014 (09): 51-64.

[172] 金子敬生, 陈耀甲. 经济循环与产业关联论 [J]. 统计与决策, 1986 (05): 45-49.

[173] 坎特纳, 马雷尔巴. 创新、产业动态与结构变迁 [M]. 肖兴志, 等译. 北京: 经济科学出版社, 2013.

[174] 孔存玉, 丁志帆. 制造业数字化转型的内在机理与实现路径 [J]. 经济体制改革, 2021 (06): 98-105.

[175] 赖伟娟, 钟姿华. 中国与欧、美、日制造业全球价值链分工地位的比较研究 [J]. 世界经济研究, 2017 (01): 125-134+137.

[176] 黎峰. 全球价值链下的国际分工地位: 内涵及影响因素 [J]. 国际经贸探索, 2015, 31 (09): 31-42.

[177] 李超, 张诚. 中国对外直接投资与制造业全球价值链升级 [J]. 经济问题探索, 2017 (11): 114-126.

[178] 李金城, 周咪咪. 互联网能否提升一国制造业出口复杂度 [J]. 国际经贸探索, 2017, 33 (04): 24-38.

[179] 李俊久, 蔡琬琳. 对外直接投资与中国全球价值链分工地位升级: 基于"一带一路"的视角 [J]. 四川大学学报 (哲学社会科学版), 2018 (03): 157-168.

[180] 李胜旗, 毛其淋. 制造业上游垄断与企业出口国内附加值——来自中国的经验证据 [J]. 中国工业经济, 2017 (03): 101-119.

［181］李唐，李青，陈楚霞．数据管理能力对企业生产率的影响效应——来自中国企业—劳动力匹配调查的新发现［J］．中国工业经济，2020（06）：174-192.

［182］李雯轩．新工业革命与比较优势重塑［J］．经济学家，2019（05）：76-84.

［183］李晓华．服务型制造与中国制造业转型升级［J］．当代经济管理，2017，39（12）：30-38.

［184］李晓华．数字技术推动下的服务型制造创新发展［J］．改革，2021a（10）：72-83.

［185］李晓华．新工业革命对产业空间布局的影响及其表现特征［J］．西安交通大学学报（社会科学版），2021b，41（02）：1-10.

［186］李晓华．数字科技、制造业新形态与全球产业链格局重塑［J］．东南学术，2022（02）：134-144+248.

［187］李雪松，党琳，赵宸宇．数字化转型、融入全球创新网络与创新绩效［J］．中国工业经济，2022（10）：43-61.

［188］李言，毛丰付．中国区域数字产业发展的测度与分析［J］．河南社会科学，2022，30（03）：68-78.

［189］李永，朱思宇．ICT服务贸易与制造业全球价值链地位提升［J］．现代经济探讨，2024（05）：38-51.

［190］林毅夫．新结构经济学——重构发展经济学的框架［J］．经济学（季刊），2011，10（01）：1-32.

［191］林毅夫．新结构经济学［M］．北京：北京大学出版社，2012.

［192］林毅夫，付才辉．新结构经济学导论［M］．北京：高等教育出版社，2019.

［193］刘斌，王杰，魏倩．对外直接投资与价值链参与：分工地位与升级模式［J］．数量经济技术经济研究，2015，32（12）：39-56.

［194］刘亮，刘军，李廉水，程中华．智能化发展能促进中国全球

价值链攀升吗？［J］．科学学研究，2021，39（04）：604-613.

［195］刘维刚，倪红福，夏杰长．生产分割对企业生产率的影响［J］．世界经济，2017，40（08）：29-52.

［196］刘祎．工业互联网平台情境下制造业企业服务化的适应性机制——基于系统动力学的仿真［J］．当代经济管理，2021，43（09）：29-39.

［197］刘真．信息产业发展趋势及中国信息化建设战略［J］．创新，2009（06）：49-51.

［198］刘志彪．生产者服务业及其集聚：攀升全球价值链的关键要素与实现机制［J］．中国经济问题，2008（01）：3-12.

［199］刘志彪．从全球价值链转向全球创新链：新常态下中国产业发展新动力［J］．学术月刊，2015，47（02）：5-14.

［200］刘志彪，等．产业经济学［M］．北京：机械工业出版社，2015.

［201］刘志彪，安同良．现代产业经济分析［M］．南京：南京大学出版社，2009.

［202］卢锋．产品内分工［J］．经济学（季刊），2004（04）：55-82.

［203］卢福财，金环．互联网对制造业价值链升级的影响研究——基于出口复杂度的分析［J］．现代经济探讨，2019（02）：89-97.

［204］陆立军，于斌斌．传统产业与战略性新兴产业的融合演化及政府行为：理论与实证［J］．中国软科学，2012（05）：28-39.

［205］伦晓波，刘颜．数字政府、数字经济与绿色技术创新［J］．山西财经大学学报，2022，44（04）：1-13.

［206］吕铁．传统产业数字化转型的趋向与路径［J］．人民论坛·学术前沿，2019（18）：13-19.

［207］吕越，谷玮，包群．人工智能与中国企业参与全球价值链分工［J］．中国工业经济，2020（05）：80-98.

［208］吕越，罗伟，刘斌．异质性企业与全球价值链嵌入：基于效

率和融资的视角 [J]. 世界经济, 2015, 38 (08): 29-55.

[209] 吕越, 吕云龙, 高媛. 中间品市场分割与制造业出口的比较优势——基于全球价值链的视角 [J]. 产业经济研究, 2017 (05): 51-61.

[210] 吕越, 毛诗丝, 尉亚宁. FTA深度与全球价值链网络发展——基于增加值贸易视角的测度与分析 [J]. 世界经济与政治论坛, 2022 (01): 96-125.

[211] 马风涛, 王颖. 基于世界投入产出表的中国制造业垂直专业化结构分解 [J]. 国际商务 (对外经济贸易大学学报), 2015 (02): 28-37.

[212] 马述忠, 房超, 梁银锋. 数字贸易及其时代价值与研究展望 [J]. 国际贸易问题, 2018 (10): 16-30.

[213] 马述忠, 任婉婉, 吴国杰. 一国农产品贸易网络特征及其对全球价值链分工的影响——基于社会网络分析视角 [J]. 管理世界, 2016 (03): 60-72.

[214] 马永红, 杨晓萌, 孔令凯. 关键共性技术合作网络演化机制研究——以医药产业为例 [J]. 科技进步与对策, 2021, 38 (08): 60-69.

[215] 毛蕴诗, 王婕, 郑奇志. 重构全球价值链: 中国管理研究的前沿领域——基于SSCI和CSSCI (2002—2015年) 的文献研究 [J]. 学术研究, 2015 (11): 85-93+160.

[216] 倪红福. 全球价值链中产业"微笑曲线"存在吗? ——基于增加值平均传递步长方法 [J]. 数量经济技术经济研究, 2016, 33 (11): 111-126+161.

[217] 倪红福, 龚六堂, 夏杰长. 生产分割的演进路径及其影响因素——基于生产阶段数的考察 [J]. 管理世界, 2016 (04): 10-23+187.

[218] 倪红福, 王海成. 企业在全球价值链中的位置及其结构变化 [J]. 经济研究, 2022, 57 (02): 107-124.

[219] 戚聿东, 褚席. 数字经济发展促进产业结构升级机理的实证

研究 [J]. 学习与探索, 2022 (04): 111-120.

[220] 戚聿东, 肖旭. 数字经济时代的企业管理变革 [J]. 管理世界, 2020, 36 (06): 135-152+250.

[221] 戚聿东, 徐凯歌. 智能制造的本质 [J]. 北京师范大学学报 (社会科学版), 2022 (03): 93-103.

[222] 齐俊妍, 任奕达. 数字经济发展、制度质量与全球价值链上游度 [J]. 国际经贸探索, 2022, 38 (01): 51-67.

[223] 齐俊妍, 任奕达. 数字经济渗透对全球价值链分工地位的影响——基于行业异质性的跨国经验研究 [J]. 国际贸易问题, 2021 (09): 105-121.

[224] 邱斌, 叶龙凤, 孙少勤. 参与全球生产网络对中国制造业价值链提升影响的实证研究——基于出口复杂度的分析 [J]. 中国工业经济, 2012 (01): 57-67.

[225] 裴莹, 郭周明. 数字经济推进我国中小企业价值链攀升的机制与政策研究 [J]. 国际贸易, 2019 (11): 12-20+66.

[226] 渠慎宁, 杨丹辉. 制造业本地化、技术反噬与经济"逆全球化" [J]. 中国工业经济, 2022 (06): 42-60.

[227] 邵朝对, 苏丹妮, 李坤望. 服务业开放与企业出口国内附加值率: 理论和中国证据 [J]. 世界经济, 2020, 43 (08): 123-147.

[228] 沈映春, 廖舫仪. 人工智能产业产学研合作申请专利超网络模型研究 [J]. 产业经济评论, 2021 (06): 68-81.

[229] 施炳展. 互联网与国际贸易——基于双边双向网址链接数据的经验分析 [J]. 经济研究, 2016, 51 (05): 172-187.

[230] 施炳展, 李建桐. 互联网是否促进了分工: 来自中国制造业企业的证据 [J]. 管理世界, 2020, 36 (04): 130-149.

[231] 石建勋, 朱婧池. 全球产业数字化转型发展特点、趋势和中国应对 [J]. 经济纵横, 2022 (11): 55-63.

[232] 史丹, 余菁. 全球价值链重构与跨国公司战略分化——基于

全球化转向的探讨 [J]. 经济管理, 2021, 43 (02): 5-22.

[233] 史忠良. 产业经济学 [M]. 北京: 经济管理出版社, 2005.

[234] 苏东水. 产业经济学 [M]. 北京: 高等教育出版社, 2006.

[235] 苏杭, 郑磊, 牟逸飞. 要素禀赋与中国制造业产业升级——基于 WIOD 和中国工业企业数据库的分析 [J]. 管理世界, 2017 (04): 70-79.

[236] 苏庆义. 中国国际分工地位的再评估——基于出口技术复杂度与国内增加值双重视角的分析 [J]. 财经研究, 2016, 42 (06): 40-51.

[237] 孙早, 侯玉琳. 工业智能化如何重塑劳动力就业结构 [J]. 中国工业经济, 2019 (05): 61-79.

[238] 孙早, 徐远华. 信息基础设施建设能提高中国高技术产业的创新效率吗？——基于 2002—2013 年高技术 17 个细分行业面板数据的经验分析 [J]. 南开经济研究, 2018 (02): 72-92.

[239] 孙志燕, 郑江淮. 全球价值链数字化转型与"功能分工陷阱"的跨越 [J]. 改革, 2020 (10): 63-72.

[240] 孙志燕, 郑江淮. 从"低成本"优势向数字经济大国优势转变的政策选择 [J]. 改革, 2021 (12): 59-68.

[241] 谭人友, 葛顺奇, 刘晨. 全球价值链重构与国际竞争格局——基于 40 个经济体 35 个行业面板数据的检验 [J]. 世界经济研究, 2016 (05): 87-98+136.

[242] 唐·塔普斯科特. 数字经济 [M]. 毕崇毅, 译. 北京: 机械工业出版社, 2016.

[243] 唐海燕, 张会清. 产品内国际分工与发展中国家的价值链提升 [J]. 经济研究, 2009, 44 (09): 81-93.

[244] 陶涛, 朱子阳. RCEP、区域生产网络重构与双循环新发展格局构建 [J]. 新视野, 2021 (05): 29-37.

[245] 陶锋, 王欣然, 徐扬, 朱盼. 数字化转型、产业链供应链韧

性与企业生产率［J］．中国工业经济，2023（05）：118-136．

［246］王彬，高敬峰，宋玉洁．数字技术与全球价值链分工——来自中国细分行业的经验证据［J］．当代财经，2021（12）：115-125．

［247］王苍峰．FDI、行业间联系与溢出效应——基于我国制造业行业面板数据的实证分析［J］．世界经济研究，2008（03）：73-79+8+89．

［248］王岚．融入全球价值链对中国制造业国际分工地位的影响［J］．统计研究，2014，31（05）：17-23．

［249］王岚，李宏艳．中国制造业融入全球价值链路径研究——嵌入位置和增值能力的视角［J］．中国工业经济，2015（02）：76-88．

［250］王姝楠，陈江生．数字经济的技术—经济范式［J］．上海经济研究，2019（12）：80-94．

［251］王勇，樊仲琛，李欣泽．禀赋结构、研发创新和产业升级［J］．中国工业经济，2022（09）：5-23．

［252］王直，魏尚进，祝坤福．总贸易核算法：官方贸易统计与全球价值链的度量［J］．中国社会科学，2015（09）：108-127+205-206．

［253］温忠麟，叶宝娟．中介效应分析：方法和模型发展［J］．心理科学进展，2014，22（05）：731-745．

［254］吴俊，段东立，赵娟，李俊，邓宏钟，谭跃进．网络系统可靠性研究现状与展望［J］．复杂系统与复杂性科学，2011，8（02）：77-86．

［255］吴伟华．我国参与制定全球数字贸易规则的形势与对策［J］．国际贸易，2019（06）：55-60．

［256］吴友群，卢怀鑫，王立勇．数字化对制造业全球价值链竞争力的影响——来自中国制造业行业的经验证据［J］．科技进步与对策，2022，39（07）：53-63．

［257］肖旭，戚聿东．产业数字化转型的价值维度与理论逻辑［J］．改革，2019（08）：61-70．

［258］谢伏瞻．论新工业革命加速拓展与全球治理变革方向［J］．经济研究，2019，54（07）：4-13．

[259] 谢靖, 王少红. 数字经济与制造业企业出口产品质量升级 [J]. 武汉大学学报 (哲学社会科学版), 2022, 75 (01): 101-113.

[260] 徐金海, 夏杰长. 全球价值链视角的数字贸易发展: 战略定位与中国路径 [J]. 改革, 2020 (05): 58-67.

[261] 徐小锋. 关税变动对我国产业全球价值链参与度和位置影响研究 [D]. 上海: 上海财经大学, 2021.

[262] 徐映梅, 张雯婷. 中国数字经济产业关联网络结构分析 [J]. 统计与信息论坛, 2021, 36 (08): 30-42.

[263] 许和连, 成丽红, 孙天阳. 制造业投入服务化对企业出口国内增加值的提升效应——基于中国制造业微观企业的经验研究 [J]. 中国工业经济, 2017 (10): 62-80.

[264] 许和连, 成丽红, 孙天阳. 离岸服务外包网络与服务业全球价值链提升 [J]. 世界经济, 2018 (06): 77-101.

[265] 晏智杰. 西方经济学说史教程 [M]. 北京: 北京大学出版社, 2002.

[266] 杨丹辉. 全球产业链重构的趋势与关键影响因素 [J]. 人民论坛·学术前沿, 2022 (07): 32-40.

[267] 杨丹辉, 渠慎宁. 百年未有之大变局下全球价值链重构及国际生产体系调整方向 [J]. 经济纵横, 2021 (03): 61-71+2.

[268] 杨飞. 产业智能化如何影响劳动报酬份额——基于产业内效应与产业关联效应的研究 [J]. 统计研究, 2022, 39 (02): 80-95.

[269] 杨飞, 范从来. 产业智能化是否有利于中国益贫式发展? [J]. 经济研究, 2020, 55 (05): 150-165.

[270] 杨仁发, 郑媛媛. 数字经济发展对全球价值链分工演进及韧性影响研究 [J]. 数量经济技术经济研究, 2023, 40 (08): 69-89.

[271] 杨先明, 侯威, 王一帆. 数字化投入与中国行业内就业结构变化: "升级" 抑或 "极化" [J]. 山西财经大学学报, 2022, 44 (01): 58-68.

[272] 杨晓霞，陈晓东. 数字经济能够促进产业链创新吗？——基于 OECD 投入产出表的经验证据 [J]. 改革，2022（11）：54-69.

[273] 杨子晖. 财政政策与货币政策对私人投资的影响研究——基于有向无环图的应用分析 [J]. 经济研究，2008（05）：81-93.

[274] 杨子晖，周颖刚. 全球系统性金融风险溢出与外部冲击 [J]. 中国社会科学，2018（12）：69-90+200-201.

[275] 杨子晖，王姝黛. 突发公共卫生事件下的全球股市系统性金融风险传染——来自新冠疫情的证据 [J]. 经济研究，2021，56（08）：22-38.

[276] 姚震宇. 区域市场化水平与数字经济竞争——基于数字经济指数省际空间分布特征的分析 [J]. 江汉论坛，2020（12）：23-33.

[277] 尹翀. 产业技术流网络构建与结构效应研究 [J]. 科技进步与对策，2017，34（16）：62-70.

[278] 尹伟华. 全球价值链视角下中国制造业出口贸易分解分析——基于最新的 WIOD 数据 [J]. 经济学家，2017（08）：33-39.

[279] 余海燕，沈桂龙. 对外直接投资对母国全球价值链地位影响的实证研究 [J]. 世界经济研究，2020（03）：107-120+137.

[280] 张皓，赵佩玉，梁维娟，虞义华. 空间集聚、产业关联与企业创新 [J]. 产业经济研究，2022（05）：28-41.

[281] 张辉. 全球价值链理论与我国产业发展研究 [J]. 中国工业经济，2004（05）：38-46.

[282] 张会清，翟孝强. 中国参与全球价值链的特征与启示——基于生产分解模型的研究 [J]. 数量经济技术经济研究，2018，35（01）：3-22.

[283] 张杰，陈志远，刘元春. 中国出口国内附加值的测算与变化机制 [J]. 经济研究，2013，48（10）：124-137.

[284] 张龙鹏，张双志. 技术赋能：人工智能与产业融合发展的技术创新效应 [J]. 财经科学，2020（06）：74-88.

［285］张路．区块链技术应用对产业链协同创新的作用机理［J］．学习与实践，2019（04）：16-23．

［286］张其仔．在新发展格局形成中新经济要发挥引领作用［J］．湘潭大学学报（哲学社会科学版），2021，45（02）：60-66．

［287］张其仔．产业链供应链现代化新进展、新挑战、新路径［J］．山东大学学报（哲学社会科学版），2022（01）：131-140．

［288］张其仔，贺俊．第四次工业革命的内涵与经济效应［J］．人民论坛，2021（13）：74-77．

［289］张其仔，许明．中国参与全球价值链与创新链、产业链的协同升级［J］．改革，2020（06）：58-70．

［290］张其仔，许明．实施产业链供应链现代化导向型产业政策的目标指向与重要举措［J］．改革，2022（07）：82-93．

［291］张晴，于津平．制造业投入数字化与全球价值链中高端跃升——基于投入来源差异的再检验［J］．财经研究，2021，47（09）：93-107．

［292］张天顶．全球价值链重构视角下中国企业国际化的影响因素［J］．统计研究，2017，34（01）：33-43．

［293］张欣，郁佳亮，Irena Vodenska．新冠肺炎疫情影响下区域产业网络风险传导效应研究［J］．电子科技大学学报，2020，49（03）：415-424．

［294］张艳萍，凌丹，刘慧岭．数字经济是否促进中国制造业全球价值链升级？［J］．科学学研究，2022，40（01）：57-68．

［295］张耀辉．产业创新的理论探索［M］．北京：中国计划出版社，2002．

［296］张于喆．数字经济驱动产业结构向中高端迈进的发展思路与主要任务［J］．经济纵横，2018（09）：85-91．

［297］张振刚，杨玉玲，陈一华．制造企业数字服务化：数字赋能价值创造的内在机理研究［J］．科学学与科学技术管理，2022，43

（01）：38-56.

［298］赵炳新，尹翀，张江华．产业复杂网络及其建模——基于山东省实例的研究［J］．经济管理，2011（07）：139-148.

［299］赵春明，江小敏，李宏兵．对外直接投资、产业关联与技能工资溢价——基于水平溢出与垂直溢出效应的实证研究［J］．国际贸易问题，2019（02）：113-128.

［300］赵晓军，王开元．全要素生产率、产业网络与经济发展［J］．经济科学，2021（05）：5-19.

［301］郑丹青．对外直接投资与全球价值链分工地位——来自中国微观企业的经验证据［J］．国际贸易问题，2019（08）：109-123.

［302］郑浩天，靳卫东．数字经济发展与劳动收入份额变动——兼论数字技术进步的"生产率悖论"［J］．经济评论，2024（01）：90-104.

［303］周升起，兰珍先，付华．中国制造业在全球价值链国际分工地位再考察——基于Koopman等的"GVC地位指数"［J］．国际贸易问题，2014（02）：3-12.

［304］周振华．产业关联与经济增长［J］．财经科学，1991（04）：14-18+24.

［305］周振华．论信息化进程中的产业关联变化［J］．产业经济研究，2004（02）：1-8+18.

［306］朱延福，姚陈敏，谢靖．全球价值链演进新动向与中国对策［J］．当代经济管理，2022，44（09）：16-22.

［307］祝合良，王春娟．"双循环"新发展格局战略背景下产业数字化转型：理论与对策［J］．财贸经济，2021，42（03）：14-27.

［308］邹梦婷，凌丹，黄大禹，谢获宝．制造业数字化转型与产业链现代化关联性研究［J］．科学学研究，2023，41（04）：634-642+658.

［309］邹薇，代谦．技术模仿、人力资本积累与经济赶超［J］．中国社会科学，2003（05）：26-38+205-206.